ANDREAS PITTLER

*Best of Pittler*

DRAVA

Die Herausgabe dieses Buches erfolgt mit freundlicher
Unterstützung der Stadt Wien.

## Drava

DRAVA VERLAG • ZALOŽBA DRAVA GMBH
9020 Klagenfurt/Celovec, 8.-Mai-Straße 11
Telefon +43(0)463 50 10 99
office@drava.at
www.drava.at

Lektorat: Gundula Wagenbrenner

ISBN 978-3-99138-011-5

# Inhalt

# I
## Hausmasters Voice

### I.

Wer san Sie und was wollen Sie? Ah, vom Fernsehen! Gut, und was wollen S' da von mir? Weil ein's sag' ich Ihnen gleich: wenn S' wegen derer G'schicht' da kommen, da sind S' bei mir an der falschen Adress', weil dazu sag' ich einmal aus Prinzip überhaupt nix, nur damit das klar ist. ... Ah, eine Dokumentation machen S'. Na gut, wenn's weiter nix ist, dann kommen S' halt erst einmal rein.

Von welchem Sender sind Sie noch einmal? ATV? Nein? ... Was? ... Nie g'hört! Gibt's den auf Kabel? Na wurscht, ich schau eigentlich eh nie fern. Zahlt sich nicht aus. Ich kenn das von der Pokorny ober mir. 100 Programme und überall dasselbe. ... Ja, ja, das ist mir klar, dass Sie das sagen müssen, von Berufswegen quasi. Aber mir macht da keiner was vor. Früher, ja, da war Fernsehen noch was! Peter Frankenfeld zum Beispiel, kennen S' denn noch? Musik ist Trumpf! ... Ah ned, na, da haben S' echt was verpasst. Das waren noch Sendungen. Oder Am laufenden Band mit dem Dings, dem ... was? Rudi Carell! Genau! Der Edamer! Der war echt witzig! Also auch seine Sketches, wissen S'. Trauert man so einem Kasroller gar ned zu, dass der was von Humor versteht. Aber der Rudi, der hat's draufg'habt, der alte Holzschlapfen. ... Na ja, was ich damit sagen will, ist, früher war Fernsehen halt noch Fernsehen, ned wahr! Wir haben zwar nur zwei Sender g'habt, aber genau deswegen war jede einzelne Sendung ein Highlight, verstehen S'! Dalli Dalli oder auch das mit dem Eierschädel, wie hat der schnell g'heißen, dieses heitere Beruferaten, das war lustig. Genau! Was bin ich, hat das g'heißen. ... Na und

erst die Serien, die waren super damals! Kottan! Mundl! …
Robert Lemke – so hat der g'heißen, der was das Was bin
ich g'macht hat! Und Ringstraßenpalais. Mei, das war fesch.
Die Leut damals, alle so … fesch, halt! Ned? Aber heute?
Lauter Schmarren, wenn S' mich fragen! Vorstadtweiber!
Pfff! Was interessiert mich, wer da wann mit wem herum-
pudert! Wenn ich spechteln will, dann geh ich runter in die
Waschküche und schau dem Bösel zu, wie er die Halina
schnackselt. Der Depp glaubt, das weiß keiner! Dabei weiß
es ein jeder im Bau, sogar die Sevgi, die was die Kopftuch-
türkin im zweiten Stock ist. Wahrscheinlich weiß es sogar
in Bösel seine Alte, aber die ist wahrscheinlich froh, dass
er sie auslasst mit seiner Geilheit, der ausg'schamte Hader-
lump der. … Wo war ich? Ach ja, das Fernsehen von heute! Schrecklich, ganz einfach schrecklich! Heute müssen S'
schon ein Mordstrum Glück haben, wenn S' einmal eine
g'scheite Sendung sehen wollen. Vor der Wahl zum Beispiel,
da war so eine Dokumentation über den Jonas Franzl im
ORF, die war gut, die hab' sogar ich mir ang'schaut. Da hat
der Androsch g'redet und der Krimischreiberling, der Pittler! Kennen S' den? Ned? Na, wurscht, ich kennert ihn ja
auch ned, wenn er ned da auf der Stiegen 15 Jahr' g'wohnt
hätt'. Ganz nett eigentlich, aber immer eine furchtbare Fri-
sur. Und total abg'stoßenes G'wand. Ich glaub' fast … Was?
Ah! Sie täteten gern anfangen! Na warum sagen S' das ned
gleich. Ich sitz da und wart wie bestellt und ned abg'holt,
und sie plauschen mich da nieder in einer Tour!

Also, was wollen S' wissen? Sagen S' jetzt ned, Sie machen schon wieder so eine depperte Dokumentation über
die Freaks im Gemeindebau, weil für so etwas bin ich nicht
zu haben, dass das gleich einmal klar ist! Bitte, es stimmt
schon, dass der Gemeindebau auch nimmer ist, was er

einmal war, aber solchene Trottel, wie ihr Fernseh-Fuzzis immer aus uns macht, simma auch wieder nicht. Und als Hausmeister, bitte schön, hat man eine Verantwortung. Immer noch! Auch wenn's nicht mehr so ist, wie's früher einmal war.

Früher war man als Hausmeister ja eine Respektsperson, bitte schön. Da hat der ganze Bau auf einen g'hört. Mein lieber Schwan, wenn ich beim Fenster außeg'schaut hab' und nur kurz g'schrien hab', eine Ruh' is, dann war's da still wie am Friedhof um Mitternacht. Und genau so g'hört es sich auch! Und wir haben nur astreine Mieter g'habt! Alles Mechaniker, Maurer, Tischler, Elektriker, Installateure! Ned solche windigen Gestalten wie heute, wo du keine Ahnung hast, was die eigentlich machen. So Programmierer, PR-Heinis oder Softwehr-Entwickler. Ich mein, was soll das überhaupt sein, eine Softwehr, ned wahr! Na ja, früher, da hat man halt noch ehrliches Geld mit ehrlicher Arbeit verdient, drum waren wir früher auch ned so im Oasch daheim wie heute. Mit die ganzen Banken und so, wissen S' eh, Krise, sag' ich nur. Früher war eine Bank eine Sparkassa. Da hat man einen Zehner einzahlt oder auch einen Zwanziger, und die haben das auf ein Sparbuch tan, und wenn man's braucht hat, dann haben sie es einem wieder gegeben. Da wär' keiner auf die Idee gekommen, das als Spielgeld für irgendwelche halbseidenen G'schichten zu nehmen. Aber gut, damals haben die Banken ja auch noch uns g'hört, und ned wir den Banken. Das ist ja erst alles mit dem depperten Neoliberalis… was? Ah so, die Kamera rennt schon. Na, warum sagen S' denn das nicht gleich! Warten S', bin ich überhaupt g'scheit frisiert? Ned, das mir da irgendwo eine Mäschen weghängt oder so. … Gut? Gut! Also, als Hausmeister hat man damals ja noch den Zins kassiert, ned wahr. Da sind die Mieter am Ultimo kommen und haben das Geld bar bei mir auf den Tisch legen müssen. Und da hat's so ein kleines Zinsbüchl geben, und in das hab ich dann den Empfang quittiert. Stellen S' Ihnen vor, ich hätt' mich da einmal verzählt oder so etwas, der Hausinspektor hätt' mir den Kopf abg'rissen. Da hätt' ich dann schön ausg'schaut, mit die ganzen Kabeln, die da dann aus dem Hals außesteh'n, ned wahr! ... Ah, das finden S' ned lustig? Na gut, ich find auch viel ned lustig. Immer weniger eigentlich. Wenn ich allein schon bei unserer Hauswand heute raufschau, da seh ich diese ganzen depperten Sat-Schüsseln überall hängen. Echt abstoßend, sag ich Ihnen. Das hat ja alles kein G'sicht mehr, aber bitte, allerweil, das wär unsere einzige Sorg'. Na wurscht. Jedenfalls hab' ich immer in der Nacht vorm Ersten Zigtausende Schilling bei mir im Brotladl liegen g'habt. Das war eine unvorstellbar hohe Summe damals. Andere wären da in Versuchung kommen. Aber bei mir hat's nix geben! Als Hausmeister ist man quasi eine Amtsperson. Und eine Amtsperson, die ist unbestechlich. Also damals halt. Heut', na, das wissen S' ja eh selber. ... Aber egal. Was auch immens wichtig war, das waren die Waschmarken! ... Ja, ja! Damals hast ned so einfach in die Waschküche runtergehen können und dein Zeug in die Trommel stopfen! Da hat Ordnung geherrscht, mein lieber Herr! Ich hab' einen ganz genauen Plan g'habt, wer wann dran war. Und der hat sich dann pflichtschuldigst bei mir den Schlüssel zur Waschküche abholen und Waschmarken kaufen dürfen. Je nachdem, für was er es halt gebraucht hat. Unterwäsch' oder so, das geht ja schnell, gell, da brauchst höchstens eine. Also Waschmarke, mein ich jetzt. Aber wennst deine Bettwäsch g'waschen hast oder, was weiß ich, Frühjahrsputz halt, da hast mitunter auch zwei oder sogar drei braucht. Na ja, jedenfalls hab ich darüber natürlich auch ganz genau Buch führen müssen.

Und dann natürlich die eigentliche Hausmeisterei! Zweimal die Woche Stiegen kehren, einmal die Woche Stiegen waschen, einmal im Monat Fenster putzen. Lift kehren, das Grünzeug im Hof gießen. Schauen, dass die Kinderschaukel in Ordnung ist, und im Winter natürlich Schnee schaufeln, wenn's g'wesen ist. Glauben S' mir, als Hausmeister wird dir nie fad. Und vor allem, wie g'sagt, als Hausmeister bist ja auch eine Respektsperson, das heißt, du musst zwischen die Leut' vermitteln, wenn s' irgendwo Probleme gibt, ned wahr. Früher, ja früher war das ganz leicht. Wir waren ja alle vom selben Schlag, da hat's eigentlich gar keine Probleme geben. Hie und da sind einmal zwei unten im Wirtshaus aneinanderg'raten, aber da hat's mich auch nicht braucht, weil z'erst hat sie der Wirt außeg'haut, und dann sind s' eh von ihre eigenen Frauen birnt worden, weil s' so blöd waren. So haben wir uns unsere Sachen eigentlich immer selber g'regelt. So eine Gemeindebaubetreuung oder wie das neumodische Zeug da heute heißt, dass die vom Rathaus uns da dauernd aufs Aug drücken wollen, das hätt's damals nie gebraucht. Wir waren, wenn S' so wollen, eine einzige große Familie, und da regelt man seine Probleme auch unter der Tuchent, also, Sie wissen schon, wie ich das meine. Man braucht keinen Richter, wenn S' verstehen!

Was? Ob das jetzt anders ist? Ja schon! Aber ned, wie Sie das jetzt vielleicht hören wollen. Ich kenn Euch ja, Euch Fernseh-Pülcher. Ihr dreht die Sachen immer gern so, wie Ihr sie haben wollt. Aber das sag ich Ihnen gleich: dass es nimmer so ist, wie's einmal war, das hat nix damit zu tun, dass da jetzt Türken und Jugos und Perser und, was weiß ich, Murlis wohnen. Das ist da ein Gemeindebau. Da hat's immer schon alle Farben g'spielt, bildlich gesprochen! Als ich da im 79er Jahr den Posten antreten hab', da hat's oben im ersten Stock die Marek geben. Die hat immer noch böhmakelt wie der Maxi Böhm. Die Neziba von der sie'mer Stieg'n, a so eine Kanaille. Gelt. Und der Swetoslavski, das war ein waschechter Pole. Der ist ein Jahr später kommen, direkt aus Krakau oder wo. Der ist damals abpascht wegen dem Kriegsrecht und so, was die g'habt haben in Polen droben. Der Swetoslawski, jöh, der war lustig. So einen Schnurrbart hat der g'habt. So einen, aber wirklich! Und ganz verwoahdagelt hat er Deutsch g'redet. Ich komm siebene, wegen Wasch. Na und erst der Spasojevic. Der hätt der Hausmeister sein sollen, sag ich ihnen. War zwar aus einem Ort, den keiner aussprechen hat können, Wrschatz oder so, aber der war ein echtes Genie. Der hat alles reparieren können, vom Klo bis zum Automotor. Und wenn bei uns auf der Stiege einmal eine Glühbirn' ausg'fallen ist, dann hat die der Spasojevic schon auf eigene Regie austauscht g'habt, bevor ich's überhaupt g'merkt hab'. Und von der Marek, die schon seit 1924 da g'wohnt hat, hab' ich g'wusst, dass früher da auch noch Ukrainer und Rumänen, Slowaken und Juden und was weiß ich noch alles da gegeben hat. Also wir im Gemeindebau, wir waren immer schon eine kleine UNO, gell!

Anders? Was soll da bitte heute anders sein? Nur weil die Neuen halt aus anderen Ländern kommen, geh bitte! Der Bösel, der Trottel, der is ein Stoasteirer. Des is aa ein anderes Land. Und verstehen tut man den mit seinem ewigen »Woul, woul« genauso wenig wie den Kümmeltürken im zweiten Stock. Ja, der ist schon ein Wengerl streng, stimmt schon. Aber er weiß, was sich g'hört. Und immer ordentlich. Bitte, ja, die Sevgi, die was seine Frau ist, die hat er ein bisserl sehr an der kurzen Leine. Aber wenn er's wieder einmal übertreibt, dann geh ich hin zu ihm und sag' Mustapha, so geht das nicht. Du bist nimmer in Ankara, also reiß dich g'fälligst zusammen. Das ärgert ihn dann immer maßlos, weil er ja erstens aus Istanbul ist und zweitens Hassan heißt. Aber ein bissi ein Häckel muss sein, sonst könnten wir ja gleich alle in die Grube fahren. Na, aber sonst ist der Hassan eine harbe Haut. Trinkt Alkohol, pfeift auf die Moschee und ist total fußballnarrisch. Gut, mit dem Schnitzel hat er's nicht so, aber wenn er sagt, das hat bei ihm nix mit der Religion zu tun, es schmeckt ihm nur einfach nicht, bitte, dann glaub ich ihm das. Na und die Kinder, die sind total brav, bitte. Da könnten sich die österreichischen Fratzen ein Beispiel nehmen. Die Gschrappen von der Naderer zum Beispiel. Die glauben, sie können da im Hof mit ihrem g'schissenen … pardon, mit ihrem Scheiß-Skateboard umadum tun. Aber ned mit mir! So schnell können die gar nicht schauen, was das konfisziert ist. Und wenn die Naderer dann ihr Bappn aufmacht, na mehr braucht die ned. Da sieht s' einmal, was es heißt, Hausmeister zu sein. Aber immer noch, gell!

Wer der Murli ist? Das war der Aschantine …, also der Afrikaner im dritten Stock. Angeblich ein Diplomat, aber ich glaub das nicht, weil simma uns ehrlich, ein Diplomat, der wohnt in einer Villa, auch wenn er schwarz wie die Nacht ist, und ned bei uns im Gemeindebau. Aber bitte, jedenfalls braucht der sie nicht zu interessieren, weil der ist ja …

… ned sagen S' jetzt, Sie sind doch wegen derer G'schicht' da! Sagen S' einmal, wollen S' mi pflanzen? Ich hab' Ihnen ganz am Anfang schon g'sagt, dass von mir dazu nix hören werden. Also so was! Rollen mich da in einer Tour!

Schleichen S' Ihnen, aber gaach aa no! Wiederschau'n! Pfff, Dokumentation! Ein ganz ein mieser Spechtler san Sie, ein Elendstourist! Das hat sich der arme Herr Nkonkwo ned verdient, dass Sie da aus seinem Tod Kapital schlagen, Sie Rohling, Sie!

Was? Na sicher könnt' ich Ihnen viel erzählen. Alles sogar! Weil einem Hausmeister, dem entgeht aus Prinzip nix, aber auch schon gar nix. Aber machen werd' ich's nicht. Weil Sie das nämlich einen Scheißdreck angeht. Und jetzt auße da, bevor ich rabiat werd'. Na, sind S' noch ned weg? Hörst, mach einen Abgang jetzt, oder ich renn dir einen Regenschirm in Oasch und spann' ... na endlich. Zeit is's worden!

## II.

Du, servus Antschi, ja, ich bin's. Du wirst ned glauben, wer g'rad bei mir war! Nein! Sicher nimmer. Das brauch' i auf meine alten Tag' ned mehr! Na, ganz wer anderer! Wer vom Fernsehen, stell dir vor! Ja, wegen dem Nkonkwo natürlich. Die haben mich aushorchen wollen. Na, da waren s' bei mir grad richtig. Außeg'schmissen hab' ich's, hochkant. Na soweit kommt's noch! ... Was heißt, wer ist der Nkonkwo? Bist hirng'schlagelt oder was?! Seit drei Tag' redet Wien von nix anderem, und ausgerechnet du, die größte Tratschen vom Bezirk, will von nix wissen? Geh, hör mir auf!

Na sicher, der Neger, den was abkragelt haben die Tag'. Ja sicher, der hat bei mir auf der Stieg'n g'wohnt. Na wenn ich dir's sag! ... Was? Weiß ich nimmer, so drei, vier Jahr' wird's g'wesen sein. Is ja wurscht. Jedenfalls war der Murl eigentlich eh ganz in Ordnung. Ein bisserl komisch halt, wie alle Neger, ned. Immer so reserviert, so ... so unheimlich ... höflich. Weißt eh, das bist ja ned g'wohnt als Wiener, da denkst dir gleich, da hat's was, sonst tät' dich der ned so schaßfreundlich grüßen. Und in die Kirchen is er auch g'rennt jeden Sonntag. Sag' ich ja, unheimlich! Na ja, so g'sehen war er vielleicht schon selber ein bissl schuld auch, dass eam die Schleifen geben haben. Weil wennst in Wien über die Runden kommen willst, gell, das musst dich halt anpassen. Das darfst ned umadumrennen wie der Kasperl und auf leiwand machen. Da machst dich nur verdächtig. Aber wem sag ich das, das weißt ja eh genauso gut wie ich.

Ha? Na sicher weiß ich das! Na wer glaubst, hat ihn g'funden! Na sicher ich! Wer sonst! Die Stiegen hab' ich grad aufg'waschen, und da ist mir aufg'fallen, dem seine Tür ist nur ang'lehnt. Na ja, hab ich mir denkt, eh klar, daheim in seinem Kral und so, da kennt der natürlich keine Türen ned, gell, weil die haben da ja nur so Bastfadeln runterhängen, ned wahr. Aber dann hab ich mir denkt, der wohnt jetzt schon so lang bei uns, da wird er ja g'lernt haben, dass man eine Tür zumacht. Also sag ich mir, schaust einmal nach. Einfach nur zur Sicherheit, ned wahr.

Ich also eine bei der Tür, ich sag noch, Herr Nkonkwo, hallo, ist Ihnen was? Ihre Tür, die steht offen wie ein Hosenstall! Nix! Alles still wie in der Gruft. Na, ich geh weiter. Durch die Küche durch ins Zimmer rüber. Na, und da ist er g'legen. Mitten am Teppich. Aufg'schlitzt! Von oben bis unten. Servas, das hat ausg'schaut! Allein schon das Blut! Rotes Meer, sage man nur! Ich mein, mir war gleich klar: den Teppich, den kannst wegschmeißen!

Z'erst hab ich mir ja denkt, ich muss sofort die Rettung anrufen, aber wie ich dann genauer hing'schaut hab', da is mir klar worden, der ist hin, da kannst eh nix mehr machen. Also hab' ich mir g'sagt, ich kann mir ruhig ein wenig mit dem Anruf Zeit lassen. Schaust dich lieber einmal ein

bisserl um. Ich mein, wann hast schon Gelegenheit, festzustellen, wie so ein Neger wohnt bei uns, ned wahr? Das ist
ja, also quasi, so, wie heißt das, Ethnologie, ned? Und wer
weiß, hab' ich mir g'sagt, vielleicht findst was, ein Souve-
nir oder so, ein Andenken halt an ihn. Weil er braucht's ja
nimmer, ned wahr?! Also hab' ich mich ein bisserl umtan
bei ihm. Aber noch bevor ich irgendwas g'funden hätt', was
vielleicht interessant sein hätt' können, ist mir ganz plötzlich eing'schossen! Selbstmord war das keiner! Ja, ich weiß,
das klingt jetzt ein wenig seltsam, aber an so was denkst ja
normal ned, das … wird dir ja erst … mit der Zeit bewusst.
Weißt eh, der Schock und so, der blockiert dich ja erst einmal. Jedenfalls wird mir klar, den hat wer g'macht. Und
schon ertapp' ich mich bei der Frage: wer war des?

Also eines ist für mich gleich festg'standen. Von unserer
Stiege war das keiner! Für die alle leg' ich die Hand ins Feier.
Für den Hassan auch? Ja sicher für den Hassan auch! Wenn
der Leut' abkrageln wollt', dann wär' er in Syrien und tät'
dort Allahu akbar schreien und mit dem Krummsäbel her-
umfuchteln anstatt dass er bei uns in Wien Kebab verdraht!
Ich verbürg mich sogar für den Bösel, den Trottel. Der ist
zwar aus Lieboch und hasst als eing'fleischter Blauer alles,
was Schwarz ist, aber soweit tät' er nie gehen. Im Gegenteil,
der hat ja sogar eine ganz besondere Vorliebe fürs Exotische,
was ich weiß. Wie? Ah nix, das g'hört da jetzt eh ned her.
Egal! Ich hab jedenfalls gleich g'wusst, vom Bau kann das
keiner g'wesen sein. Wer also dann? Na, ich hab' mir denkt,
ich hab' Zeit, also spiel ich einmal ein bisserl Detektiv, weil
die Kieberer, die san eh mit allem überfordert, was übers
Aufschreiben von Falschparkern hinausgeht.

Ich schau mir die Leiche also genauer an. Ein klarer,
sauberer Schnitt, seh ich. Ziemlich groß, geradlinig und

16

dick. Also ein Messer, sag ich mir, war das nicht. Eher schon ein Säbel oder so etwas. Nur, wer hat schon einen Säbel, ned wahr? Also denk ich nach. Ich mein, als Hausmeister kommst ja früher oder später in jede Wohnung, auch auf den Nachbarstiegen. Und der Einzige, der mir eingefallen ist, der solche Dinger irgendwie sammelt, war der Feiler von der Neunerstiege. Aber ich hab mir noch denkt, was soll denn der Feiler gegen den Nkonkwo haben, ned wahr? Außerdem ist der Feiler so ein klasser Bursch, gibt immer ordentlich Schmattes und regt sich nie über irgendwas auf. Also warum sollt der dann ausgerechnet bei unserem Nkonkwo den Gizi kriegt haben?

Na, wie ich mir das so denk – na, wart einmal, lass mich doch erst einmal ausreden –, geh ich, ohne dass ich's merk, wieder aus der Wohnung raus. Ja, ich weiß auch nicht, irgendwas muss mich aufgschreckt haben, irgendwas hab ich g'hört. Und tatsächlich, da war ein Geräusch. Von unten ist's kommen, so Richtung Waschküche. Ich hab mir noch denkt, das wird ja nicht schon wieder der Bösel sein, der wird doch ned schon in aller Früh die Svetlana pempern, weißt eh, die vom Stadtgartenamt, die da alle Ewigkeiten einmal nach unseren Blumenbeeteln schaut. Aber nein, orgiastisch hat das ned klungen, eher nach Weinen.

Na, mir war schon ein wengerl anders, aber weißt eh, die Neugier, die ist ein Hund. Also bin ich runter. Ja, eh ganz vorsichtig, i bin ja ned blöd oder so. Na, und wie ich da so um die Ecken lins, seh ich den Buben vom Feiler im hintersten Winkel hocken und heulen wie den sprichwörtlichen Schlosshund. Na servas, hab ich mir denkt, und eh gleich alles gwusst.

Na sicher war er's! Na, wenn ich dir's sag! Da hat's ned einmal ein Geständnis braucht, des hast dem angesehen, zehn Kilometer gegen den Wind. … Warum er den Neger …? Na wegen die Drogen! Ahaha, sein Dealer? Na, aber überhaupt ned! Ganz anders war des! Der Feiler-Bua hat ja sofort, wie er mich gsehn hat, gsungen wie ein Lercherl. Ich glaub, der hat einfach wen zum Reden braucht, und da bin ich ihm grad recht kommen. Also hat er mir alles derzählt. Dass ihn der Nkonkwo derwischt hat beim Haschischrauchen. Un der Nkonkwo, weißt, der war wirklich eine Art Diplomat, der war nämlich bei dieser Antidrogenbehörde da in der UNO-City, und so ist der quasi schon von Berufs wegen total in Saft gangen und hat gsagt, er zeigt den Feilerbuben an. Na, und da hat der Feilerbub natürlich eine Mordstrumm Angst kriegt. Die ganze Nacht hat er ned schlafen können, und gleich in der Früh ist er noch einmal zum Nkonkwo und wollt ihn überreden, dass er auf die Anzeige verzichtet. Er würd auch nie wieder gifteln, wollt er ihm noch sagen. Und sogar einen von diesen Riesenfeiteln von seinem Vater, wie sagt man, Dolch, genau, hat er mitbracht. Den wollt er dem Nkonkwo schenken. So quasi als Entschuldigung. Aber offenbar ist der dadurch erst recht narrisch worden und hat gmeint, jetzt warat des ned nur Drogenmissbrauch, sondern Bestechung aa noch. Na, und stechen war das Stichwort. Also hat ihn der Feilerbub abgstochen in seiner Panik. Und drum ist er, wie ich ihn gfunden hab, heulend in der Ecken gsessen.

Warum ich das ned der Kieberei erzählt hab? Na warum sollt ich? Bin i die Heh? Die Wappler solln ruhig selber draufkommen! Kriegen ja zahlt dafür, ned wahr! Na, na, ich misch mich da nicht ein. Ich bin Hausmeister und ned die Dorftratschen. Apropos, siehst, ich muss eh wieder weiter. Stiegen waschen, ja. Das erledigt sich nämlich ned von allein. Alsdern, bis die Tag dann, gell. Servus.

18

# III.

Servus, Ferry! Na, wie geht's dir? Kannst ned klagen, gell! Ja, wie auch. Seitst hinig bist, san unsere Unterhaltungen ein bissi einseitig, ich weiß. Aber wenigstens redtst mir jetzt nimmer dauernd zruck. Obwohl, manchmal geht mir die ewige Keppelei direkt ab. Aber bild dir jetzt bloß nix drauf ein, gell, ich komm sehr gut ohne dich zrecht, brauchst gar ned erst glauben! Schau, neue Stiefmütterchen hab ich dir mitbracht, die setz ich dann gleich ein, aber jetzt, jetzt muss ich mich erst einmal ein wengerl ausrasten.

Hast du das da oben mitkriegt mit dem Nkonkwo? Ja, weißt eh, der Bimbo aus dem dritten Stock, den haben s' meia gmacht. Ja, der kleine Feiler war's. Aus einer Art Notwehr heraus. Du, der hat mir so leid tan. Das reinste Häuferl Elend war der. Ja, die Angst ist ein Hund, da macht man halt oft einmal eine Blödheit, ich mein, erinner dich, wie wir zwei damals den Rinnsaldampfer von der depperten Vejvoda … na, wurscht. Jedenfalls hab i mir denkt, das hat er si ned verdient, der Feilerbua, dass er jetzt sitzen geht für a halbertes Leben, weil simma uns ehrlich, deswegen stangert der Nkonkwo aa nimmer auf, ned wahr. Also hab i mein Aufreibfetzn gnommen, hab des depperte Messer drin eingwickelt – weiß eh, der war no pitschnass, das gibt sicher a Batzn Korrosion oder wie das heißt. Dann hab ich den Feilerbuben gschnappt, bin mit eam zum Lift gangen, hab die Schutzklappen unten, weißt eh, die, mit der das Loch zwischen Lift und Boden überbrückt wird, zruckdruckt und das Messer in den Schlitz fallen lassen. Das liegt jetzt ganz unten im Schacht, und da liegt's gut. Da finden s' es frühestens bei der nächsten Liftüberprüfungen, und die ist erst in zwei Jahr. Und bis dahin interessiert sich für die Gschicht keine Sau mehr.

Jetzt fragst dich sicher, wieso die Kieberei dann den Bösel als Mörder vom Nkonkwo arretiert hat, gell? Ja, recht hast. Des war aa i. Vorgestern rennt mir die Sevgi in d'Arm, total durchn Wind, und i frag s' natürlich gleich, was s' denn hat um Himmels Willen. Erzählt s' mir nach einer ganz schönen Weil, dass s' in der Waschkuchl unten war. Wäsch waschen, ned. Und auf einmal kommt der Bösel eine und stellt si gleich hinter sie. Du, dera war das richtig peinlich, dass s' mir das alles erzählen muss, aber sie hat sie halt ned anders zum Helfen gwusst, und als Hausmeister bist ja eine Respektsperson, ned! Also sagt s' mir, dass ihr der oide Hurenbock sei Körpermitten gegen ihren Hintern druckt hat, sodass deutlich gspürt hat, dass er einen Steifen hat. Nein, natürlich hat sie das ned so gsagt, dafür ist s' viel zu gschamig. Aber nach einer Weil hab ich schon kapiert, was sie meint, ned. Na, und dann hat er ihr offenbar aa no auf die Dutteln griffen, der Saubartl der. Und sie is in voller Panik aus der Waschkuchl grennt und hat ned gwusst, was jetzt machen soll. Und grad da bin i daherkommen.

Und weißt, irgendwie hab ich mir dann denkt, jetzt reicht's mir mit dem Puderanten. Ich mein echt jetzt, die Blauen wählen und alles nageln, was ned von da ist, des is zvü. Hab ich der Sevgi gsagt, sie soll sich beruhigen. Sogar einen Tee hab ich ihr gmacht. Und dann, wie ma so zsammgsessen san, hab i gsagt zu ihr, sie soll dem Hassen beiläufig erzählen, dass den Bösel am Morgen von dem Mord aus der Wohnung vom Nkonkwo kommen gsehn hat. Der Hassan mog den Ausländerhasser eh überhaupt ned, und daher, so hab i mir denkt, wird der sofort zur Kieberei rennen und das melden. Und die Heh ist eh total froh, wenn's endlich an Täter hat, also wird die ned lang fackeln, hab i mir denkt. Na, und so war's auch. Gestern in der Früh sind s' angrückt, zehn Funkstreifen, volles Programm. Und der Bösel hat die Achter kriegt. Für den spielt's jetzt den Herrgott aus Staa.

Na wurscht. Da sitz i und red, und die Stiefmuatterl pflanzen si ned selber ein. Also gemma's an.

*Aus: Edith Kneifl: Tatort Gemeindebau.*
*Falter, Wien 2016*

# II
## In der Sache Wondratschek

Als Bronstein das Büro betrat, fand er Pokorny in missmutiger Stimmung vor. Der alte Mann riss kleine Streifen von einem Aktenblatt ab, zerknüllte sie sodann und versuchte, mit den so geformten Kügelchen den geflochtenen Papierkorb zu treffen. Ohne Mühe erkannte Bronstein, dass sein Mitarbeiter kein guter Schütze war, denn in der Ecke konnte er eine stattliche Zahl an Papierresten sehen, die sich zwanglos um den Abfallbehälter gruppierte. Nun kannte Bronstein den Pokorny seit vielen Jahren und wusste daher, dass dieser ein jovialer Kerl war, dem so leicht nichts die Laune verdarb. Also musste, so schloss Bronstein messerscharf, schon etwas Besonderes vorgefallen sein, dass Pokorny gar so grantig war.

»Ja was ist denn mit Dir los, ha«, begann Bronstein daher.

»Ach was«, maulte Pokorny nur und machte dabei eine wegwerfende Handbewegung.

Bronstein war sich darüber im Klaren, dass er an dieser Stelle genau zwei Möglichkeiten hatte. Zuckte er nun mit den Schultern, setzte sich an seinen Schreibtisch und begann sein Tagewerk, dann war die ganze Geschichte ziemlich sicher abgeschlossen, noch bevor sie begonnen hatte. Er würde sich zwar innerlich weiterhin fragen, was denn den Pokorny so verdross, doch andererseits würde er seine Ruhe haben und sich um seine Arbeit kümmern können. Ermunterte er aber andererseits Pokorny dazu, sich zu erklären, dann wäre zwangsläufig ein Vortrag von der Länge des Alten Testaments die unabänderliche Folge. Bronstein würde Pokornys Ausschweifungen erst zu Beginn der Mittagspause stoppen können, was ihm bestenfalls eine Atempause einbrächte, da Pokorny ohne Frage auch beim Essen weiter in aller Ausführlichkeit berichten würde, was sein Gemüt denn so verdunkelt hatte.

Befriedigung der eigenen Neugier oder ruhiger Vormittag, das waren die Optionen, zwischenen denen er zu wählen hatte. Bronstein seufzte. Natürlich obsiegte abermals seine Neugier.

»Was was?«

»Der Wondratschek!«

Obwohl Pokorny üblicherweise redete wie ein Wasserfall, sodass jede Bassena-Tratschen gegen ihn wie ein Kartäusermönch wirkte, liebte der alte Pokorny es, sich zu Beginn einer Erzählung jedes Wort aus der Nase ziehen zu lassen, weil er in dem Wahn befangen war, damit steigerte er das Interesse seines jeweiligen Publikums. Und natürlich wusste Pokorny, dass Bronstein der Name Wondratschek rein gar nichts sagen würde, er ergo nun zu der unausweichlichen Frage anheben musste, wer denn jetzt wieder der Wondratschek sei. Und genau dieser Satz würde Pokorny das Gefühl vermitteln, seinem Vorgesetzten ein weiteres Mal überlegen zu sein, was, so nebenbei bemerkt, ein Grundbedürfnis Pokornys war, der es wohl nur schwerlich verwand, unter jemanden dienen zu müssen, der gut 20 Jahre jünger war als er. Pokorny hatte durch diese Frage jedenfalls die Gelegenheit, mit einem gottergebenen Seufzer so zu tun, als sei es völlig unverständlich, dass irgendjemand in der Wiener Polizei wirklich noch nie vom Wondratschek gehört haben sollte, der doch, wie außer dem Fragesteller wohl jedermann wisse, der bedeutendste, grausamste, gewiefteste – je nachdem, was gerade anlag – Verbrecher der ganzen großen Wienerstadt sei. Daran würde sich eine reichhaltig illustrierte Biographie des Ganoven anschließen, für die Bronstein, einen flüchtigen Blick auf die Amtsuhr werfend, grob zwei Stunden veranschlagte. Dann, und erst dann, würde Pokorny erstmals nach Luft schnappen, was dann Bronstein die Gelegenheit böte, untertänigst danach zu fragen, was denn bitte schön der Mord an der Kaiserin Sisi, die Affäre Redl oder die Oktoberrevolution in Russland – je nachdem, in welche Richtung Pokornys Erzählung abschweifen würde – mit dem Wondratschek, vor allem aber mit Pokornys Laune zu tun habe. An dieser Stelle würde Pokornys Erzählung abrupt implodieren und irgendeine banale Auflösung anbieten, die es Bronstein endgültig bereuen lassen würde, der Neugier den Vorzug gegenüber der Ruhe gegeben zu haben.

Und doch konnte er nicht anders. Sein Wissensdurst ließ ihn mitspielen.

»Der Wondratschek? Wer ist jetzt bitte wieder der Wondratschek?«

Pokorny verdrehte die Augen und seufzte.

»Geh bitte, Oberst, das solltest aber schon wissen.«

Bronstein war weder der Tadel in Pokornys Stimme entgangen noch der Umstand, dass dieser einmal mehr Bronsteins Rang absichtlich falsch benannte. Mit Beginn des Jahres hatte Bronstein die nötigen Dienstjahre für die nächste Beförderung erreicht und war so zum Oberstleutnant avanciert, doch Pokorny bezeichnete ihn seitdem konsequent als Oberst, da dies, wie er schlicht erklärte, kürzer sei.

»Na, dann erklär's mir halt«, ignorierte Bronstein Pokornys Eigenwilligkeiten.

»Der Einbrecher, der seit fünf Jahr' alle Palais in der Innenstadt unsicher macht«, ließ sich Pokorny endlich vernehmen.

Ein Einbrecher? Sie waren vom Mord, was ging sie irgendein Räuber an?

»Der Wondratschek ist also ein Einbrecher?«

»Genau!«

»Und was geht der dann uns an? Wir sind vom Mord, falls Du das vergessen hast.«

Pokorny blies Luft aus, beschrieb einen merkwürdig unrunden Halbkreis mit dem Kopf und machte dabei eine hilflose Geste mit beiden Händen.

»Das hat mit der Jordanstraße zu tun«, sagte er endlich.

Bronstein ließ seine rechte Hand vor seiner Brust kreisen und bedeutete seinem Mitarbeiter damit, er möge zum Punkt kommen.

»Weißt, der Wondratschek ist den Kollegen zum ersten Mal im 19er Jahr aufg'fallen. Da hat er ziemlich sicher a Villa in Döbling g'macht, aber sei damaliges Gspusi hat ihm ein hieb- und stichfestes Alibi gegeben, sodass er freigesprochen worden ist. Ein halbes Jahr später hat er eine Privatwohnung in der Belvederestraßen ausg'räumt und ein paar Tage später eine in der Elisabethstraßen. Das wissen wir, weil er Schmuckstückeln, die aus den beiden Raubzügen stammten, bei einem Hehler verdreht hat. Doch mit einer Verurteilung war's wieder nix, weil drei von seine Spezis Stein und Bein g'schworen haben, dass der Wondratschek das Klumpert beim Kartenspielen g'wonnen hat. Von einem Fremden natürlich, der so hoch verloren haben soll, dass er seine Spielschulden mit die Klunker bezahlt hat. Na, der Fremde war natürlich wie vom Erdboden verschluckt. Nachweisen hat man dem Wondratschek nix können, weil der auch noch g'sagt hat, er hat net g'wusst, dass der Brillantinger ein Hehler is', und so hat uns der Wondratschek schon wieder die lange Nase gedreht.«

Bronstein riskierte wieder einen Blick auf die Uhr. Wenn Pokorny jetzt erst beim Jahr 1920 angelangt war, dann würde es bis 14 Uhr dauern, ehe er sich der Gegenwart anzunähern begann.

»Gut«, schnitt er daher seinem Gegenüber die Rede ab, »der Wondratschek war also ein ziemlich kluger Räuber, der es verstanden hat, unseren Kollegen immer wieder durch die Lappen zu gehen. Kommen wir ...«

»Na was heißt!«, verschaffte sich Pokorny wieder Gehör, »genarrt hat er uns. Volle vier Jahre lang. Nie hamma ihm was anhängen können. Bis heuer im Februar ned. Da hat er den Bruch in der Jordanstraßen g'macht.«

Na bitte, der Sprung in die Gegenwart war geglückt.

»Aha. Und was war da?«

Noch ehe Pokorny Luft geholt hatte, gebot ihm Bronstein mit angehobener Hand Einhalt. »Lass mich raten. Diesmal hat ihn jemand auf frischer Tat ertappt, und er hat die betreffende Person kaltgemacht.«

Pokorny war die Enttäuschung deutlich anzusehen. Er brauchte geraume Zeit, bis er sich wieder gefangen hatte. Dann jedoch setzte er erneut an: »Er hat natürlich wieder alles abgestritten, hat gesagt, er war gar nicht dort. Und selbst wenn er etwas mit dem Einbruch zu tun gehabt hätte, so hätte er unter Garantie niemals jemanden umgebracht. Doch wer, bitte schön, soll ihm das glauben? Immerhin hat der immer alles abgestritten. Und wer einmal lügt, der ...«

Bronstein schnitt dem Kollegen wieder die Rede ab. Er wiegte den Kopf hin und her und meinte dann, für ihn klinge das nicht logisch. »Nehmen wir einmal an, dieser Dein Wondratschek ist wirklich ein hauptberuflicher Einbrecher, und das schon seit mindestens fünf Jahren. Dann entspräche es sichtlich wirklich nicht seiner Arbeitsmethode, Menschen dabei zu Schaden kommen zu lassen.«

»Ich bitt' Dich, Oberst! Reine Schutzbehauptung! Wahrscheinlich hat er bisher immer nur Glück gehabt, der

Wondratschek, dass ihn niemand dabei erwischt hat. Und wie dann doch einmal jemand gekommen ist, da hat er halt die Nerven verloren und die Alte abgekragelt.«

»Die Alte? Wer war denn das Opfer?«

»Die Zugehfrau. Der Wondratschek hat wahrscheinlich geglaubt, das Haus ist leer und nicht damit gerechnet, dass da die Dienstboten auftauchen. Und wie die dann gekommen ist, hat er natürlich gewusst, dass seine Strategie zum ersten Mal nicht verfangen wird.«

Nun schüttelte Bronstein erst recht den Kopf. »Das glaubst jetzt aber selber nicht, oder? Der hat natürlich wieder seine Haberer für ihn aussagen lassen. Dann sagen fünf Leute, klar, der hat mit uns tarockiert, und eine Hausdienerin sagt, er war's. Da traut sich kein Richter einen Schuldspruch zu.«

»Aber die Geschworenen schon. Die sind heutzutage selbst Bedienstete und andere kleine Leute. Die nehmen so etwas sehr persönlich.«

»Wie schaut der überhaupt aus, der Wondratschek?«, fragte Bronstein unvermittelt. Pokorny kramte in seinen Aktenbergen und zog schließlich eine rote Mappe hervor, die er umständlich öffnete. Er entnahm ihr eine Polizeifotographie, die er Bronstein über den Schreibtisch hinüberreichte. »Josef Wondratschek«, las dieser, »geboren 16. Juli 1890 in Engerau«. Der Mann, der ihm hier entgegenblickte, wirkte ziemlich filigran. Schwer untergewichtig, traten ihm die Backenknochen deutlich aus dem eingefallenen Gesicht heraus, während die Augen tief in den Höhlen lagen. Das schwarze Haar klebte fettig an der Stirnseite, wobei Bronstein nicht zu sagen vermochte, ob es einfach nur sehr lange nicht gewaschen worden war, oder ob der Mann sie mit Brillantine pomadisierte. Unter der knöchernen Adlernase hing ein quadratisches Bärtchen, wie es viele Bauern in den alpinen Gegenden trugen.

»Der schaut ziemlich schwindsüchtig aus«, sagte er schließlich.

»Bitte schön, das weiß ich nicht«, entgegnete Pokorny. »Jedenfalls haben's uns den Fall vorige Woche zuwebeutelt, weil's g'meint haben, das ist jetzt unsere Sache.«

»Aha – und warum weiß ich davon nix?«

»Na ja, Oberst, Du hast ja ohnehin so viel um die Ohren, da wollt' ich Dir nicht den Fall auch noch umhängen.«

Unwillkürlich musste Bronstein schmunzeln. DAS war nun eine reine Schutzbehauptung gewesen. Pokorny hatte fraglos das dringende Bedürfnis verspürt, auch einmal einen Fall glanzvoll zu lösen und dafür höheren Orts belobigt zu werden. Da kam ihm jemand wie dieser Wondratschek gerade recht. Mutmaßlich wusste man ganz genau, wo der sich üblicherweise aufhielt, man brauchte ihn also nur noch einzukassieren und anschließend weichzuklopfen. Zumindest war Bronstein davon überzeugt, dass Pokorny so gedacht haben musste, als er den Fall Wondratschek klammheimlich zu seinem eigenen gemacht hatte. Und dass Pokorny nun so tat, als wäre es ihm nur darum gegangen, Bronstein nicht noch mehr Arbeit aufzuhalsen, das war pure Schönfärberei. Die umso schaler schmeckte, als Pokorny ja offenbar in seinen Versuchen, den Wondratschek dingfest zu machen, kläglich gescheitert war. Nach außen hin aber bemühte sich Bronstein, sich nicht anmerken zu lassen, zu welchen Schlüssen er eben gekommen war.

»Verstehe. Und was ist jetzt also passiert, dass Du Dich gar so giftest?«

»Na gar nix«, entfuhr es dem Untergebenen, »ich hab' glaubt, ich hab' den Filou im Sack, wie ich erfahren hab', dass er heute Nacht im 15. draußen einen Stoß spielt. Aber das war offenbar eine Falschmeldung. Er war gar ned da und ist auch die ganze Nacht ned kommen. Und später hab' ich dann g'hört, dass der Wondratschek in Wirklichkeit schon gestern früh palessiert ist.«

»So? Und wohin?«

Ein neuerlicher Wortschwall war die unausweichliche Folge dieser Frage. Weitschweifig erklärte Pokorny, man habe ihn wohl umfassend gelinkt, Wondratschek habe zu keiner Zeit vorgehabt, besagtes Café aufzusuchen. Vielmehr habe er nur versucht, Zeit zu gewinnen, um in aller Ruhe das Land zu verlassen, während sich die polizeilichen Ermittlungen – also seine, Pokornys – darauf konzentrierten, das Lokal in Fünfhaus zu überwachen. Spätere Recherchen, so das Resümee der langen Rede, hätten ergeben, dass Wondratschek am frühen Abend des Vortages einen Zug am Westbahnhof bestiegen habe, dessen Zielbahnhof Paris gewesen sei.

»Na so was. Die ganze Wiener Polizei, mit der einsamen Ausnahme meiner Person, rückt aus, um einen Serieneinbrecher zu stellen, und der fahrt derweil seelenruhig an die Seine, um dort die Puppen tanzen zu lassen. Na, das nennt man wohl savoir vivre.«

»Das glaub ich nicht«, hielt Pokorny dem entgegen, wobei ihm der ironische Unterton seines Vorgesetzten wieder einmal fundamental entgangen war. »Die Ermittlungsgeschichte zeigt eindeutig, dass der Wondratschek immer nur dann einen Bruch g'macht hat, wenn er das Vermögen aus dem jeweils vorigen Verbrechen restlos durchgebracht hat. Der hat immer alles auf den Kopf g'haut – für Wein, Weiber und Gesang, wie man so schön sagt. Und daher gehe ich davon aus, dass er vor der Jordanstraßensache abbrennt war wie ein Luster. Und nachdem die G'schichte so kolossal schiefgegangen ist, hat er sicher keine Zeit g'habt, irgendetwas von der Beute zu versilbern. Ich frag' mich sogar, wie es ihm gelungen ist, an die Fahrkarte nach Paris zu kommen. Nach meiner Meinung ist der jetzt nicht im Moulin Rouge, sondern schlaft unter der Brücke, wennst weißt, was ich mein', Oberst.«

»Dein Wondratschek ein … wie heißt das gleich noch einmal? – ein … ein Clochard? Wozu das denn? Das hätt' er in St. Pölten billiger haben können.«

»Na, das glaub' ich eh nicht. Ich denk mir etwas anderes.« Dabei bemühte sich Pokorny um einen hintergründigen Gesichtsausdruck. Bronstein spielte mit dem Gedanken, seinen Mitarbeiter nun nicht aus dieser Pose zu erlösen, sondern einfach eisern zu schweigen, bis Pokorny buchstäblich die Luft ausging, doch dann obsiegte das Mitleid, und Bronstein fragte, was er sich denn denke, der Pokorny.

»Ganz einfach. Der ist in Paris nur auf Zwischenstation. Der fahrt von dort mit dem nächsten Zug nach Süden, und dort schließt er sich der Fremdenlegion an.«

Die Fremdenlegion! Bronstein wusste um die vielen Geschichten, die sich um diese legendenumwobene Einheit rankten. Ein wüster Haufen von primitiven Kraftlackeln, die an den entlegensten Orten der Welt für die Tricolore Krieg führten. Unweigerlich entstanden in seinem Kopf die sandigen Weiten der Rifkabylen, wo ein windiger Berber, der, soweit sich Bronstein erinnerte, Abd El Krim hieß, seit einigen Jahren Europäer im Dutzend niedermetzelte. Ausgerechnet dorthin sollte der Wondratschek flüchten wollen? In Stein hatte er es sicher gemütlicher als in der nordafrikanischen Wüste.

»Ja«, fuhr Pokorny derweilen fort, »wenn Du in die Fremdenlegion eintrittst, wirst Du automatisch französischer Staatsbürger. Und wir haben den Aufdrehten.«

»Ist das sicher? Ich glaub', Staatsbürger wirst erst, wenn Du fünf Jahre Dienst geschoben hast bei denen.« Bronstein rief sich das Bild Wondratscheks noch einmal vor Augen. So schwächlich, wie der Mann aussah, würde er nie fünf Jahre durchhalten.

»Das ist doch egal«, protestierte Pokorny. »Wenn Du als Österreicher in einer fremden Armee dienst, wird Dir automatisch die österreichische Staatsbürgerschaft aberkannt. Und damit ist der Wondratschek automatisch aller Sorgen ledig. Denn selbst wenn er nach Wien zurückkommt, können wir ihn höchstens als unerwünschten Ausländer abschieben.«

Bronstein schmunzelte. »Da hast aber nicht gut aufgepasst im Lehrgang. Für uns ist das völlig wurscht, was für eine Staatsbürgerschaft einer hat. Sobald er bei uns ein krummes Ding dreht, ist er fällig. Dann sitzt er. Ausgewiesen wird er bestenfalls danach. Du siehst also, die Legion nützt Deinem Wondratschek original gar nix.«

Pokorny war nicht bereit, sich so schnell geschlagen zu geben. Er setzte zu einer Erwiderung an, als es an der Tür klopfte. Es war wenige Minuten nach 10 Uhr vormittags, und Bronstein fragte sich, wer da nun Einlass begehren mochte. »Herein«, rief er mit sonorer Stimme.

Ein Bürodiener betrat den Raum. »Entschuldigung untertänigst die Störung. Aber der Herr Polizeipräsident hat für elf Uhr eine Sitzung anberaumt, an der, wie mir der Herr Hofrat auszurichten aufgetragen hat, auch der Herr Oberstleutnant teilnehmen soll.« Von der Mühe, eine solche Proklamation von sich geben zu müssen, überwältigt, sank der Beamte in sich zusammen, als hätte er eben »Ne-nikamen« gerufen. Bronstein war so fasziniert von der theatralischen Darbietung des Mannes, dass er gar nicht auf die Idee kam, sich zu fragen, von welchem Hofrat da die Rede sein könnte. Stattdessen erkundigte er sich nur nach dem Ort, an dem diese Sitzung stattfinden sollte.

Bronstein konnte eine gewisse innere Erregung nicht leugnen. Er stand seit rund 16 Jahren im Dienste der Wiener Polizei, doch niemals war jemand auf die Idee gekommen, ihn zu einer Versammlung der leitenden Beamten einzuladen, nicht einmal nach spektakulären Erfolgen, wie sie ihm im Laufe seiner Karriere mehrmals gelungen waren. Es musste sich also schon um eine außergewöhnliche Frage handeln, wenn man sogar ihn hinzuzog, und Bronstein überlegte, ob man ihn wohl auch nach seiner Meinung fragen würde. Und dann auch gleich beim Polizeipräsidenten!

Nicht, dass Bronstein Schober sonderlich gemocht hätte. Im Gegenteil. Er verachtete den deutschtümelnden Arroganzler von ganzem Herzen. Seit der Mann einige Monate als Bundeskanzler amtiert hatte, war er überhaupt nicht mehr auszuhalten und hielt sich für einen neuen Metternich, den nur die Unbilden des Schicksals daran hinderten, Kutscher Europas zu sein. Und als Mann mit unverkennbar jüdischem Nachnamen hatte Bronstein bei dem hochnäsigen Provinzler von vornherein kein leichtes Leben, was ihm Schober naturgemäß nicht sympathischer machte.

Wer wohl der »Hofrat« sein mochte? Der Berger vielleicht von der Staatspolizei? Oder der Wurzinger von der Fremdenpolizei? Nun gut, Hofräte waren eigentlich alle höheren Beamten des Hauses, sogar Schobers rechte Hand Seydel hatte diesen Titel. Bronstein beschloss, sich überraschen zu lassen. Obwohl, er tippte auf Berger, der als einziger von den höher gestellten Persönlichkeiten stets ein nettes Wort für die Kollegenschaft übrighatte. Dem Seydel war er hingegen nur ein einziges Mal nähergekommen, und das unter Umständen, an die dieser wohl kaum mehr erinnert werden wollte.

»Haaallo!«

Pokorny war sichtlich pikiert, dass ihm Bronstein keinerlei Aufmerksamkeit mehr schenkte. »Kaum kommt einmal der Ruf von oben, schon sind wir da unten Dir vollkommen egal!«

»Wir?«

»Na der Wondratschek und ich.« Pokorny bemühte sich um ein Lächeln.

»Weißt was«, sagte Bronstein mit aufkommendem Widerwillen, »ich geh' jetzt einmal brunzen. Und Dein Wondratschek soll von mir aus schei …«

Ohne ein weiteres Widerwort von Pokorny abzuwarten, erhob sich Bronstein umständlich und verließ den Raum. Am Gang wandte er sich nach links, ging ein paar Meter geradeaus und bog dann neuerlich nach links ab. Er stellte sich auf den Abtritt, schob sein Jackett zur Seite und begann sodann, seine Hose aufzuknöpfen. Er holte den kleinen David hervor, schob dessen Vorhaut ein wenig zurück und richtete, während er sich mit der linken Hand an der Wand abstützte, den Blick nach oben. Als er indezentes Plätschern hörte, sah er doch nach unten. Ein satter gelber Strahl stürzte in die Tiefe, und Bronstein ertappte sich bei dem Gedanken, wann zuletzt eine andere Flüssigkeit als Urin aus diesem Loch gekommen war. Seit nunmehr fast fünf Jahren, seit Jelka damals Hals über Kopf verschwunden war, lebte er wie ein Asket, was für einen Mann von 40 Jahren keineswegs eine gesunde Lebensform darstellte. An seinen Fingerkuppen spürte er, dass der kleine David wohl auch so dachte, denn er wurde in seiner Rechten merklich größer, was Bronstein peinlich war. Wenn nun ein Kollege den Abort betrat und ihn da mit einem Ständer stehen sah, dann brauchte Bronstein die nächsten zwei, drei Wochen gar nicht erst in die Kantine gehen. Er wäre das Gespött des ganzen Präsidiums. Umständlich verstaute Bronstein seinen Penis, der immer noch halb erigiert war, wieder in der Hose und sah zu, dass er aus diesem Raum entkam.

Am Gang zog er seine Taschenuhr aus der Weste und stellte fest, dass es knapp nach halb elf war. Begab er sich nun noch einmal in sein Büro, dann bestand die dringende Gefahr, dass ihn Pokorny so mit seinen kruden Theorien in Beschlag nahm, dass Bronstein womöglich zu spät auf der Sitzung erschien. Ein solches Risiko galt es unbedingt zu vermeiden. Er beschloss daher, in der Kantine noch schnell einen Kaffee zu trinken und dazu eine Zigarette zu rauchen, dann war er ganz sicher rechtzeitig im genannten Besprechungsraum.

Ziemlich genau 25 Minuten später betrat Bronstein die ihm genannte Örtlichkeit und stellte fest, dass er der erste war. Unsicher, ob er sich einfach setzen oder stehend warten sollte, entschied er sich dazu, besonderes Interesse für das Ölgemälde zu entwickeln, das wohl schon seit der Erbauung des Gebäudes dort an der Wand hing. Bronstein hatte jedoch kaum länger als eine Minute auf die Leinwand gestarrt, als sich die Tür öffnete und die Hofräte Berger und Wurzinger eintraten.

»Ah, Grüss' Sie, Bronstein«, sagte Berger jovial und streckte ihm die Hand entgegen, die Bronstein mit einer leicht angedeuteten Verbeugung ergriff. »Den Kollegen Wurzinger kennen Sie ja sicher. Ferdinand, das ist Kollege David Bronstein vom Mord.«

»Ah, die Redl-Sache. Ich erinnere mich«, meinte Wurzinger knapp und reichte Bronstein gleichfalls die Hand. »Gut, dass Sie da sind«, fuhr Berger fort, »sehr diffizile Sache, um die es hier geht. Der Präsident braucht dringend eine Entscheidung, und ich habe mir erlaubt, Sie beizuziehen, weil Sie, nun ja, bekannt dafür sind, auch in schier ausweglosen Lagen eine Lösung zu finden.«

Bronstein konstatierte ein nervöses Zucken des rechten Mundwinkels. Dafür war er bekannt? Und worum ging es um Himmels Willen? Was erwartete man von ihm? Oh Gott, er würde sich ohne Frage bis auf die Knochen blamieren! Sein ganzer guter Ruf, so er überhaupt einen hatte, würde sich in Nichts auflösen, und er würde sich als Postenkommandant in Floridsdorf wiederfinden.

»Worum geht es …« Bronstein kam nicht dazu, seine Frage zu vollenden, denn die Tür flog erneut auf, und Polizeipräsident Schober mit Vizepräsident Seydel und weiteren hohen Beamten im Schlepptau erschien auf der Szene. Ohne Umschweife nahm er am Kopf des schweren Eichentisches Platz, und sein Gefolge verteilte sich gleichmäßig zu seiner Linken und zu seiner Rechten. Berger setzte sich gleichfalls und bedeutete Bronstein unauffällig, sich neben ihm niederzulassen.

Schober griff nach seiner Taschenuhr, warf einen prüfenden Blick darauf, steckte sie wieder ein und begann ohne weitere Verzögerung mit seiner Rede.

»Mein sehr verehrter Herr Nachfolger«, erklärte er, um daran eine Pause anzuschließen, die allen die Möglichkeit geben sollte, die Ironie, die er in das letzte Wort gelegt hatte, zu erkennen. Natürlich entging sie auch Bronstein nicht. Schober hatte es immer noch nicht verwunden, nicht mehr Kanzler zu sein, und so hasste er den Obmann der Christlichsozialen, der ihn als Regierungschef abgelöst hatte, innig und aufrichtig. Bronstein konnte sich nicht daran erinnern, dass Schober den Namen des Kanzlers jemals ausgesprochen oder irgendwo verwendet hätte, und diese abgrundtiefe Abneigung verließ den Präsidenten sichtlich auch an diesem Tage nicht.

»Hat ein diffiziles Problem am Hals«, fuhr Schober endlich fort, »bei dessen Lösung wir ihm behilflich sein sollen. Dies ist der Grund, warum wir auch die Kollegen aus dem Innen- und aus dem Justizressort beigezogen haben, denn es eilt ein wenig.«

Schober blickte sich am Tisch um, fand augenscheinlich die gesuchte Person und setzte seine Einleitung fort: »Kollege Wurzinger, sind S' doch so nett und bringen alle hier im Raum auf den erforderlichen Wissensstand.« Dann lehnte sich Schober zurück und faltete die Hände. Wurzinger räusperte sich und ordnete dabei die vor ihm liegenden Papiere. Dann kam er ohne Umschweife zur Sache.

»Es geht um Adolf Hitler. Ich denke, der Name wird allen Anwesenden etwas sagen.«

Bronstein bemühte seine grauen Zellen. Wer war das noch mal? Verstohlen sah er nach links und nach rechts, um festzustellen, ob es anderen genauso ging wie ihm, doch den ausdruckslosen Gesichtern war keinerlei Information darüber zu entlocken. »Der Mann hat vor etwa vier Monaten«, hörte er Wurzinger fortfahren, »in München einen dilettantischen Putschversuch unternommen und steht dafür gerade vor Gericht.«

Ach ja, richtig, jetzt fiel es ihm wieder ein. Irgendso ein Schreihals hatte mit ein paar arbeitslosen Rabauken die Macht in Deutschland ergreifen wollen. Gute Güte, solche Kerle gab es da drüben doch im Dutzend, was ging das Wien an?

»Nun hat die deutsche Seite beim Herrn Bundeskanzler vorgefühlt, wie dieser zu einer Repatriierung stünde.«

Repatriierung? War der Mann Österreicher? Wollten die Deutschen ihn deshalb abschieben? Das konnte doch wohl kaum möglich sein, immerhin war es damals doch, so weit er sich erinnerte, um eine deutsche Erneuerungsbewegung gegangen, die pausenlos »Deutschland erwache« gerufen hatte.

»Der ist Österreicher?« Zum Glück hatte einer der Vertreter des Justizministeriums die Frage gestellt, die auch Bronstein durch den Kopf ging. »Ja«, antwortete Wurzinger, »ich darf an den Kollegen Berger vom staatspolizeilichen Büro übergeben.«

»Meine Herren«, begann dieser, »ich darf davon ausgehen, dass Sie sämtliche Informationen, die Sie nun erhalten werden, vertraulich behandeln. Besagter Hitler wurde 1889 in Braunau am Inn geboren und lebte ab 1907 in Wien, und zwar zunächst im Obdachlosenasyl in Meidling, dann im Männerwohnheim in der Brigittenau. Im Sommer 1913 siedelte er nach München über, wodurch er sich dem Wehrdienst in der kaiserlich-königlichen Armee entzog. Er tat dann dennoch im Weltkrieg Dienst mit der Waffe, und zwar«, und an dieser Stelle blätterte Berger erstmals in seinen Unterlagen, »in der 6. königlich bayerischen Infanteriedivision. Er wurde mit dem Eisernen Kreuz ausgezeichnet und mehrmals verwundet. Nach dem Krieg arbeitete er als Konfident der bayerischen Staatspolizei, das heißt, genau genommen«, wieder blätterte Berger nach, »für die Reichswehrverwaltung, die damals mit polizeilichen Aufgaben betraut war. Wie Sie sich denken können, hat sich der V-Mann seit 1919 verselbständigt und steht nun als Anführer einer Gruppierung namens NSDAP vor Gericht.«

Nun ergriff wieder Wurzinger das Wort. »Den Bayern ist die ganze Sache offenbar peinlich. Sie wollen diesen Hitler anscheinend am liebsten los sein, und darum haben sie sich daran erinnert, dass der eigentlich Österreicher ist. Deshalb hat die bayerische Regierung dem Herrn Bundeskanzler avisiert, dass sie besagten Hitler unmittelbar nach dem Urteil, das für Ende diesen Monats oder spätestens für Anfang April zu erwarten ist, bei Passau über den Inn zu schubsen gedenkt.«

»Genau«, resümierte Schober, »das ist das Problem. Mein sehr verehrter Herr Nachfolger sucht nun ganz g'schwind nach einem Grund, wie man das verhindern könnt'. Narrische Volksverhetzer haben wir schon genug bei uns, da brauchen wir nicht auch noch einen Import aus dem Reich. Meine Herren, wir brauchen also eine Lösung, mit der wir den Bayern sagen können, dass sie sich ihren … Hitler … schön behalten sollen. Meine Herren, ich warte auf Ihre Vorschläge.«

Niemand meldete sich zu Wort. Alles schien zu grübeln. Alles außer Bronstein. Der ging mit größter Selbstverständlichkeit davon aus, dass ihn diese Frage rein gar nichts anging. Er war ein denkbar kleines Rädchen in der großen Welt des österreichischen Sicherheitswesens, und da gab es wahrlich berufenere Geister als ihn, eine solche Frage zu klären. Außerdem verstand er die Fragestellung gar nicht. Ein Krakeeler mehr oder weniger, darauf konnte es doch gar nicht ankommen. Dieses Land hatte einen Lueger und einen Schönerer überlebt, da würde es mit einem aufgeblasenen Ex-Spitzel auch noch fertig werden. Der kannte hier doch ohnehin niemanden, von ein paar Sandlern vielleicht abgesehen, wie sollte dieser Hitler hier also politisch Fuß fassen? Die haben echt Sorgen, dachte sich Bronstein. Die sollten sich einmal die jüngste Kriminalstatistik ansehen! Seit vier Jahren hatte es nicht mehr so viele Eigentumsdelikte gegeben wie seit Beginn dieses Monats. Und die Polizei war machtlos, weil sie kläglich unterbesetzt war. Da hatte man 1919 einen ganzen Haufen von Gendarmen aus allen Teilen der ehemaligen Monarchie in Wien aufgenommen, die meist kein Wort Deutsch verstanden. Natürlich waren die im tagtäglichen Einsatz völlig unbrauchbar gewesen. Wie sollte sich auch irgendein ruthenischer Dorfgendarm, dessen einzige Aufgabe es Jahrzehnte lang gewesen war, eine Wirtshausschlägerei zu verhindern oder für zwei Bauern einen Streit um die Ackergrenze zu schlichten, im Moloch Großstadt zurechtfinden. Natürlich hatte man all diese Lacis und Bacis nicht in der Tagesarbeit eingesetzt, und so waren die Reihen der Wiener Polizei de facto sträflich ausgedünnt. Jeder Ganove konnte in dieser Stadt schalten und walten, wie es ihm beliebte, und die hohen Herren hier hatten keine anderen Sorgen als einen verwirrten Kriegsveteranen, der sich zu Höherem berufen glaubte. Da war ja Pokornys Wondratschek noch eine größere Gefahr für Wien.

Schober riss Bronstein aus seinen Gedanken. »Meine Herren, ich kann nur noch einmal den Ernst der Lage unterstreichen. Wir müssen der Regierung beweisen, dass wir, wenn es darauf ankommt, jederzeit blitzschnell reagieren können. Es darf nicht sein, dass sich der Sicherheitsapparat dieses Landes blamiert – wir sind ja schließlich nicht die Politik, gell!« Dabei bemühte sich der Präsident um ein Lachen, in das die übrigen Beamten pflichtschuldigst einfielen. »Und ausnahmsweise«, setzte Schober dann fort, »verstehe ich die Politik diesmal sogar. Es kann nicht sein, dass uns die Brüder im Reich einfach irgendetwas aufhalsen wollen, nur weil es ihnen gerade so passt. Natürlich sind wir alle Deutsche …« Schober hielt einen Moment inne, und aus ihm unerfindlichen Gründen fühlte Bronstein auf einmal den Blick des Ex-Kanzlers auf sich ruhen. »Aber die Herren in Berlin«, griff Schober den Gesprächsfaden wieder auf, »von München ganz zu schweigen, dürfen nicht vergessen, dass Wien Jahrhunderte lang die Hauptstadt des Reiches war. Wir machen die Politik, nicht die. Und daher nehmen wir diesen … Hitler dann, wenn wir ihn wollen, und nicht auf Zuruf von draußen. Also meine Herren, überlegen Sie sich was.«

»Ist der nicht schon naturalisiert?«, wagte sich ein Vertreter des Justizministeriums aus der Deckung, »der lebt immerhin schon seit über zehn Jahren da drüben.«

»Das wäre er nur«, sprang Berger in die Bresche, »wenn er um die Verleihung der deutschen Staatsbürgerschaft angesucht hätte, und das hat er offensichtlich nicht. Und da ihm also die deutsche Staatsbürgerschaft nicht verliehen wurde, hat er zwangsläufig noch die österreichische. So weit ist die Argumentation der Münchener Kollegen leider stimmig.«

»Ja, warum sperren die den nicht einfach ein und aus? Es ist doch egal, wo der sitzt.« Ein Sektionschef des Innenministeriums wollte offenbar auch einen Wortbeitrag leisten.

»Das ist ja gerade das Heikle an der Sache. In München scheint dieser Hitler schon eine ziemliche Lokalgröße zu sein. Bei seinem Putsch hat ja sogar der Ludendorff mitgemacht, der mit Hindenburg der Chef des Generalstabs des deutschen Heeres gewesen ist. Offenbar scheuen die Richter in München daher vor einer Verurteilung zurück, weil sie sonst auch einen Kriegshelden aburteilen müssten. Daher wollen sie Pontius Pilatus spielen und die ganze Angelegenheit an uns weiterreichen.«

»Sie meinen eine Ausweisung ohne vorige Verurteilung?«

»Ja was weiß denn ich! Jedenfalls wollen s' ihn loswerden, und das schnell. Und unsere Aufgabe ist es, den Kelch an uns vorübergehen zu lassen«, riss der Präsident die Initiative wieder an sich. »Und da an der Staatsbürgerschaft dieses Kerls offenbar kein Zweifel besteht, müssen wir einen anderen Weg finden, wie wir die Abschiebung nach Österreich verhindern.« Bronstein verfolgte das Geplänkel der leitenden Beamten wie eine Posse im Theater. Keine Frage, er war hier Zuschauer und nicht Akteur. Wenn schon die Herren Ministerialräte und Sektionschefs auf keinen grünen Zweig kamen, dann konnte ihm wohl niemand einen Strick aus der Tatsache drehen, dass auch er ratlos war. Und falls ihn Berger nach der Sitzung wirklich vorwerfen sollte, er sei keine Hilfe gewesen, dann würde er eben in die Offensive gehen und erklären, dass die Wiener Polizei angesichts der jüngsten Verbrechenswelle wohl andere Sorgen habe als sich auch noch um die Lage in München kümmern zu können. Beinahe war Bronstein dem Pokorny dankbar für seine hanebüchene Geschichte mit diesem Wondratschek. Den würde er dem Berger unter die Nase reiben. Der ist uns durch die Lappen gegangen, weil wir viel zu wenig Leute haben, Herr Hofrat! Der sitzt jetzt in Paris anstatt im Einserlandl! Und von dort dreht er uns eine lange Nase, Herr Hofrat, so schaut's nämlich aus. Ja, mit dieser Strategie würde er jede Kritik an seiner Ratlosigkeit erfolgreich abwehren können, dies umso mehr, als ja den anderen auch nichts eingefallen war. Dass der Wondratschek in Wirklichkeit ein armer Hund war, das musste man ja nicht dazu sagen. Man konnte ihn vielmehr zu einem Gentleman-Gauner stilisieren, der mit riesiger Beute jetzt auf Graf von Luxemburg machte, denn Berger würde der Sache sicher nicht weiter nachgehen. Und außerdem, wenn Pokornys These stimmte und der Wondratschek wirklich in der Fremdenlegion untertauchte, dann …

Die Fremdenlegion! Moment. Was hatte Pokorny da zuvor doch gleich schwadroniert? Wer in einem fremden Heer Dienst tat, der verlor automatisch durch diese Handlung die österreichische Staatsbürgerschaft! Ganz zufällig hatte Pokorny einmal einen Paragraphen des heimischen Gesetzeswerkes richtig im Kopf behalten! Das stimmte, wer einer ausländischen Macht das Schwert lieh, der ging aller staatsbürgerlichen Rechte verlustig.

Bronstein spürte, wie seine Kehle trocken wurde. Sollte er sich wirklich in diesem erlauchten Kreis zu Wort melden? Er musste diese seine These doch erst einmal in Ruhe zu Ende denken, ehe er damit herausplatzte, sonst erntete er am Ende nur Spott und Hohn anstatt Anerkennung und Lob, wenn er irgendein unsignifikantes Detail vergessen haben sollte. Vielleicht galt dieser Paragraph nur für feindliche Heere und nicht für verbündete?

Unsinn! Ein fremdes Heer war ein fremdes Heer, und gerade die Italiener hatten eindrucksvoll gezeigt, wie schnell aus Verbündeten Feinde werden konnten. Es musste also diese Gesetzesstelle ohne Frage für jede Armee gelten, egal ob Mittelmacht oder Entente. Ja, je länger Bronstein darüber nachdachte, desto sicherer wurde er seiner Sache. Er räusperte sich und schob seinen Oberkörper nach vorne.

»Entschuldigung«, hörte er seine eigene Stimme durch den Raum dringen, »wo, sagten Sie, hat der Mann gedient?«

»Bei der 6. königlich bayerischen Infanteriedivision«, kam die Antwort, »und zwar von August 14 bis November 18.«

»Die unterstand ja wohl kaum dem Oberkommando der österreichisch-ungarischen Armee«, setzte Bronstein nach.

»Natürlich nicht«, kam die verwunderte Antwort vom anderen Ende des Tisches, »die war, wie der Name schon sagt, Teil des bayerischen und damit des deutschen Heeres. Aber ich verstehe nicht ganz, wie uns das in der konkreten Causa weiterbringen sollte …«

Der Hofrat Wurzinger kam nicht weiter, denn Bronstein fiel ihm ins Wort.

»Der Mann hat sich also dem Dienst in der österreichischen Streitmacht entzogen, um sodann in einer ausländischen Armee zu dienen. Korrigieren Sie mich, sehr geehrte Herren, aber wenn mich mein juristisches Wissen nicht trügt, dann erfüllt diese Tatsache einen nicht unerheblichen Straftatbestand, der mit …«, hier machte Bronstein eine dramatische Pause, »dem Entzug der Staatsbürgerschaft geahndet wird. Und zwar automatisch.«

Bronstein lehnte sich wieder zurück und ließ seinen Blick schnell nach links und rechts wandern. Gespannt wartete er darauf, wie die hochgestellten Persönlichkeiten auf seinen Einwurf reagieren würden.

»Sacre bleu«, beendete Berger als erster das entstandene Schweigen, »der Kollege hat vollkommen recht. Dass wir da nicht gleich draufgekommen sind. Dieser Hitler hat mit seinem Eintritt in die bayerische Armee automatisch seine österreichische Staatszugehörigkeit verwirkt. Der ist gar kein Österreicher mehr, und zwar schon seit beinahe zehn Jahren!«

Den halb gemurmelten Einwand eines Justizbeamten, was er denn dann sei, wischte Wurzinger, der Berger sofort beipflichtete, mit einem »na ein Staatenloser halt« beiseite.

Auch Seydel schloss sich der Argumentation an, wenngleich seine Wortschöpfungen eines Mittlers bedurft hätten, um sie in ein verständliches Deutsch zu übersetzen. Schober erkannte, dass die Anwesenden allesamt der Bronsteinschen These folgten, und so zeigte sich schließlich ein schmales Lächeln auf seinen Lippen.

»Ich wusste doch, dass wir im Handumdrehen eine Lösung dieses kleinen Problems finden. Wir sind eben immer noch das Rückgrat dieses Staates. Ohne uns ist kein solcher zu machen, meine Herren, und so soll es auch bleiben. Na, dann werde ich einmal den Sei ..., meinem verehrten Herrn Nachfolger die frohe Botschaft übermitteln. Das wird ihm zeigen, wer hier wirklich weiß, wo's langgeht. Ballhausplatz hin oder her. Meine Herren, ich danke Ihnen. Kollege Wurzinger, damit fällt die Angelegenheit jetzt wohl in Ihr Ressort. Ich darf Sie bitten, sich uns anzuschließen, damit wir gemeinsam einen Schriftsatz aufsetzen, der sich gewaschen hat. Sollen die in München ruhig sehen, wie wir in Wien hier auf Zack sind. Den anderen Herrschaften danke ich für ihre Anwesenheit. Noch einen guten Tag zu wünschen.«

Der Präsident erhob sich, und mit ihm jenes Gefolge, das zuvor mit ihm den Raum betreten hatte. Die Gruppe entschwebte förmlich, und Wurzinger schloss sich ihr an. Zurück blieben Berger und Bronstein. Berger sortierte noch seine Aktenbündel, dann stand auch er auf und trat auf Bronstein zu.

»Das haben S' hervorragend g'macht, Herr Kollege.« Und nach einer kleinen Pause: »Und es freut mich sehr, dass ausgerechnet Sie diesen genialen Einfall gehabt haben, das wird die alte Zwiderwurzen so richtig fuchsen.«

Bronstein ahnte, worauf Berger da anspielte, doch das war ihm für den Moment egal. Er sonnte sich in dem kleinen Triumph und bemühte sich dabei gleichzeitig, sich das dazugehörige Gefühl nicht anmerken zu lassen. »Das war doch selbstverständlich, Herr Hofrat.«

»Na sagen Sie das nicht. Sie haben die Regierung aus einer peinlichen Lage befreit! Und machen Sie sich bitte nichts d'raus, dass der alte Grantscherm Ihnen nicht dafür gedankt hat. Er kann halt nicht über seinen Schatten springen, wissen S' eh. Aber ich danke Ihnen dafür von ganzem Herzen. Sie haben wieder einmal das Vertrauen, das man in Sie setzt, voll und ganz gerechtfertigt. Ich werde Ihnen mit dem Maigehalt eine entsprechende Belohnung anweisen lassen, Herr Kollege.«

»Aber das wäre doch nicht nötig, Herr …«

»Papperlapapp! Ehre, wem Ehre gebührt. So, und wenn nichts Wichtiges anliegt, dann nehmen S' Ihnen heute frei. Sie haben Österreich genug Ehre gemacht für einen Tag. Nochmals Danke und auf Wiederschauen.«

Bei den letzten Worten streckte Berger Bronstein die Hand hin. Nachdem dieser sie ergriffen und geschüttelt hatte, verließ auch Berger den Raum, Bronstein darin allein zurücklassend. Dieser ließ noch einmal den Blick durch die Stätte seines Triumphs schweifen und sah dann zu, dass er wieder in sein Büro kam.

Dort traf er auf einen immer noch missmutigen Pokorny.

»Weißt was, wir gehen jetzt Essen. Ich lad Dich ein.«

Erstmals an diesem Tag erhellte sich Pokornys Miene.

»Na da bin ich natürlich dabei«, gluckste er lachend.

Während des Mahls war es zur Abwechslung an Bronstein, des Langen und Breiten zu erzählen. Er verschwieg dabei auch nicht, wie er auf die Lösung des Problems gekommen war, was nun Pokornys Stimmung wieder verdüsterte.

»Wie verfahren wir jetzt in der Sache Wondratschek?«

»Gar ned.«

»Was heißt da gar ned? Wir können den doch ned laufen lassen! Du, das wird uns verfolgen bis an unser Lebensende. Wenn wir den nicht dingfest machen, dann werden wir jeden Tag an ihn denken.«

»Geh bitte, lass die Kirche im Dorf. Hitler, Wondratschek, Krethi und Plethi. Das sind doch alles nur Nullen. Der Wondratschek wird froh sein, dass er bei uns ned Sacklpicken muss. Und wenn Du Recht hast, dann sitzt er jetzt ohnehin schon in irgendeinem Schiffanakl in Richtung Afrika. Von dort kommt er die nächsten 60 Monat' dann eh ned weg, und eines sag ich Dir, da kannst mich zitieren: in fünf Jahren werden wir an den Wondratschek genauso wenig mehr denken wie an diesen anderen Narren.«

*Aus: Mischpoche. Gmeiner-Verlag, Meßkirch 2011*

# III
## Vom Central zum Zentral
### (Alternativtitel: Gruppenbild mit Leiche)

### I.

Baron Salomon Glückstein war so tot wie ein Türnagel. Nur, dass es noch niemand bemerkt hatte. Denn um diese Stunde erreichte die Betriebsamkeit im altehrwürdigen Café Central in der Herrengasse ihren Siedepunkt. Die hektisch herumschwirrenden Pikkolos wussten schon nicht mehr, wo ihnen der Kopf stand, die Marqueure wurden zu drei Tischen gleichzeitig gerufen, und selbst die Gardobieren schickten nur noch ein verzweifeltes Stoßgebet zum Himmel. Wem also sollte in einem solchen Moment das Ableben eines Stammgasts auffallen, dessen Hauptbetätigung darin bestand, nach dem Bestellen eines passierten Türkischen sanft einzunicken, ohne den Kaffee auch nur anzurühren. In dieser Phase der Meditation wagte es niemand, den Baron zu wecken, und wenn der Kaiser selbst nach ihm verlangt hätte. Denn das hätte bedeutet, sich den heiligen Zorn des Barons zuzuziehen – und wer wollte schon den einflussreichsten Finanzmagnaten der Stadt zum Feinde haben. Obwohl sich Glückstein, wie es hieß, schon lange aus dem operativen Geschäft seines Bankengeflechts zurückgezogen hatte, fiel keine einzige Entscheidung ohne ihn. Devot suchten ihn Minister, Bankdirektoren und Fabriksherren im »Central« auf, warteten geduldigst darauf, dass der Baron aus seiner Kontemplation erwachte, um dann demütigst einen Ratschlag zu erbitten, wie ein Problem herkulischen Ausmaßes, das gleichwohl für den Baron nur eine Petitesse war, final gelöst werden könne. In solchen Augenblicken pflegte Glückstein gedankenverloren seinen mächtigen weißen Bart zu kraulen, um dann blitzschnell wie eine Kobra mit der Antwort auf alle Fragen vorzuschnellen.

»Nebbich«, pflegte der Baron dann zu sagen, »12 ¾ für Kattun aus Tsingtao? A Genejwe! In Astrachan! 10 ½. Da verwett' ich die Josles von majne Techter drauf.« Mit diesem Orakel musste man sein Auslangen finden, und wenn man es denn befolgte, dann konnte man sicher sein, auch ein entsprechendes Auskommen damit zu finden. Mitunter gab es vorwitzige Menschen, zumeist aus Kreisen, die dem Mogul nicht besonders nahestanden, die meinten, einen Ratschlag des alten Herrn zwar nicht gänzlich in den Wind zu schlagen, aber doch ein klein wenig abändern zu können. Selbst wenn sie dann ob dieser Tollkühnheit nicht Schiffbruch erlitten, so kam es Glückstein dennoch alsbald zu Ohren, der ihnen dann bei nächster Gelegenheit gründlich die Leviten las: »Mejnst, Jingele, du darfst majne Ezzes ojf kapores? Ajn ganz ajn Geniter, was? Host sich gelernt schon Sejchl, du mit dajn kurtsn Mejchl?« Wer einmal so adressiert war, der tat gut daran, dem Baron nicht mehr unter die Augen zu kommen, sonst wäre er unter dem feurigen Blick Glücksteins auf der Stelle zu Asche verbrannt.

Diese Gefahr war nun freilich nicht mehr gegeben, denn Baron Glückstein hatte das Zeitliche gesegnet. Er war wie jeden Tag gegen 14 Uhr in der Lokalität erschienen, um zunächst, auch dies wie üblich, dem gleich am Eingang sitzenden Peter Altenberg gnädig eine Krone auf den Tisch zu legen, wofür ihn dieser, auch in diesem Punkte der alltäglichen Routine gerecht werdend, hymnisch pries, ehe er sich den Mantel abnehmen ließ, worauf er endlich zu seinem Stammplatz schritt, wo ihm ein Pikkolo den Sessel zurechtrückte. Zwei Minuten später war der Kaffee vor ihm gestanden, weitere zwei Minuten danach weilte Glückstein wie gewohnt in Morpheus' Armen. Nur, dass er diesmal nicht um Punkt 5 erwachte, um den vermeintlich Mächtigen Audienz zu gewähren. Dennoch fiel es erst eine volle Stunde später jemanden auf, dass der Baron diesmal in den ewigen Schlaf gesunken war.

Auf diese Entdeckung hin entspann sich zunächst einmal ein mit Verve geführter Disput, wer selbige für sich in Anspruch nehmen dürfe. Für Egon Friedell, der eilig an den Tisch herangetreten war, stand es außer Zweifel, dass er als erster bemerkt hatte, dass Glückstein künftig nicht mehr im »Central«, sondern am »Zentral« logieren würde, was, wie er meinte, eindrucksvoll seine These vom allgemeinen Verfall der Gesellschaft unterstreiche, erreiche doch die Krisis der menschlichen Seele mit dem Hinscheiden des großen Glückstein eine neue Dimension. Doch sei es immerhin tröstlich, dass Glücksteins Seele nun, den zahllosen Sternen gleich, durch die unendliche Tiefe des Weltraums wandern werde. Diesem Befund hielt Anton Kuh entgegen, der einzige erkennbare Verfall sei jener von Friedells Emanationen, die in der Tat einen derartigen Grad an Ermüdung hervorriefen, dass selbst vitalere Geister als jener des alten Barons entschlafen müssten. Als ihn daraufhin Hugo von Hofmannsthal der unnötigen Aggression zieh, meinte Kuh nur noch knapp, er müsse nun einmal, da er Kuh heiße, die Dinge wie ein Stier angehen, sonst werde man ihn nie ernstnehmen.

An dieser Stelle, da der Streit zu eskalieren drohte, war es der Zahlkellner Franz, der die erlauchte Gästeschar dezent darauf hinwies, dass der Baron keineswegs einfach so von dieser Welt gegangen war. Vielmehr habe jemand den Lebensfaden des alten Herrn böswillig jäh durchtrennt, wie der allmählich ausbreitende Blutfleck auf dem Gilet des Barons unzweifelhaft erkennen ließ.

Nun hielt spornstreichs Concordia Einzug, und Friedell, Kuh und Hofmannsthal riefen wie aus einer Kehle: »Bronstein!«

## II.

»Keine Sorge, Herr Trotzki. Ich bin g'meint.« Mit einem Lächeln passierte Oberkommissär David Bronstein den Tisch, an dem der russische Exilant mit Alfred Adler im Schachspiel versunken war und erfreute sich des erstaunten Blicks seines Namensvetters, der ihm zudem auch noch zum Verwechseln ähnlichsah. Bronstein strich seinen Kinnbart glatt und trat dann auf die drei Künstler zu, die ihm umgehend über ihre Erkenntnisse ins Einvernehmen setzten. »Jetzt ist aber einmal eine Ruh', meine Herrschaften. Ich muss doch sehr bitten! Wie soll ich mir einen Überblick verschaffen, wenn Sie sich hier in wütendem Streitgespräch ergehen?«

»Sie müssen schon verstehen, Herr Bronstein«, mischte sich nun Alfred Polgar ein, der die Gruppe zum Sextett werden ließ. »Das Central, das ist nicht einfach ein Kaffeehaus, das ist eine Weltanschauung. Und die muss verteidigt werden, wenn es sein muss, auch über das Grab hinaus. Und die Gäste des Central kennen, lieben und gering schätzen einander. Das liegt daran, dass sie allein sein wollen, wozu sie eben Gesellschaft brauchen.«

»Ja, ja, und ihre Menschenfeindlichkeit ist so heftig wie ihr Verlangen nach Menschen. Ich kenne Ihren Essay, Herr Polgar«, gab Bronstein kurz angebunden zurück. Der verfiel pikiert in Schweigen. Bronstein nutzte die eingetretene Stille, um die Leiche zu untersuchen. »Also offenbar«, sagte er dann, nachdem er sich seiner Tätigkeit mit der ihm erforderlich scheinenden Grandezza gewidmet hatte, »hat dem Herrn Baron jemand im Vorübergehen ein Taschenmesser oder einen vergleichbaren Gegenstand in die Brust gestoßen. Darauf deutet die Wunde unzweifelhaft hin. Das heißt«, und dabei richtete er sich einerseits wieder auf und andererseits an die ihn umgebenden Männer, »irgendjemand, der dem Baron wegen irgendeiner Sache gram war, hat diese Tat vollführt, während er offenbar mit Erfolg den Anschein erweckte, die gewisse Örtlichkeit aufzusuchen.

»Sie meinen, Herr Inspektor, da hat einer so tan, als machert er ein G'schäft, dabei hat er den Baron g'macht?«, fasste der Zahlkellner Bronsteins These für die Anwesenden zusammen. »Wenn Sie es blumig formuliert haben wollen: ja«, gab Bronstein spitz zurück. »Na servas«, kommentierte der Herr Franz diese Erkenntnis.

»Also wenn Sie mich fragen, der Dreh- und Angelpunkt dieses Falles ist das Motiv!« Von hinten war Leo Perutz an die Gruppe herangetreten und hatte offenbar Bronsteins Ausführungen noch mitbekommen. »Na so etwas, der Herr Perutz«, ätzte dieser. »Vielleicht können wir anhand Ihrer Mortalitätstabelle feststellen, dass sich dieses Verbrechen ohnehin abgezeichnet hat. Und auf diese Weise finden wir dann sicher eine probate Ausgleichsformel, mit der wir den Fall auch gleich wieder abschließen können, was?!«

»Hörst das, Kuh? Der Herr Inspektor ist noch beleidigender als du. An dem musst dir ein Beispiel nehmen.« Hofmannsthal lächelte maliziös und ignorierte Kuhs giftigen Blick.

»Es besteht überhaupt kein Grund, persönlich zu werden, Herr Inspektor. Ich wollte Ihnen lediglich mit Rat und Hilfe zur Seite stehen«, replizierte nun Perutz indigniert. »Na, da dank' ich auch recht schön«, bemühte sich Bronstein gar nicht erst, seine Entrüstung über diese Einmischung zu verhehlen, »ein Motiv! Sehr gelungen. In Wien leben zwei Millionen Menschen. Und von denen haben wahrscheinlich 1,99 Millionen Menschen ein Motiv, den alten Glückstein in die ewigen Jagdgründe zu entsenden.«

»Das kann stimmen«, hielt dem Perutz entgegen, »doch nur rund 50 davon, waren hier zur fraglichen Zeit anwesend. Und wie mir der Herr Josef am Eingang versicherte, hat in der letzten Stunde niemand das Lokal verlassen. Wenn wir also das Kaffeehaus hermetisch abriegeln, stellen wir automatisch sicher, dass der Täter nicht entkommt.«

»Ich pflichte dem Perutz ja nur ungern bei, schon von Berufswegen sozusagen, aber wo er Recht hat, hat er Recht«, ertönte Friedells Stimme von neuem.

»Ich kann Ihnen die Sache erleichtern«, klang es plötzlich von links hinten, sodass sich das Septett wie auf einen militärischen Befehl hin zackig umdrehte. Der melodiös weiche Bariton mit dem unverkennbaren slawischen Akzent gehörte dem zweiten Spitzbart im Raum, der, gleich dem Oberkommissär, auch auf den Namen Bronstein hörte. »Sie können alle Gäste außer Acht lassen, die nicht in politische Zusammenhänge verstrickt sind. Denn diese Tat, meine Herren, ist ohne jeden Zweifel politischer Natur. Hier wurde, was ich persönlich auf das Schärfste verurteile, ein besonders radikaler Vertreter der Ausbeuterklasse von einem Akt individuellen Terrorismus' justifiziert, was zwar in höchstem Ausmaß töricht, aber wie wir sehen, auch in höchstem Ausmaß tödlich ist.«

»Nein, nein, verehrter Freund, so leid es mir tut, aber ihre Erklärung greift zu kurz.« Beide Bronsteins drehten sich um und mit ihnen auch die übrigen sechs Personen, die um die Leiche gruppiert waren. »Sie müssen wissen, dass bei jeder Lebensäußerung des Menschen körperliche und seelische Vorgänge immer gemeinsam wirksam werden und eine unteilbare Einheit bilden. Das gilt konsequenter Weise auch bei einer Tat wie einem Mord.« Alfred Adler hatte den Zeigefinger pädagogisch erhoben, während er über das Vorgefallene dozierte. »Und das heißt?«, wollte Trotzki irritiert wissen.

»Dass es schon eines individuelleren Motivs bedarf, um eine solche Handlung zu setzen.«

»Also ist doch das Motiv das Entscheidende. Wie ich just eben sagte«, bemerkte Perutz mit erkennbar stolzer Miene.

»Darf ich noch einmal um …«

Bronstein kam nicht dazu, seinen Satz zu vollenden, denn nun stürzte auch Altenberg auf die Gruppe zu. »Jössas, der Herr Baron. Ja, um Himmels Willen!«

»Wenigstens einer, der kein Motiv hat«, merkte Kuh an.

»Könnten wir jetzt wieder …«

Bronstein blieb abermals ungehört.

»Oh Schreck! Eine Architektur des Todes, will mir scheinen.«

»Ja, Loos! Seit wann sind denn Sie hier?«

»Das ist doch ganz …«

»Ich? Ich bin g'rad kommen. Und der Herr Kraus hat g'meint, da geb's etwas zu sehen.«

»Ach ja, jetzt seh ich ihn. Herr Kraus, kommen S' doch zu uns. Ihr Urteil in dieser Sache steht ja noch aus.« Aufmunternd winkte Hofmannsthal mit der linken Hand. Kraus aber sah nur kurz von seinem Tische auf, der keine vier Meter vom Tatort entfernt war und belferte stakkato-artig: »In dieser lauten Zeit, die da dröhnt von der schauerlichen Symphonie der Taten, die Berichte hervorbringen, und der Berichte, welche Taten verschulden, in dieser Zeit, da mögen Sie von mir kein eigenes Wort erwarten.«

»Das ist gut«, versuchte der Oberkommissär ein weiteres Mal, sich Gehör zu verschaffen, »weil das brächte uns ohnehin nicht weiter.«

»Habt's das g'hört? Da verschlagt's sogar dem Kraus die Red'.«

»A Ruh is jetzt, sakrafix!«

Bronstein hatte so laut geschrieen, dass im gesamten Café augenblicklich Ruhe einkehrte. Alle sahen wie erstarrt auf den Tisch hin, um den der Oberkommissär, zehn Gäste und ein Zahlkellner gruppiert waren, die bislang alleine wussten, dass der alte Baron sein letztes Abendmahl zu sich genommen hatte. Und Bronstein begann zu ahnen, dass sich der Judas bereits mitten unter ihnen befand.

»Ab sofort folgen alle, und damit meine ich alle, meinen Anweisungen. Herr Franz, sie weisen die Pikkolos an, alle Ausgänge hermetisch abzuriegeln. Dann kommen S' wieder her. Haben S' einen Fernsprecher?«

»An der Pudel …«

»Gut. Herr Trotzki, würden Sie die Güte haben, das Agenteninstitut zu verlangen. Die sollen sofort sechs Mann herschicken. Hernach würde ich es begrüßen, wenn Sie sich uns wieder zugesellen würden. Und nun, wenn Sie nichts dagegen haben, würde ich gerne mit jedem einzelnen von Ihnen über seine Beobachtungen sprechen.«

Ungeachtet der pikanten Situation nahm sich Bronstein den Sessel, der sich der Leiche gegenüber befand, und setzte sich. Der Reihe nach vernahm er Friedell, Kuh, Hofmannsthal, Polgar, Perutz, Adler, Loos, Altenberg, Kraus und Trotzki, freilich ohne etwas von Relevanz dabei zu erfahren. Friedell erklärte, ihm sei aufgefallen, dass ein Mann, der offenbar auf der Suche nach einem Ratschlag gewesen war, sich Glückstein genähert habe, eine Weile in sicherer Entfernung verharrt und dann aber gegangen war, ohne das Wort an den Baron zu richten. Dies habe ihn, Friedell, verwundert, weshalb er Nachschau gehalten habe. Kuh und Hofmannsthal wiederum statuierten, dass sie sich in einem Gespräch befunden hätten, als ihnen aufgefallen sei, dass Friedell zum Magnaten ging, was ja sonst so gar nicht seine Angewohnheit sei, weshalb sie ihm kurzerhand gefolgt seien. Die anderen waren sich dahingehend einig, den Vorfall erst bemerkt zu haben, da man nach dem Polizisten gerufen habe. Somit blieb allein die Aussage des Herrn Franz, des Zahlkellners, von einiger Relevanz, betonte er doch, dass in der fraglichen Zeit nur drei Herren die Toiletten aufgesucht hätten. Der Herr Loos, ein ihm unbekannter Fremder und der Herr Altenberg, wobei letzterer allerdings den Umweg über die Schank genommen habe, wohl um den Anschein, den Herrn Baron eventuell noch einmal um eine milde Gabe angehen zu wollen, vermeiden zu können. »Ein unbekannter Fremder also? Wie sah der aus? Und befindet er sich noch hier im Saal?«

»Sehen Sie, Herr Inspektor, das ist das Faszinierende. Grad der ist nicht mehr da. Der muss g'rad gangen sein, wie wir da alle z'sammeng'standen sind. Wahrscheinlich hat er geahnt, dass wir seine Mordtat entdeckt haben, und deshalb ist er geflüchtet.«

»Ja«, nickte Bronstein, »das klingt sehr plausibel. Können S' den Mann beschreiben, Herr Franz?«

»Ja mei, in etwa so groß wie Sie war er. Nur natürlich viel schlanker. Direkt a bisserl verhärmt. Und so einen verschlagenen Blick hat er g'habt. Ein bissl so wie dieser Lucheni damals, der was unsere liebe Frau Kaiserin in Genf ermordet hat. Mit einer Feile übrigens. Die hinterlässt auch nicht mehr Spuren, als wir hier gefunden haben, ned wahr.«

Abermals bewegte Bronstein seinen Kopf auf und ab.

»Ich glaub', weil der so ausg'schaut hat, bin ich überhaupt erst auf die Idee gekommen, Nachschau zu halten, ob der selige Herr Baron nicht eines unnatürlichen …, na, Sie wissen schon, Herr Inspektor. … Gestorben ist, will ich sagen.«

»So, so, wie dieser italienische Anarchist, sagen Sie. Das würd' dann zu der Theorie vom Herrn Trotzki passen. Ein politischer Fanatiker, der im Herrn Baron einen üblen Spekulanten und Ausbeuter g'seh'n hat. Bitte, das könnte stimmen. Dann hätt' der Herr Adler auch Recht, weil ein solcher Extremist, der hat sicher seine psychischen Probleme mit der Welt, so wie sie ist. Und das würde dann bestätigen, dass unsere Gesellschaft allmählich dem Verfall anheim fällt, wie der Herr Friedell so treffend formuliert hat. Und so ein Radikalinski, der braucht natürlich auch kein besonderes Motiv, weil der mordet ja aus politischer Überzeugung, die vielleicht auch ganz schön motivierend ist, auch wenn es dafür noch keine Perutz-Tabelle gibt. Wissen S' noch, wo der Mann gesessen ist?«

»Ja klar, eh in meinem Rayon. Einen Pharisäer hat er bestellt. Und ganz billige Zigaretten hat er g'raucht. Ich glaub', das waren ausländische. Weil s' so g'stunken haben.«

Bronstein ließ sich den Platz des Fremden zeigen. Er befand sich genau zwischen dem Eingang und der Tür zu den Toiletten. Und um zu diesen zu kommen, musste man tatsächlich am Tisch des Barons vorbei. Bronstein nickte ein drittes Mal und nahm den Zahlkellner dann dezent zur Seite.

»Herr Franz, Sie kennen hier sicher alles und jeden, oder?«

»Na, ich bitte Sie, Herr Inspektor. Ich g'hör da quasi schon zum Inventar. Ich arbeit' da seit 1876, seit die Gebrüder Pach das Etablissement eröffnet haben. Damals war ich ein 16jähriger Pikkolo. Und jetzt hab' ich's zum Ober gebracht und hab' meinen eigenen Rayon. Da bin ich der Kaiser, wenn Sie so wollen.«

»Dann werden S' mir doch sicher sagen können, ob dieser Fremde schon einmal hier war, oder?«

»Ich sag' Ihnen, den hab' ich heute das erste Mal g'seh'n. Ich weiß auch nicht, aber das muss eine Laufkundschaft g'wesen sein. Oder ein Reisender, der was über unser Café da was g'hört oder g'lesen hat. Wir stehen ja sogar im Baedeker, gell.«

»Wirklich? Na ja, kein Wunder. Ihr Café ist eben eine Institution. Und Sie, Herr Franz, anscheinend auch. Seit wann sind's denn heute schon da?«

»Seit wir aufgesperrt haben. Das ist immer so. Ich komm' als erster und geh' als letzter. Ehrensache.«

»Na dann. Aber jetzt ehrlich, Herr Franz: Glauben S' wirklich, dass dieser Fremde der Täter ist? Ich meine, hier verkehren doch eine Menge dubioser Personen, da könnte doch auch jemand ganz anderer in Frage kommen. Jemand vermeintlich Honoriger, der aber durch den Herrn Baron einen schweren Verlust hinnehmen musste, vielleicht sogar bankrott gegangen ist durch den alten Glückstein.«

»Nein«, lächelte der Kellner, »das können S' vergessen. In seinem ganzen Leben hat der Herr Baron niemals einen falschen Rat gegeben. Die Börse hat sich nach ihm gerichtet, nicht umgekehrt. Was glauben S', Herr Inspektor, warum der Glückstein so reich geworden ist? Nur deshalb, weil er nie einen Fehler gemacht hat. Dem gehört ja halb Wien, sag' ich Ihnen. Häuser, Grundstücke, Wiesen, Felder, Wälder. Gegen den ist sogar Ihre Majestät der Kaiser arm.«

»Was denn«, Bronstein pfiff durch die Zähne, »Häuser hat der auch g'habt? Ich hab' g'laubt, der macht nur in Banken!«

»Aber gehen S', der hat mehr Zinshäuser als der Kaiser Schlösser. Fragen S' den Kuh, der hat in einem der Häuser vom Glückstein g'wohnt, bis der ihn delogiert hat. Und der Polgar hätt' seine Biographie schreiben sollen, doch dann hat er sich's anders überlegt und den Polgar entlassen. Ohne Bezahlung natürlich. Und dem Loos hat er einen lukrativen Bauauftrag entzogen, weil dessen Stil vom Kaiserhaus kritisiert worden ist. Sie wissen schon, die G'schicht' am Michaelerplatz vor zwei, drei Jahr'.«

»Na geh, was S' ned sagen.«

«Aber ja, der Herr Baron ist zwar nur noch zwischen seiner Wohnung in der Schottengasse und unserem Café gependelt, aber er hat die Stadt immer noch fest im Griff g'habt. Beim Anker zum Beispiel, der was der Arbeitgeber vom Perutz ist, wie Sie vielleicht wissen, sitzt er im Aufsichtsrat, und erst unlängst hab' ich g'hört, wie der Hofmannsthal dem Kraus erzählt, wie wild der Perutz ist, weil ihm der Glückstein ein internes Avancement vermasselt hat. Und da hat der Kraus g'meint, das sei für diesen Schuft typisch, denn er habe auch ihm, dem Kraus, übel mitgespielt.«

»Wirklich, ja wieso denn das?« Bronstein blickte den Kellner fragend an.

»Die Finanzierung von der Fackel. Die hat der Baron erst kürzlich stoppen lassen. Der Hofmannsthal war voll des Mitgefühls und hat nur g'sagt, er wisse, wie das ist, weil ihm hätt' der Baron eine Premiere abgestochen, weil er partout das Stück eines Protegés stattdessen aufgeführt sehen wollte. Manchmal denk' ich mir ja, der Baron macht so etwas nur, weil es ihm Spaß macht, anderen einen Schaden zuzufügen.«

»Wie Ihnen zum Beispiel, Herr Franz?«

Der Zahlkellner sah überrascht auf: »Wie kommen S' denn auf so etwas, Herr Inspektor?«

»Ich vermute einmal, er hat sie auch delogiert. Oder hat Ihnen ein anderes kleines Geschäft versaut. Habe ich Recht.«

»Ich weiß wirklich nicht, worauf Sie hinauswollen, Herr Inspektor!« Der Herr Franz verschränkte die Arme vor der Brust und bemühte sich um einen Ausdruck gekränkter Ehre.

»Ich will darauf hinaus«, erklärte Bronstein mit einem gerüttelt Maß an Bestimmtheit in der Stimme, »dass es diesen ominösen Fremden natürlich gar nicht gegeben hat, sondern dass vielmehr Sie es waren, der den Herrn Baron ins Jenseits befördert hat.«

»So ein Blödsinn aber auch«, brauste der Ober auf, »wie kommen S' denn auf einen solchen Unfug, Herr Inspektor? Ich war es doch, der überhaupt erst entdeckt hat, dass der Herr Baron ermordet worden ist. Warum sollte ich so dumm sein, darauf hinzuweisen, wenn ich am Ende selbst der Täter bin. Das wäre ja völliger Blödsinn.«

»Mitnichten, Herr Franz, mitnichten. Damit haben Sie sich quasi selbst ein Alibi gegeben. Niemand vermutet den Täter hinter jener Person, welche die Tat überhaupt erst anzeigt. Und wer weiß, vielleicht wären auch Sie damit durchgekommen, wenn Sie nicht gar so dick aufgetragen hätten.«

Das Lächeln Bronsteins hatte etwas Überlegenes, aber auch etwas Endgültiges.

»Was heißt da dick aufgetragen?'« Der Herr Franz leistete hinhaltenden Widerstand. »Ich hab' doch nur die verdächtige Person beschrieben. Mehr hab' ich nicht gemacht. Im übrigen ist jeder von diesem Dutzend da verdächtiger als ich, denn jeder andere hätt' ein Motiv. Sogar der Herr Trotzki. Nur ich nicht.«

»Das wird sich sehr leicht feststellen lassen, ob Sie ein Motiv haben. Wir werden einfach ihre finanziellen Verhältnisse durchgehen und ihre Wohn- und Lebensumstände durchleuchten. Da wird, dessen bin ich mir sicher, einiges zu Tage treten. Und genau das wird Sie endgültig überführen.« Bronstein stand auf: »Doch schon jetzt habe ich genügend Indizien, um Sie dingfest zu machen. … Ah, sehen S', da kommen die Kollegen vom Agenteninstitut, die werden Sie jetzt gleich mitnehmen, Herr Franz. Machen S' keine Schwierigkeiten, denn sonst wird Ihre Lage noch aussichtsloser.«

»Es … aber … ich …!« Der Cafébedienstete stammelte noch ein wenig, rang um Fassung, dann brach er zusammen. Schwer ließ er sich auf den Stuhl sinken, auf dem eben noch Bronstein gesessen war. »Das gibt es doch gar nicht, dass … ich meine, wie sollte ich mich denn verraten haben?«

»Der Tisch, Herr Franz, der Tisch«, sagte Bronstein mit einem Anflug von Belustigung. »Den hätten S' mir nicht nennen dürfen. Grad mir nicht. Weil auf dem, ja, auf genau dem, bin nämlich ich g'sessen. Und weil mir fad war, hab' ich die Leut' beobachtet. Und genau ein solcher Herr, wie Sie ihn beschrieben haben, war heute ganz sicher nie da. Sie haben ihn erfunden, um von Ihrer Tat abzulenken. Wahrscheinlich haben Sie dem Baron den Kaffee serviert, und dabei haben S' zugestochen, weil ohnehin so ein Tohuwabohu war, dass Sie sicher sein konnten, dass niemand etwas merken würde. Das können wir übrigens anhand der

Blutflecke auch feststellen. Der Strakosch wird uns ziemlich genau sagen können, wann der Stich erfolgte. Und ich traue mich jetzt schon behaupten, er wird gegen 2 erfolgt sein.«

Der Herr Franz starrte Bronstein fassungslos an, dann schlug er die Hände vor's Gesicht und fing zu schluchzen an.

»Ruiniert hat er mich, der Shylock der!«, flüsterte er beinahe tonlos, »Spielschulden hab' ich. Damit konnte ich dem Baron natürlich nicht kommen, dafür hätt' er kein Verständnis g'habt. Also hab' ich ihm g'sagt, dass ich eine Tochter hab', die was ich verheiraten will. Hat er mit 400 Kronen geliehen. Aber am nächsten Tag ist er natürlich dagesessen und hat mir auf den Kopf zugesagt, dass ich gar keine Tochter hab'. Er wollt' die 400 Kronen sofort wiederhaben. Doch was soll ich sagen? Die hatte ich da schon verspielt. Er hat mir Zeit gegeben bis heute, das Geld zu beschaffen. Und da hab' ich mir nicht mehr anders zu helfen g'wusst. Ich …«, abermals begann der Herr Franz zu weinen.

»Der Herr Franz ein Mörder. Wer hätte das gedacht!« Hofmannsthal schüttelte den Kopf, während die Agenten den Zahlkellner abführten.

»Ich hatte doch Recht. Eine politische Geschichte«, konstatierte Trotzki, der sich neben Hofmannsthal postiert hatte, »ein ins Elend getriebener Proletarier …«

»… dessen psychische Bedrängung zu einer Wahnsinnstat führte«, vollendete Adler den Satz des Russen.

»Womit in Wirklichkeit ich Recht hatte. Das Motiv führte uns zum Mörder«, proklamierte Perutz.

»Jedenfalls eine Tat, die Berichte hervorrufen wird«, resümierte Bronstein, ehe er sich mit einem leichten Nicken in die Runde wieder zurückzog.

»Eine Frage hätt' ich noch, Herr Bronstein«, hörte er Polgar hinter sich.

»Ja?«

»Sie sind doch ganz woanders gesessen. Das war doch gar nicht ihr Tisch ...«

Bronstein lächelte: »Es ist wie im Casino, das dem Herrn Franz zum Verhängnis wurde. Manchmal muss man eben va banque spielen.«

*Aus: Edith Kneifl (Hg.): Tatort Kaffeehaus.*
*Falter-Verlag, Wien 2011*

# IV
## Othello in Favoriten

»Hörst, Cerny, reden die im Böhmischen Prater eigentlich noch böhmisch?«

Cerny blickte von seinem Aktenberg hoch und sah sein Gegenüber, den Polizeioberstleutnant David Bronstein fragend an. Als dieser keine Anstalten machte, sich näher zu erklären, sagte Cerny: »Was soll das heißen, böhmisch?«

»Na, die Sprach, die deine Leut reden«, entgegnete Bronstein unwillig.

»Ach, du meinst Tschechisch.« Unweigerlich musste Cerny grinsen. Auch wenn im Gefolge des Zerfalls der Donaumonarchie über 100.000 Wiener Tschechen in den neuen Staat Tschechoslowakei rückgewandert waren, so gab es zehn Jahre nach dem Ende des Weltkriegs in Wien immer noch eine Viertelmillion Kinder der Länder der Wenzelskrone. Und das Gros davon lebte in Favoriten. »Sicher«, fuhr Cerny fort, »schon. Warum?«

»Des hob i befürchtet.« Bronstein setzte eine resignative Miene auf und blies angewidert Luft aus.

»Was das Warum noch nicht erklärt«, blieb Cerny von Bronsteins Reaktion unbeeindruckt.

»Ach, des hat …, des is …, also …« Cerny war ehrlich verwundert. So umständlich erlebte er seinen Vorgesetzten sonst nie. »Komm schon, spuck's aus. So tragisch wird's schon ned sein.«

Bronstein seufzte und setzte dann doch zu einer Erklärung an. »Der Staudacher, a oida Spezi von die Berittenen, der hat vor a paar Jahr die Hutterin g'heiratet, die was die Erbin von an Wirtshaus im böhmischen Prater is. Die führen des Lokal jetzt z'samm. … Na ja, des wär weiter ned erwähnenswert, wenn sich nicht der Staudacher jetzt an mich g'wendet hätt, weil er irgendwelche Scherereien do unten hat, die er aber ned an die große Glock'n hängen will. Und so hat er mi gfragt, ob i eam des ned unter der Hand begeln könnt, und i Depp hab' Ja gsagt, ohne vü nachzumdenken. Und jetzt hab i den Scherm auf, weu mir bewusst worden is, dass i dort jo niemanden verstehen werd', weil die ja alle böh…, tschechisch reden.«

»Du, weißt eh«, lachte Cerny, »wir Tschechen sind nicht solche Armutschkerl wie ihr, wir können nicht nur Tschechisch, wir können alle auch Deutsch.«

»Jo, eh«, lenkte Bronstein ein, »aber genau des is ja die Crux. An Auswärtigen erzähl'n die ja nix. Und des, was erzähl'n, is ned des, was untereinander reden.« Dabei setzte Bronstein eine Art Dackelblick auf, und Cerny begann zu erahnen, worauf die ganze Scharade hinauslaufen sollte.

»Du willst also, dass ich dir helf, diesem Staudacher zu helfen. Dass ich quasi hinhör', was die Leut dort sub rosa reden, während sie dir irgendein offizielles Communiqué unterbreiten.«

Bronstein lächelte selig: »Ich hab ja g'wusst, dass du deinen alten Freund ned hängen lasst.« Bronstein sah auf die Uhr: »Eigentlich könnt ma heute früher Schluss machen, is eh nix los. Der Krempel da, der rennt uns ned weg, und beim Hutter gibt's sicher a guats Papperl und an reschen Wein a dazu.«

Cerny kam nicht dazu, sich zu wehren. Fünf Minuten später standen sie schon am Ring und hielten auf die Straßenbahn zu. Am Karlsplatz wechselten sie zum ersten Mal die Linien, und nach einer halben Ewigkeit kamen sie am Bürgerplatz an, der seit kurzem nach dem gewesenen Bürgermeister Reumannplatz hieß. Und immer noch waren sie mehrere Kilometer von ihrem Ziel entfernt.

»Des is ja a echte Expedition, hörst. Wenn ich des g'wusst hätt, i hätt uns a Menage einpackt«, grinste Bronstein. »Na, a wurscht, umso größer is dann der Appetit. Und der Staudacher hat g'sagt, die Konsumation geht ganz auf sei Rechnung.« Bronstein behielt die Mundwinkel konstant oben.

»Allerdings, wenn's no weit is, könn' ma gleich baden geh'n«, meinte Cerny nüchtern und nickte dabei in Richtung des mächtigen Amalienbades, das den Platz seit einem guten Jahr formatfüllend dominierte.

»Na, na, wenn schon feucht, dann inwändig«, gluckste Bronstein.

»Amen«, replizierte Cerny gottergeben.

»Du, des is passend«, Bronstein stieß Cerny in die Seite, »dort drüben is ja die Antonskirchen, und der Anton is ja zuständig für's Finden von Sachen. Vielleicht hilft uns der, dass man an Weg finden, wie wir schneller dorthin kommen.«

Bronstein hatte damit gerechnet, dass Cerny ihn nun, wenn auch nur scherzhaft, tadeln würde, doch Cerny steckte einfach Daumen und Zeigefinger in den Mund und stieß einen lauten Pfiff aus. Prompt verlangsamte der Gräf und Stift, der eben im Begriff gewesen war, die beiden Männer zu passieren, sein Tempo, während der Fahrer neugierig Ausschau hielt, ob er hier mit Kundschaft rechnen durfte. Cerny nahm Bronstein am Ärmel. »Hat schon g'holfen, der St. Anton, siehst.«

Noch ehe Bronstein seine Fassung wiedererlangen konnte, saßen sie schon im Taxi, und Cerny sagte nur: »Zum Hutter im böhmischen Prater.«

»Na, dann fahr'n wir, Euer Gnaden«, replizierte der Chauffeur knapp, ehe sich der Wagen wieder in Bewegung setzte. Bronstein hatte sich eben eine »Sport« angeraucht, als der Taxler ihn und Cerny über die Schulter hinweg ansprach: »Sie waren aber schon lang nimmer dort, oder?«

»Ja. Und?«

»Na nix und. Nur, weil's Hutter g'sagt haben. Der heißt jetzt Staudacher. Nach dem neuen Chef.«

»Ja, das wissen wir, dass der Chef Staudacher heißt«, entgegnete Bronstein knapp und hoffte, das Mitteilungsbedürfnis des Fahrers damit gebremst zu haben. Der aber fuhr – in doppelter Hinsicht – unbeirrt fort: »Hutter hat's früher g'heißen. Nach dem damaligen Chef.«

»Genau.«

»Jetzt heißt's aber nimmer so. Jetzt heißt's Staudacher.«

»Ich sag Ihnen ja, das haben wir schon mitgekriegt. Aber Danke für die Auskunft.«

»Obwohl S' natürlich Recht haben könnten. Ned bei jedem Besitzerwechsel ändert sich auch der Name vom Lokal, ned.«

Bronstein spürte eine aus den Tiefen seiner Eingeweide aufsteigende Unruhe.

»Beim Binder drüben heißt's immer noch Binder. Obwohl der alte Binder schon seit Jahren am Zentral Logis nimmt. … Ich waaß eigentlich goa ned, wia der neiche Binder haaßt? … Wissen Sie des vielleicht?«

»Nein«, knurrte Bronstein in unverhohlener Antipathie.

»A ned. Schod. Tatert mi jetzt direkt interessieren. … Wissen S' eh, wen i maan?«

»Naa.« Cerny sah besorgt auf seinen Chef. Er merkte dieses konvulsivische Beben, das eine bald bevorstehende Eruption anzukündigen pflegte.

»Na sicher wissen S' des. Der Blade … mit dem auffezwiefelten Schnurrbart. Der was friha an der Schank vom Blahacek g'standen is. Der hot jo …«

»Sag, wie lang fahrt man da auße?« Demonstrativ hatte sich Bronstein an Cerny gewandt und an diesen eine betont laute Frage gerichtet.

»A wengerl no«, antwortete der Automobilist an Cernys statt, »grod so lang, wia ma brauch'n, um auf den Namen vom neichen Binder z'kommen.«

»I glaub', i kriag an Anfall.«

»Ja, der Herr, Sie schau'n gar ned guat aus. Aber in dem Fall helfert Ihnen der Binder a nix. Da miassatn s' dann ume ins Franz Joseph, ned wahr. Aber da waratn mia jetzt auf da foischen Richtung unterwegs.«

»A Wort no, und i dawiag eam«, zischte Bronstein.

»Chran buh!«

»Ah, pane doktore mluvi cesky. No, to je ale radost.«

»Des a no«, Bronstein verdrehte die Augen, während sein Körper in sich zusammensackte. Jedenfalls aber hatte der Taxifahrer nun ein neues Opfer für sein Gesprächsbedürfnis gefunden, sodass Bronstein in aller Ruhe seine Zigarette rauchen und darauf warten konnte, endlich am Beginn des böhmischen Praters abgesetzt zu werden.

Schon von weitem war der dunkle Holzzaun des großen Gastgartens zu sehen, und die beiden Polizisten hielten direkt darauf zu. Trotz des kühlen Wetters war der Garten prall gefüllt, und die Kellner hatten alle Hände voll zu tun, die mannigfachen Bedürfnisse des Publikums zu befriedigen.

»Na, das war vielleicht doch ned so a g'scheite Idee, um die Zeit da her zu gehen, was?«

»Na, wer hat denn das wissen können«, verteidigte sich Bronstein, »um die Zeit! Das müssen alles Rentner sein.«

»Oder Beamte auf Außendienst.«

»Haha, Cerny, sehr witzig. Gemma lieber einmal zum Staudacher.«

Sie fanden den Wirt hektisch hinter der Schank herumhantieren. Doch als er der beiden Polizisten ansichtig wurde, ließ er sofort alles liegen und stehen und breitete die Arme aus: »Grüß Dich, David! Ich hab' g'wusst, dass du deinen alten Freund ned hängen lasst.« Cerny und Bronstein wechselten schnell einen Blick. Der eine säuerlich, der andere schuldbewusst.

»Ja. Genau«, sagte Bronstein endlich, um dann ein »aber worum geht's überhaupt?« hinterherzuschicken. Staudacher sah sich um. »Des passt da grad ned so richtig. Gemma lieber … da ins Jägerstüberl eini.« Er deutete in die Richtung eines der Extrazimmer und setzte sich in Bewegung. Die beiden Männer folgten ihm. Staudacher griff nach der Klinke, öffnete die Tür, und Lärm scholl ihnen entgegen.

»Ah jo, des hob i ganz vergessen! Da san jo heit die Briefmarkensammler drinnen. Wart's, gemma in Stadel ume.« Zu dritt überquerten sie den Hof, ließen die Kegelbahn rechts liegen und kamen zu einem kleinen Schuppen, an dessen Tür ein Vorhängeschloss angebracht war. Der Wirt holte einen Schlüsselbund aus seiner Hose, sperrte auf und ließ seine beiden Gäste ein. Dann schloss er die Tür wieder. Mit der rechten Hand deutete er auf Cerny. »Und wer is er?«

»Das ist der Major Cerny. Mein bester Mann. Ohne den geht nix.«

Der Staudacher nickte.

»Also, um was geht's?«

Staudacher druckste ein wenig herum, ehe er begann. »Schau, David, da is a Madl. Recht fesch eigentlich, und ziemlich ordentlich. Was soll i dir sagen, sie hat ihre Talente.« Dabei rollte Staudacher vielsagend mit den Augen.

»Aha. Und?«

»Na ja, was soll i dir sagen? I steh auf mei Oide, oba die Klane, die war mir ned wurscht.«

»Aha! Und?!«

»Na und voriges Monat beim Feuerwehrfest, da war i hoid nimma ganz nüchtern, verstehst? ... Da hat s' mir so schene Augen g'macht, hat mir g'sagt, was für a Mannsbild i ned bin, und soichane Sachen. ... Na ja, jedenfalls samma dann ... in der Wiesn ... verstehst?«

»Mir schwant Übles«, erklärte Bronstein lapidar.

»Na ja, jedenfalls is s' dann gestern bei mir auftaucht, hat g'meint, i hätt's anbohrt, und dass an Bankert kriagt von mir. Und i soll ihr Göd geben für a Engelmacherin, sonst erzählt s' alles meiner Alten.«

Dabei machte Staudacher ein möglichst schuldbewusstes Gesicht. Doch das hielt Bronstein nicht davon ab, in Rage zu geraten.

»Sag einmal, bist du jetzt ganz deppert worden? Hast du narrische Schwammerl g'fressen oder was? Du lasst uns da quer durch Wien rasen wegen so einem Larifari? Sag einmal, geht's no oder was?«

Staudacher machte eine begütigende Geste: »Na, na, bevor's di aufregst, horch mir doch erst einmal zu. Das war ja noch gar ned des Problem. Wenn's so gwesen wär, hätt i natürlich zahlt. Ka Frog ned. I hätt s' zur alten Resch g'schickt, die früher selber einmal da im böhmischen Prater ang'schafft hat. Resche Resi hat s' g'heißen, wer's kennt.«

»Ja, dunkel. Ich erinner mich. Aber deswegen simma ned da. Also, weiter im Text.«

»Aber i hab des Geld natürlich ned bei mir rumtragen. Also hab i ihr g'sagt, sie soll am nächsten Tag wiederkommen, da gib ich ihr es dann.«

»Lass mi raten: sie is ned kommen!«

»Genau! Woher weißt das?«

»Weilst mi sonst ned ang'rufen hättst. Und wo is' jetzt das Problem? Sei doch froh. So musst weder zahlen, noch hängt dir deine Frau wegen dera Gschicht a Goschen an.«

»Schön wär's, wenn's so warat. Aber es ist leider vü schlimmer!«

»Schlimmer? Wie meinst das?«

Staudacher entkorkte eine der Obstlerflaschen, die in dem Schuppen gelagert waren, und nahm einen langen kräftigen Schluck. »Die Gretl ... so hat das Mädel nämlich g'heißen ... die Gretl ... ist tot.«

»Tot, sagst du?« Bronstein und Cerny waren echt überrascht über die Wendung, die Staudachers Erzählung genommen hatte.

»Was heißt das – tot?«

»Na, hinig is'«, platzte es aus Staudacher heraus. »Wie s' heit ned kommen is, hab' i natürlich Spundus kriegt. Ich hab' mir denkt, die sagt doch alles meiner Alten, und so bin i sie suchen gangen. Den halben Prater hab i abg'sucht, und den Laaerberg no dazu. ... Und dann hab i s' g'funden. Hinter a paar Buschen is' g'legen. A'kragelt! ... Das heißt ... genau genommen ... is des die falsche Zeit.«

»Ha? Was hat des mit falscher oder richtiger Zeit zum tun?«

»Ned Zeit ... Zeitform haßt des, glaub i. Was i maan, sie is ned dort g'legen, sie liegt dort.« Die schuldbewusste Miene Staudachers wurde noch schuldbewusster, während Bronstein Stück für Stück die Bedeutung dieses Satzes einging.

»Bist Du ... pfff ... Cerny, zwick mi. I muß träumen. Des kann doch ned wahr ...«, hörst, willst Du mir ernsthaft erzählen, du hast a Leich g'funden und des ned g'meldet!«

»Hab i ja eh! Dir!« Endlich einmal ein unschuldiger Gesichtsausdruck bei Staudacher.

»Ja sapperlot, Kruzifix und Fixlaudon! Himmelherrgottsakra …! Du bist ja …, na, i glaub des jetzt ned … Du, g'rad du, als ehemaliger Kieberer …, sag einmal, bist Du wahnsinnig?« Bronstein war ganz nahe an Staudacher herangetreten und sah diesen aufrichtig interessiert an, so als erwarte er sich ein medizinisches Gutachten über den Gemütszustand seines Gegenübers. Der aber ließ sich auf ein Fass plumpsen, schlug die Hände über's Gesicht zusammen und begann wie ein Kind zu weinen. »I waaß eh«, schluchzte er, »aber … was hätt' ich denn machen sollen? … Wenn i's g'meldet hätt', wär i doch sofort verdächtigt worden. Wer waaß, wer mi aller mit dera g'seh'n hat. Die Schand, die Nachred … mei Frau. Des hätt i ned derhoben, verstehst?«

»Aber deswegen kannst doch ned a Leich afoch wo liegenlassen, du Mentalmalader! … Wann hast sie denn überhaupt g'funden?«

»Zehn Minuten, vielleicht a Viertelstund', bevor i di ang'rufen hab'.«

»Na gratuliere. Dafür, dass da g'rad a Hinige g'funden hast, warst sehr kalmant.« Bronstein schüttelte den Kopf und blickte auf seine Uhr. »Das heißt«, resümierte er, »vor drei Stund oder so. Und wo? I maan, wie weit is des von do?«

»Vielleicht zehn Minuten. Länger ned. Weil i hab' di ja glei ang'rufen, nachdem i s' g'funden hab'.«

»Dann bet zu Gott, dass noch dort liegt, die Gretl.«

Bronstein ging zur Tür und öffnete sie. Dann ließ er seinen Blick auf Staudacher ruhen: »Was is'? Kalt is ned, also gemma, gemma.«

»Aber was mach' ma, wenn wir dort …«

»Das überleg' ma uns dort. Alsdern, gemma.«

Tatsächlich war die Wegstrecke bemerkenswert gering. Bronstein hatte nicht einmal eine Zigarette fertig geraucht, als sie schon bei dem Gestrüpp angelangt waren, hinter welchem die Grete liegen sollte. Cerny drängte ein paar Äste zur Seite, sodass sie hindurchschlüpfen konnten. In der Tat lag da eine Frauenleiche. Bronstein schätzte sie auf Mitte, Ende 20. Sie trug ein geblümtes Sommerkleid, das ihre feisten Arme und ihre dicken Schenkel unbekleidet ließ, wobei letzterer Umstand der Tatsache geschuldet war, dass das Kleid bis weit über die Knie hinaufgeschoben war. Der Mund der Frau war sperrangelweit offen, was Bronstein erkennen ließ, dass sie wohl sehr auf Zahnhygiene geachtet hatte, den die Beißorgane waren blütenrein weiß. Ihr ganzes Gesicht verriet noch die riesige Überraschung, welche die Frau erfasst haben musste, als sie realisierte, dass sie ums Leben gebracht werden sollte. Direkt unter ihr standen rote Grashalme in die Höhe, wobei unschwer zu erkennen war, dass Gretes Blut sie so gefärbt hatte. Auch ohne Amtsarzt wusste Bronstein, wie die Frau zu Tode gekommen war: jemand hatte ihr die Kehle durchgeschnitten. Der gesamte Hals war von einem Ohr zum anderen offen.

»Mit dem Schnitt war s' sicher auf der Stell' tot«, mutmaßte Cerny. »Ja, und so wie das Blut ausschaut, ist des no ned lang her. Heut in der Früh, würd ich sagen«, ergänzte Bronstein.

»Ja, könntest Recht haben.«

»Aber was Genaues wiss' ma erst, wenn die Totenbeschau …, glaubst, in der Sensengassen is um die Zeit no wer?«

Staudacher trat schüchtern einen Schritt nach vorn: »Können wir das nicht, ich mein, … unter der Hand?«

»Wie stellst du dir das vor? Da ist ein Mord passiert. Da können wir keine Rücksicht mehr nehmen auf private Befindlichkeiten …«

»Aber dann wird jeder glauben, i war's. Und mei Frau wird si scheiden lassen, des Lokal wird eingehen, i werd einfahren, am Felsen wahrscheinlich, … und des alles, obwohl i nix damit zum tun hab'.«

»Das glaub i dir. Ehrlich.«

»Ja, du. Aber der Rest wird mir ned glauben. Ein jeder wird sagen, der hat die Hur a'g'feitelt, weil er ihr an Balg andraht hat und ned für die Engelmacherin zahlen wollt'.«

»Hur?«, mischte sich Cerny ein.

»Na ja, … hab i des ned g'sagt? Sie war eine … Gunstgewerblerin. Eh da im Prater. Sie hat den Standplatz von der reschen Resi übernommen, wie die in Pension gangen is. Grete Duschanek hat s' g'heißen. Und obwohl s' schon 28 war, san s' von überall herkommen wegen ihr. Soldaten, Kellner, Schneider und biedere Handwerker. Sogar von der RAVAG war einer dabei. Die war bekannt wie a bunter Hund.«

»Na ja, was machst du dir dann Sorgen? Dann kommt doch eh keiner auf die Idee, dass des du warst!«

»Allerweil, es war so leicht. Es waaß doch a jeder, dass i a Gspusi g'habt hab mit ihr. Da werden si die Leut schon ihr Teil denken dabei.«

»Na gut, nehmen wir an, es is so: wer kämmat no in Frage? Hast einen Verdacht?«

»Ihr Peitscherlbua«, kam es postwendend aus Staudachers Mund, »a unguter Bazi. Nach außen hin arbeit' er als Hutschenschleuderer drüm im Prater, aber in Wirklichkeit hat er a paar Katzen rennen, und die Gretl war eine davon.«

»Ein Zuhälter vergreift sich ned so an seine Huren. Der trickert sie vielleicht a bissl, aber er bringt niemanden um.

Weil letztlich ruiniert er sich damit ja nur sein eigenes Kapital. Na, den kannst, glaub i, vergessen.«

Staudacher starrte ratlos vor sich hin. »I hab ka Ahnung«, sagte er dann.

»Kommt da ned jeder in Frage, der was mit ihr zum tun g'habt hat?«

»Meiner Seel«, entfuhr es Bronstein, »des werden wir ned unter der Tuchent halten können.«

Staudacher riss entsetzt die Augen auf: »David, des kannst ned machen! Des derfst mir ned antun. I … kann mir die Kugel geben, wenn des aufkommt.«

»Ja, aber ehrlich, wie stellst du dir das vor?« Bronstein breitete fragend die Arme aus. »Wir können unmöglich so tun, als wisserten wir von nix. Und du siehst selbst, wie die ausschaut! Da müssen wir ermitteln. Und wie du richtig sagst, ist der Täterkreis riesig. Da genügt's ned, wenn wir uns gemütlich in deinem Lokal z'sammsetzen, a Werkelmann spielt uns was, und wir knobeln aus, wen wir als Täter dingfest machen.«

»Jo, i waaß eh«, maulte Staudacher, »i bin jo a ned von vurgestern. Aber kennt ma ned vielleicht do …, so irgendan Tschikarretierer werdet's ihr doch haben, der eh froh is, wenn er übern Winter ned im Garten schlafen muss.«

»Sag einmal, geh'n bei dir jetzt alle Sicherungen gleichzeitig?« Bronstein wurde ernsthaft böse. »Du kannst doch ned vorschlagen, dass wir die G'schicht da einfach irgendjemandem anhängen?«

»Na, eh ned«, beeilte sich Staudacher, begütigend zu wirken, »i hab ja nur g'meint, damit ma a bissl Zeit g'winnt. Und so einem Griasler schaden ja a paar warme Mahlzeiten täglich eh ned.«

»Also schön langsam wirst mir unheimlich«, zischte Bronstein mit schneidender Stimme, »wenn ich's nicht besser wüßt, tät ich fast glauben, du warst es doch.« Seine Worte lösten sprachloses Entsetzen bei Staudacher aus, der unwillkürlich einen Schritt zurücktrat und dabei gegen einen Strauch prallte, was ihn wiederum nach vor zucken ließ. »Am besten is«, murmelte er tonlos, »i bring mi um.«

Bronsteins Zorn war ebenso schnell verschwunden, wie er gekommen war. Er legte seine Hand auf Staudachers Schulter und sah den Freund mitfühlend an. »Na, na, na. So schnell schießen die Preußen ned, gell! Ich sag' dir, was wir machen. Wir bleiben so nahe an der Wahrheit, wie's irgendwie geht. Wir erzählen, dass du die Leiche beim Spazierengehen g'funden hast. … Na, no besser: wir drei haben s' g'funden, weil wir … Frischluft schnappen wollten, damit wir einen Appetit kriegen auf d'Nacht. So, und du hast uns gleich sagen können, wer des arme Gschrapperl da war, weil s', wie der Zufall halt manchmal so spielt, dich gestern noch um a bissl a Geld angangen is', was du eam aber ned geben hast, weil du ka Veranlassung für so was g'habt hast. End von der G'schicht. Und wer was anders sagt, dem steigen wir zuwe. … Was sagst?«

Staudacher wiegte skeptisch den Kopf. »Na ja, mehr kann man da wahrscheinlich wirklich ned machen. … Mei Oide wird mir zwar den Schädel abreißen, aber da muss i halt jetzt durch. Wenn i nur ned so bled g'wesen warat!«

»Ja, des unterschreib i. Aber g'scheh'n is g'scheh'n, und jetzt schau'n wir, dass wir des Beste d'raus machen.« Er wandte sich an Cerny: »Oder wie siehst du das?« Der zuckte nur mit den Schultern: »Du wirst wissen, was zum tun ist.«

»Ja. So is es. Da muss jetzt des volle Programm her. Spurensicherung, Pathologie, die Uniformierten, na, und was sonst noch so dazu g'hört. Hast ein Telefon?« Staudacher, dem die Frage gegolten hatte, nickte nur.

»Na gut, dann gemma z'ruck. Wir müssen die ganze Partie anrufen. Die müssen alle anrücken. Wennst nix dagegen hast, schlagen wir bei dir unsern Stützpunkt auf.«

»Wenn ihr einen Platz findet. I hab heute wieder das ganze Lokal voll. Weißt eh, der Modracek spielt am Abend wieder.«

»Der Modracek?« Auf Bronsteins Gesicht zeigte sich ein Fragezeichen.

»Ein so ein Werkelmann«, erklärte Cerny, »recht bekannt bei uns Tschechen. Spielt alte Hadern und zotige Couplets. Hilft den Alten, sich an die frühere Heimat zu erinnern, und den Jungen, die eigene Herkunft ned zum Vergessen.«

»A so a Heurigensänger?«

»Ja, nur dass er halt ned mit der Klampfen unterwegs is oder mit einer Quetschen, sondern mit seinem Werkl. Weißt eh, des Ding, wo ma auf der Seiten a Kurbel dreht, und dann kommt a a Melodie dabei raus.«

»Ja, eh. Glaubst, i waaß ned, was a Werkl is, hörst? I hab schon Werklmännern zug'hört, da haben s' ihnen noch Heller zuag'steckt und kane Groschen.« Erst jetzt realisierte Bronstein das konstante Grinsen Cernys. Er hatte ihn auf der Schaufel gehabt. »Ah, du Falott!« Bronstein deutete einen Boxhieb an. Nur Staudacher fiel nicht in das Lachen ein.

Der Weg war schnell zurückgelegt, und kaum zehn Minuten später gingen sie den Kiesweg zwischen den Schaubuden und Vergnügungsstätten zurück zu Staudachers Gastwirtschaft. Trotz des permanenten Lärmpegels, denn die diversen Schausteller, die lauthals ihre Attraktionen anpriesen, erzeugten, war schon von weitem das quietschende Geräusch von Modraceks Leierkasten zu hören. Dazu erklang Modraceks dünne Stimme: »Rosamunde, schenk mir dein Herz und sag ja, Rosamunde, frag doch nicht erst die Mama. Rosamunde, glaub mir, auch ich bin dir treu, denn zur Stunde, Rosamunde, ist mein Herz grad noch frei.« Von all dem verstand Bronstein natürlich kein Wort, denn Modracek wusste, was sein Publikum von ihm erwartete, und so hatte er das Lied natürlich auf Tschechisch gesungen. Dennoch kannte es Bronstein selbstverständlich, da es ja eben auch eine deutsche Version davon gab. Und so kam Bronstein nicht umhin, als Modracek wieder beim Refrain angelangt war, in diesen einzufallen. Er winkelte seine Arme an, um auf diese Weise eine Art Schunkeln anzudeuten und krähte dabei: »Rosamunde, schenk mir dein Herz und sag ja«. Cerny blickte in den Himmel und murmelte: »Buh, pomoz!«

Zu Cernys großer Freude kam das Lied just nach diesem Kehrvers zu seinem Ende. Modracek verbeugte sich mit den Worten »Dekuji za pozornost« und ging unter allgemeinem Applaus ab. Cerny hatte dabei das Gefühl, als beäugte Modracek das Trio, das parallel zu ihm dem Inneren des Lokals zustrebte. Bronstein, der davon nichts bemerkte, wurde wieder sachlich und fragte Staudacher, wo denn das Telefon sei. An der Schank, antwortete dieser.

Im Hauptraum des Lokals ließ sich Bronstein den Apparat reichen, während sich Cerny, scheinbar gelangweilt und nur zufällig ebenfalls gegenwärtig, im hinteren Teil des Raums niederließ, wo einige Tschechen zusammensaßen, zu denen sich Modracek hinzugesellt hatte. Mit sichtlichem Genuss ließ er sich von den Anwesenden bestätigen, wie gut er wieder gespielt habe, und doch hatte Cerny den Eindruck, als lausche Modracek mehr dem Geschehen an der Schank als an seinem Tisch. Bronstein hatte in der Zwischenzeit das Fräulein vom Amt am Apparat. Er verlangte Obermedizinalrat Strakosch, die Institution der Wiener Gerichtsmedizin.

Modracek beugte sich nach vorn und flüsterte, während er über seine Schulter mit dem Daumen in Richtung Staudacher deutete, in die Runde: »Rikam vam, byl! Rakusan ji zavrazdil.« Cerny fuhr hoch! Er hatte sich nicht verhört, dafür war die bedeutungsvolle Miene des Bänkelsängers viel zu eindeutig. Aber woher sollte Modracek jetzt schon wissen, was Bronstein dem Pathologen gleich erzählen würde? Davon konnte Modracek nur aus einem Grund Kenntnis haben.

»Nebyl to«, erklärte er ebenso laut wie bestimmt, »ty byl jsi.«

Modracek fuhr überrascht herum. »Kdo pak jsi? A proc rikas tak neco?«

»Jsem policejni urednik. A protoze vim, ze zavrazdil jsi ji.«

»A so a Bledsinn«, fuhr Modracek jetzt auf Deutsch fort, »ty jsi Blubec.« Modracek sprang auf: »Dojebu te!«

»Gar nix wirst«, hielt Cerny dem gelassen entgegen, »nur ans wirst. Niederlegen! Und je eher, desto besser.«

»Nedelal nic«, maulte Modracek nun.

»Ah, und woher weißt dann, dass wer umbracht worden ist?«

Modracek begann zu transpirieren. »Na ... weil ... so viel Polizei ... ned wahr?«

»Erstens sind wir in Zivil, also wie willst das überhaupt wissen. Und zweitens war der Staudacher selbst einmal Polizist, sodass eine gewisse Anzahl an Polizisten in seinem Lokal per se noch nix B'sonderes wär'. Na, na, Modracek, die Suppe ist zu dünn. Damit kommst ned durch.«

Cerny stand auf und trat direkt an den Musiker heran: »Du kommst uns ned aus. Also leg nieder.« Modracek blickte gehetzt nach links und rechts, schien seine Chancen abzuwegen, doch Cerny blieb gelassen: »Denk ned einmal dran. Bevor du a nur aufg'standen bist, hab i dir schon die Achter ang'legt. Also lass es gut sein. Keiner kann wissen, dass wir eine Tote g'funden haben. Schon gar ned, dass sie ermordet worden ist. Außer dem Mörder natürlich.«

Die Leute am Tisch rückten merklich von Modracek ab. Cerny lächelte schmal: »Du warst so begierig, deine Tat jemandem anderen in die Schuhe zu schieben, dass du's einfach nicht zurückhalten konntest. Du hast reden müssen, bevor's Zeit dafür war.«

Modracek sank in sich zusammen. Seine Augenlider flatterten, und verschämt wischte er sich eine Träne von der Wange. »Komm, Modracek«, setzte Cerny fort, »du bist doch ein guter Sänger. Also sing mir was.«

Mit einer flüchtigen Handbewegung scheuchte er Modraceks Nebenmann weg. Er schnappte sich dessen Sessel, hob in kurz an und knallte ihn wieder auf den Holzboden. Dann erst setzte er sich und sah Modracek direkt an. Dem kamen nun wirklich die Tränen.

»Jahrelang hat sie mir erklärt, sie liebt mich«, schluchzte er. »Dass sie mit dem Anschaffen aufhört. Dass wir heiraten werden. Alles Geld, was ich mit meiner Singerei verdient hab', das hab' ich ihr gegeben. Und dann ist sie auf einmal gekommen und hat gesagt, sie ist schwanger. ... Ich Depp, ich hab' mich so g'freut. ... Aber sie hat's wegmachen lassen wollen. ... Bei der alten Resch. ... Hab ich ihr noch einmal Geld geben. ... Und wie ich dann ... gestern ins Lokal komm', weil ich mit dem Staudacher den Ablauf heute durchgehen will, da seh ich sie, wie sie dem Staudacher sagt, der Gschrapp is von ihm. … Hab ich sie heut' in der Früh zur Rede stellen wollen. … Sie hat mir ins G'sicht g'sagt, ich sei ein Impotenzler, der was eh nie einen hochkriegt. … Ich drauf, sie soll mir ins Gesicht sagen, dass der Bankert vom Staudacher is. … Sie hat g'lacht. Pitomec, hat s' g'sagt. Von dem alten Narren doch ned. Mit dem hätt sie ned einmal was g'habt. Der war nur so besoffen und so eitel, dass er sich was eingebildet hat. … Und dann hat s' noch g'meint, sie hätt auch noch bei andere abkassiert. Mit dem Geld könnt s' zehn Mal abtreiben lassen. … In Cannes, hat s' g'sagt. … Weil wir Männer alle solche Gockel san und glauben, wir haben alle Dynamit in der Hosen. … Und g'lacht hat s'! Immer nur g'lacht. … Ich wollt', dass das aufhört. Dieses unmenschliche, grausame Lachen … Ich hab's einfach nicht mehr ausg'halten …«

»… Und da hast deinen Feitel g'nommen …«

»Ich wollt das nicht. Ehrlich. Ich wollt nur, dass sie …«

»Dir dein Herz gibt und Ja sagt. Aber sie hat Grete g'heißen und ned Rosamunde.«

Modracek schlug die Hände über dem Gesicht zusammen und heulte wie ein Schlosshund. Cerny zuckte mit den Schultern. »Tja, Lukas, das tut mir leid. Aber du weißt, was jetzt kommt. Also mach es dir selber ned so schwer, dann machen wir es dir auch leichter.« Modracek zog Rotz auf und nickte nur.

In diesem Augenblick trat Bronstein an den Tisch heran. »Die Spurensicherung ist schon auf dem Weg. Und der Strakosch schickt seine Adlaten. Bald simma vollständig im Bild. … Und was machst du so? Trinkst mit deinen Landsleuten, ts ts. Das nenn ich eine Einstellung.«

»So?« Cerny schenkte Bronstein einen kurzen Blick von links, »dann stell dich drauf ein, dass dir der Modracek ein schönes Lied singt von Liebe, Verrat und Rache. Der Othello von Favoriten.«

»Othello? Ich versteh kein Wort.«

»Musst auch nicht, David, musst du nicht.«

Übersetzungen:

»Chran Buh«: Gott behüte

»Ah, pane doktore …« Ah, der Herr Doktor sprechen Tschechisch! Na das ist aber eine Freude.

»Buh pomoz«: Gott hilf!

»Dekuji …« Ich danke für die Aufmerksamkeit.

»Rikam vam …« Ich sag euch, er war's. Der Österreicher hat sie umgebracht.

»Nebyl to …« Er war's nicht, Du warst es.

»Kdo pak jsi …« Wer bist denn du? Und warum sagst du so etwas?

»Jsem policejni …« Ich bin Polizeibeamter. Und weil ich weiß, dass du sie umgebracht hast.

»Ty jsi blubec …« Du bist ein Trottel. Ich reiße dir den A. auf.

»Nedelal nic« Ich hab nix gemacht.

*Aus: Wiener Bagage. Gmeiner-Verlag, Meßkirch 2014*

# V

## Zillertaler Spiegelgeschichte

### I.

Seit drei Tagen war kein Bomber mehr über den Berg geflogen. Die Geschütze, deren dumpfes Grollen aus Hirschberg bis hinauf zum Wedauer-Hof gedrungen war, schwiegen. Das Tausendjährige Reich, das gerade einmal etwas mehr als ein Jahrzehnt gewährt hatte, lag in Trümmern, und wer immer an den Nationalsozialismus angestreift war, der schnürte eilig sein Ränzchen, ehe die Sowjets ins Hirschberger Tal vordrangen.

Der alte Wedauer aber dachte nicht daran, seinen Hof zu verlassen. Sein Großvater hatte hier nicht einen Neubeginn gewagt, damit der Enkel sich bei den ersten Schwierigkeiten schmählich aus dem Staub machte. Obwohl der Opa noch ein kleiner Junge gewesen war, als er anno 1837 aus dem österreichischen Zillertal hierhergekommen war, hatte er bis zu seinem Tod von nichts anderem gesprochen, als von der alten Heimat, die verloren gegangen war um des Glaubens Willen, und von der neuen Heimat, die man bis zum Untergang verteidigen müsse. Die Wedauers hatten einen Erbhof besessen und ihre Vorfahren bis in die Tage des letzten Ritters, des Kaisers Maximilian, zurückverfolgen können, doch just dessen Nachfahre Ferdinand, der den Zillertalern ganz und gar nicht gütig gewesen war, hatte die Wedauers von ihrem angestammten Besitz vertrieben. 416 fromme Leute, die dem Augsburger Bekenntnis nicht hatten abschwören wollen, mussten damals Tirol für immer verlassen.

So etwas durfte den Wedauers nicht noch einmal widerfahren, dachte der alte Mann. Er hatte nicht zwei Kriege überlebt, um jetzt den Hof, den einmal sein Sohn, der irgendwo tief im Russischen stand, übernehmen sollte, preiszugeben. Er ging zurück in die Stube und holte von der Bank des Gaulofens seine Flinte. Unauffällig stellte er sie beim Eingang ab und sah dann wieder auf die gegenüberliegende Leite.

Wenn jemand kam, dann von dort. Das wusste der alte Wedauer aus Erfahrung. Und er war darauf vorbereitet. So wie immer.

Unwillkürlich erinnerte sich der alte Wedauer an den ersten Fremden, der sich seinem Haus genähert hatte. Es war kurz nach der Niederlage vor Stalingrad gewesen, als sich eine zerlumpte Gestalt auf das Gehöft zugetaumelt war. Der alte Wedauer hatte sie schon von weitem gesehen. Sie war aus dem Norden, wohl aus Hirschberg, gekommen und hatte sich lange dem Lomnitzbach entlang bewegt, ehe sie Richtung Bober direkt auf den Wedauerhof zugehalten hatte. Damals war er noch nicht auf eine solche Begegnung vorbereitet gewesen. Er hatte gedacht, irgendein Wanderer würde ihn um Brot oder Wasser angehen. Dabei war es ein verfluchter Spitzel gewesen. Während der Besucher ganz harmlos getan hatte, waren seine Augen überall hin- und hergewandert. Natürlich hatte er sich dann nach Schnaps erkundigt, und nach Fleisch.

Der Wedauer war da schon auf der Hut gewesen, hatte nur gemeint, Fleisch habe er keines mehr, weil die Armee sein Vieh requiriert habe. Der Besucher hatte nur verschmitzt gelächelt und gesagt, ein Bauer verstecke doch immer ein wenig – für schlechte Zeiten. Und diese Zeiten seien doch wahrlich schlecht genug. Da hatte der alte Wedauer gewusst, jetzt befand er sich auf dünnem Eis.

Aus der Stube hatte er Most und Brot geholt, doch der Besucher war nicht mehr da. Irgendwo, so dachte der Wedauer damals, musste er ja abgeblieben sein, und wie befürchtet stieß er im Stall auf ihn, wo der Mann eben die Falltür unter dem Heu entdeckt hatte. Die triumphierende Miene war ihm aber schnell vergangen, als Wedauers Spaten direkt auf sein Gesicht niederging. Ein kurzes Röcheln, dann war ein Mensch weniger auf der Welt gewesen. Der Wedauer hatte ihn in der Jauchengrube verschwinden lassen.

Natürlich war ihm diese Tat nicht so leichtgefallen, wie es in der Erinnerung den Anschein hatte. Einen Menschen zu töten, das war nicht Recht, das wusste er aus der Kirche. Aber starben nicht ununterbrochen Menschen? Gerade in Kriegszeiten? Sein eigener Bruder war im großen Krieg gefallen. Und wofür? Für Gott, Kaiser und Vaterland, hatte es damals geheißen. Doch Gott war ihm verborgen geblieben, der Kaiser weit weg in Berlin gewesen, und für das Vaterland war der Bruder ganz sicher nicht gestorben, denn das fing unten am Lomnitzbach an und hörte oben am Kamm auf.

Und auch in diesem Krieg hatte der alte Wedauer Familie verloren. Der Neffe war in Norwegen geblieben, der Vetter irgendwo an der Wolga. Die beiden waren für Führer und Vaterland gestorben, hieß es. Doch die Führer, das hatte der alte Wedauer in seinen Lebensjahren nur allzu deutlich gesehen, kamen und gingen. Auch Grenzen verliefen immer wieder anders. Doch ein Hof war ein Hof. Das war Land. Erde. Leben. Wer den Hof verlor, der verlor auch seine Existenz. Und daher war es kein Mord gewesen, den Mann ins Jenseits zu befördern, es war ein Akt der Notwehr. Und schon damals war dem alten Wedauer klar gewesen, dass er wieder so handeln würde, wenn die Lage es denn erforderte.

Beim zweiten Besuch war Wedauer schon in Übung gewesen. Auch der Finanzer war in der Jauchengrube gelandet. Wie auch der Staatspolizist, der sich allzu sehr für den Verbleib seines Kollegen interessiert hatte. Mochte Gott ihn dereinst richten, aber der Hof musste bestehen bleiben, auch wenn er selbst zum Teufel gehen sollte.

Im Winter war es dann wirklich schlimm geworden. Deserteure, Partisanen, Soldaten und Feldjäger gaben sich ein regelmäßiges Stelldichein am Wedauerhof, als wäre er eine Baude. Seit dieser Zeit hatte der alte Wedauer seinen Stutzen immer griffbereit.

So eben auch jetzt.

Der Mann kam von der Falkenberger Seite her. Wahrscheinlich wieder ein Flüchtling. Aber so genau konnte man das nie wissen. Der alte Wedauer hatte von Fällen gehört, wo sich Nazischergen als Deserteure ausgegeben hatten, um dann den Bauern, der ihnen Wasser und Brot kredenzt hatte, wegen Feindbegünstigung mitzunehmen und zu erschießen. Aber mit einem Mann allein, dachte Wedauer, und dieser Gedanken gab ihm Sicherheit, war er immer noch fertig geworden.

Wedauer schätzte, dass der Fußgänger noch eine gute Viertelstunde benötigen würde, um den Hof zu erreichen. Er setzte sich auf die Bank und zündete seine Pfeife an. Er ließ seinen Blick über die Ausläufer des Riesengebirges schweifen und dabei den Mann keine Sekunde aus den Augen.

»Gott zum Gruß«, rief dieser schon von weitem, »ich komm aus Erdmannsdorf. Dort ist die Hölle los.« Der Fremde schien sich um ein freundliches Gesicht zu bemühen.

Für den Wedauer aber hatte er sich schon verraten. Erdmannsdorf hieß der Weiler am Ende des Tales schon seit acht Jahren nicht mehr. Aus Anlass der 100. Wiederkehr

jenes Tages, an dem die Zillertaler Inklinaten in Erdmannsdorf angekommen waren, hatte man den Ort in »Zillertal«
umbenannt. Jeder, der aus der Gegend war, wusste das. Also
war der Mann nicht aus der Gegend. Und wer nicht aus der
Gegend war, der war ein Feind. Und Wedauer griff heimlich nach der Flinte.

»Die Russen sind im Dorf«, erklärte der Fremde, der
Wedauers Hof endlich erreicht hatte. »Sie machen Jagd auf
alles, was irgendwie Deutsch ist.« Wedauer nickte bedächtig und spannte unter dem Tisch den Hahn.

Unaufgefordert setzte sich der Mann auf die zweite Bank
und sah Wedauer fragend an. »Gäbe es vielleicht etwas zu
trinken für mich?«

Der Wedauer nahm andächtig die Pfeife aus dem
Mundwinkel und sah scheinbar gelangweilt über das Tal.
»In der Stube steht ein Krug mit Most«, sagte er nur. Der
Mann erhob sich wieder und ging ins Haus.

Wie erwartet, kam er nicht zurück. Der alte Wedauer
legte seine Pfeife auf den schweren Eichentisch und stand
dann auf. In der Stube traf er den Fremden nicht an. Ebenso wenig im Flur. Was hatten die nur alle mit seinem Stall?

»Wusste ich es doch«, empfing ihn der Mann, als er endlich auch im Stall eingetroffen war, »wir da unten verhun-
gern, und ihr hortet hier heroben Speck und Würste, als
gäbe es kein Morgen.«

Der Wedauer holte hinter dem Rücken die Flinte hervor.

»Gibt es auch nicht. Zumindest für dich nicht.«

Die Empörung im Gesicht des Mannes wich augenblicklich dem Entsetzen. »Das wird dich auch nicht retten.
Die Finanzer sind nur wenig hinter mir, die werden auch
bald da sein.«

»Und du wirst bald nimmer da sein.«

»Jetzt seien Sie doch vernünftig, Wedauer. Das verschlimmert Ihre Lage doch nur!«

Der Wedauer wusste nur zu gut, dass sich seine Lage nicht mehr verschlimmern konnte. Für das Horten von Lebensmitteln wurde man seit geraumer Zeit hingerichtet. Also war es besser, man erschoss, als dass man selbst erschossen wurde.

»Wärst besser nicht so neugierig gewesen«, sagte er noch und drückte ab. Der Fremde ließ die Speckseite fallen und griff sich an den Bauch. Er stöhnte noch kurz auf, dann kippte er zur Seite. Für einen Moment zuckten seine Füße noch, dann war alles vorbei. Der alte Wedauer stellte die Flinte ins Eck und fuhr dann mit seinen Händen unter die Achseln des toten Mannes. Mühsam schleifte er die Leiche aus dem Stall und durch die kleine Wiese zur Jauchengrube. Dort angekommen, gab er dem Kadaver einen Tritt, sodass dieser über die steinerne Umrandung rollte. Der alte Wedauer sah zu, bis der Körper vollends in dem modrigen Sumpf verschwunden war, dann ging er wieder auf sein Haus zu.

Der Spion hatte nicht gelogen. Sie kamen zu fünft. Trugen Uniformen. Der Wedauer beschloss, sich dumm zu stellen. Tatsächlich fragten sie ihn, kaum dass sie das Anwesen erreicht hatten, nach ihrem Kundschafter aus. Wedauer gab sich ahnungslos. Die daraufhin angeordnete Durchsuchung konnte er nicht verhindern. Jemand kam mit seinem Stutzen daher.

»Ich hab' dran g'rochen. Aus dem is' g'schossen worden. Vor gar ned langer Zeit. Zwanzig Minuten vielleicht, aber allerhöchstens a halbe Stund'.«

»Ja sicher hab' ich g'schossen«, erwiderte der Wedauer gleichmütig, »drüben am Waldrand war ein Bär. Ich hab' in die Luft g'schossen, damit ihm der Appetit vergeht, allzu nahe zum Haus herzukommen.«

»Auf einen Bären hat er g'schossen.« Es war dem Anführer der Truppe deutlich anzusehen, dass er dem Wedauer kein Wort glaubte. Aber die militärische Niederlage schien ihn verunsichert zu haben. »Wir suchen jetzt die Gegend ab, und wehe, wir finden unseren Kameraden nicht. Dann gnade dir Gott!«

Bis zum Einbruch der Abenddämmerung sah er die Uniformierten durch die Gegend streifen. Aber niemand war auf die Idee gekommen, in Wedauers Jauchengrube nachzusehen, und so zogen die Finanzer schließlich ergebnislos ab, nicht ohne dem Wedauer angedroht zu haben, sie würden wiederkommen.

Wiedergekommen waren schließlich nicht die Finanzer, sondern die Partisanen. Diesmal freilich in ordentlichen Uniformen der neuen polnischen Armee. Und gegen die war Wedauers Stutzen machtlos. Er durfte gerade einen kleinen Koffer mit persönlicher Habe füllen, dann musste er unter Bedeckung hinunter nach Hirschberg marschieren, wo bereits ein Zug in Richtung Westen bereitstand. 108 Jahre nach ihrer Ankunft traten die Zillertaler dieselbe Fahrt wie dazumal an, nur diesmal in die entgegengesetzte Richtung.

## II.

Josef Wiederhofer bewirtschaftete den Zamser Hof bereits in der fünften Generation. Alle Leute im Tal nannten ihn nur den Zamser-Bauern, und niemand erinnerte sich mehr daran, dass die Wiederhoferischen erst vor knapp mehr als hundert Jahren ins Tal zugezogen waren. Die alte Anna, die erst kurz vor Kriegsausbruch gestorben war, hatte manchmal in der Kirchenbank vor sich hingemurmelt und dabei etwas von den Protestanten verlauten lassen, die zu der Zeit, als ihre Mutter noch jung gewesen war, aus dem Tal vertrieben worden waren. Und sie betete jeden Tag zu ihrem Herrgott, dass er keine Strafe über sie kommen lassen mochte, den Nachbarn damals nicht beigestanden zu sein. Dafür würden sie alle dereinst büßen müssen, hatte die alte Anna immer verlauten lassen. Die alten, die rechtmäßigen Bauern würden zurückkommen und ihre Höfe wieder in Besitz nehmen. Wiederhofer hatte das lange Zeit für das leere Geschwätz einer halbverrückten Vettel gehalten, doch dann waren Nachrichten gekommen, in der Tuxer Gegend und im Gerlostal seien Flüchtlingstrecks aus dem Osten eingetroffen, und einige der Vertriebenen hätten sich als Nachfahrer der Zillertaler vorgestellt. Wiederhofer beschloss, wachsam zu sein. Er hatte nicht die Nazis überlebt, um jetzt um die Früchte jahrzehntelangen Schuftens gebracht zu werden. Nun, da der furchtbare Krieg endlich vorbei war und es wieder aufwärts ging.

Wiederhofer hatte Vieh und Getreide. Und damit zählte er zu den begehrtesten Menschen im ganzen Land. Kein Tag verging, da nicht irgendwelche Städter bei ihm auftauchten und ihm Uhren, Gemälde und Schmuck anboten, wenn er ihnen nur ein paar Eier oder eine Speckschwarte überließ. Und da stand auch noch der Winter vor der Tür. Wiederhofer würde über's Jahr ein gemachter Mann sein. Und er würde sich nicht durch irgendeine Laune des Schicksals um seinen wohlverdienten Wohlstand bringen lassen!

Wieder tauchte ein Wanderer unten an der Weggabelung auf. Er trug einen Rucksack auf dem Rücken, was Wiederhofer dahingehend deutete, dass der Mann irgendwelche Tauschwaren den Berg hinanschleppte, um dafür ein paar Lebensmittel zu bekommen.

Doch irgendetwas war anders. Der Mann blieb andauernd stehen und sah sich um. Nicht wie ein Gehetzter, der wissen wollte, ob er verfolgt wurde. Nein, eher wie einer dieser Touristen, die vor dem Krieg die Alpen zu bevölkern begonnen hatten. Doch konnte man in Zeiten wie diesen wirklich Augen für die Landschaft haben? In Wiederhofer stieg eine leichte Panik auf. Er legte die Sense beiseite und ging eilig auf sein Haus zu. Erst, als er sein Gewehr neben sich auf der Bank wusste, beruhigte er sich wieder.

Der Wanderer hatte mittlerweile die letzte Kehre genommen und hielt direkt auf Wiederhofer zu. »Grüß Gott«, rief dieser, »woher, wohin?«

Der Mann wartete, bis er Wiederhofer tatsächlich erreicht hatte. Dann sah er ihn lange an. »Grüß Gott«, wiederholte er endlich, »Wedauer hoaß i. Aus'm Zillertol kemm i. Oba ned aus dem do.«

Wiederhofer schluckte. Hatte die Alte am Ende doch Recht behalten? Düster erinnerte er sich daran, in der hölzernen Truhe einmal eine Urkunde gefunden zu haben, auf welcher der Zamser Hof als Wedauer Hof bezeichnet worden war. Und langsam tastete seine Hand nach dem Gewehr.

»'Schs hot g'hoaßen, des woa amol inser Hof.« Dabei deutete er nachlässig auf das riesige Bauernhaus hinter Wiederhofer. »Der ghört uns Wiederhofers schon seit ewig«, schnarrte dieser.

»A scheans Haus. Ind so groß.«

Wiederhofer konnte nicht behaupten, dass ihn Wedauers Aussagen beruhigten. Er fühlte sich in höchster Alarmbereitschaft. »Wer wohnt denn do noch oller?«

»Nur i«, replizierte Wiederhofer knapp.

»Na daun kennen mir uns ja vielleicht einigen«, meinte Wedauer, »i brauch ned vü.«

»Was soll des hoaßen?«

»I bin mit an kloan Kammerle z'frieden«, raunte Wedauer.

Tatsächlich, der Mann wollte seinen Besitz. Wollte die Mühen von fünf Generationen zunichtemachen. Nicht mit ihm!

»So?«, knurrte er, »a kloans Kammerle?« Langsam stand er auf und hob dabei sein Gewehr hoch, »oans aus Holz, hmm?!«

Wedauer winkte ab. Was er denn mit dem Stutzen wolle, dazu bestehe doch keinerlei Veranlassung. Er sei müde und alt, habe Haus und Hof verloren durch den vermaledeiten Krieg. Alles, was er jetzt noch wolle, sei seine Ruhe. Der Hof sei doch groß genug, um ihn, schon allein der alten Zeiten wegen, ein kleines Zimmer zuzuweisen, damit er im Hause seiner Vorfahren entschlafen könne.

Wiederhofer spannte den Hahn: »Schleich di, Falott«, schnarrte er.

Wedauer wurde wütend. »A glabst, des schreckcht mi nu? Mei Weib is tot, mei Bua is tot, Hoamat hon i kane mehr, also wofür leb i nu?«

»Des waaß i nit. Oba i waaß, wofür i leb. Für den Hof do. Den hon i von mein Vottern, und der hot eam von sei'm Vottern kriagt. Und der dafua von sei'm Vottern. Mir le'm do seit fünf Generationen, und mir kennen koane Fremden nit brauch'n.«

Wedauer lachte auf und trat einen Schritt auf Wiederhofer zu. »Fremd? Mir sein doch koane Fremden nit. Der Hof verbind't uns jo! Des Zillertol, varstehscht dos nit? Des is inser Schicksol! Do wia duat.«

Wedauer breitete die Arme aus, schien Wiederhofer umarmen zu wollen. Doch der sah nur noch die Bedrohung und drückte reflexartig ab. Auf Wedauers Gesicht zeichnete sich nur unendliche Überraschung ab. »Oba des Zillertol«, stöhnte er, ehe er auf exakt jenem Platz, auf dem er gestanden war, zusammensackte.

In Wiederhofer stieg nun endgültig Panik auf. Er hatte eine Leiche auf seinem Hof liegen. Dafür kam er ins Gefängnis. Und der Hof würde verfallen, ehe sein Sohn aus der Kriegsgefangenschaft nach Hause kam. Nein, das durfte nicht geschehen. Hektisch dachte er nach. Sah sich um. Wo konnte er die Leiche unauffällig verschwinden lassen? Trotz der kühlen Abendluft kam er ins Schwitzen. Er musste nachdenken! Er lief ins Haus und schenkte sich einen Obstler ein. Und dann noch einen. Nach dem dritten trat ein Lächeln auf seine Lippen. Er hatte einen Einfall.

## III.

Die Gendarmen quälten sich mühsam den Weg hoch. Wiederhofer hatte sie schon von weitem gesehen. Er war um Schnaps in die Stube gegangen und hatte sich sicherheitshalber selbst ein Stamperl genehmigt. Dann stellte er die Flasche auf den Tisch vor dem Haus, um den Gesetzeshütern auch ein Glaserl aufwarten zu können.

Wie erwartet erkundigte sich der Postenkommandant nach Wedauer. Er habe gehört, dass dieser vor drei Tagen hierher aufgebrochen sei, ob er denn nicht auch hier angekommen sei?

Wiederhofer verneinte. Bei ihm sei seit Wochen niemand mehr gewesen, die Gendarmen seien die ersten Besucher seit der Mahd. Das sei merkwürdig, hielt der Gendarm dieser Aussage entgegen, denn die Kemmelbachers drunt im Tal hätten einen Schuss gehört zur fraglichen Zeit.

Ja, ja, bestätigte Wiederhofer, geschossen habe er schon. Aber auf einen Bären. Der habe sich am Waldrand gezeigt, und er, Wiederhofer habe sichergehen wollen, dass sich das Tier nicht zu nahe an die Ställe heranwage.

Es war offensichtlich, dass ihm der Polizist kein Wort glaubte, doch die Hausdurchsuchung blieb ohne Ergebnis. Nichts, aber auch gar nichts, deutete darauf hin, dass Wiederhofer in der fraglichen Zeit Besuch gehabt hatte. Der Gendarm gestand schließlich wortlos seine Niederlage ein, nickte dem Wiederhofer noch kurz zu und befahl dann den Abstieg ins Tal.

Wiederhofer starrte ihnen noch lange nach, und erst als er sich sicher war, dass sie ihn von unten nicht mehr sehen konnten, riskierte er einen flüchtigen Blick in Richtung Jauchengrube.

*Aus: Maxian/Weidinger (Hg.): Mordszillertal.*
*Gmeiner-Verlag, Meßkirch 2012*

# VI
## Seebestattung

### I.

Dass ich mich bis über beide Ohren in Andrina verliebt hatte, war weiter nicht verwunderlich. Ihre Erscheinung ließ keinen einzigen Makel erkennen, ein groß gewachsener, in Maßen durchtrainierter Körper, der dennoch seine weibliche Anmut bewahrt hatte. Dazu ein wunderhübsches Gesicht, umrahmt von langem, blondem Haar, in dem sich der Wind immer wieder gerne spielte. Und als wäre das noch nicht genug, war Andrina zudem mit einem bemerkenswerten Geist gesegnet, witzig, eloquent und zu allem Überfluss auch noch gutherzig.

Aus all diesen Kriterien ergab sich freilich eines: Andrina war völlig außerhalb meiner Reichweite. Aus der Ferne bekam ich mit, wie sie einen Football-Profi heiratete, mit dem sie recht bald danach ein gemeinsames Kind großzuziehen begann. Ich für meinen Teil vergrub mich in Arbeit und versuchte, so gut es eben ging, Andrina zu vergessen.

Pünktlich zum Einsetzen der Midlife Crisis schmiss ich alles hin und wurde Animateur in einem Seebad. Nun ja, vielleicht nicht unbedingt Animateur, eher, wie man hierzulande sagte, Bademeister. Es umwehte einen der coole Flair von »Baywatch«, doch allein der Blick auf mein Schuhwerk brachte mich regelmäßig zu der Einsicht, dass mich von den TV-Schönlingen weit mehr trennte als bloß das Fehlen eines Waschbrettbauchs.

So hätte ich wohl meine weiteren Tage zugebracht, wenn nicht eines schönen Julimorgens plötzlich Andrina am Strand gelegen wäre. Allein! Dieser Umstand weckte nicht nur meine Lebensgeister, sondern auch meine Neu-gier.

Drei Mojitos später war ich umfassend im Bild. Andrina war von ihrem Supersportler schmählich betrogen worden. Während sie sich abgemüht hatte, Familie und Beruf unter einen Hut zu bekommen, war er mit dem Babysitter auf Tuchfühlung gegangen. Und damit befand sich Andrina wieder auf dem Markt. Immer noch so schön wie ehedem, vielleicht aber etwas verletzlicher und sensibler.

Nun war ich niemals einer von der schnellen Truppe gewesen. Es fiel mir daher im Traum nicht ein, Andrina zu sagen »Hey, Dein Leid hat ein Ende, hier bin ich!«. Ich beschloss, die Sache mit Bedacht anzugehen und dabei das Netz jeden Tag ein wenig enger zu ziehen. Ich kam auch ganz gut voran, dachte ich. Nach drei Tagen waren wir schon die besten Freunde und hingen jeden Abend an der Bar ab. Wir witzelten über die anderen Feriengäste, lachten viel und berührten uns dabei immer wieder, ganz zufällig natürlich. Und so schien es nur noch eine Frage der Zeit zu sein, bis die Berührungen absichtlich zustande kommen würden.

## II.

Doch die Zeit ließ sich Zeit. Die absichtlichen Berührun-gen kamen nicht. Stattdessen kam Kevin. Eine Hohlbirne aus dem Osten. Er hatte zwar keine Plastiklatschen an den Füßen, dafür aber einen Waschbrettbauch. Und Andrina sah mit einem Mal regelmäßig an mir vorbei, wenn ich ihr etwas erzählte. Sie lächelte zwar noch, doch schien dies weit eher den Beachvolleyballkünsten Kevins als meinen Aper-cus geschuldet. Und ich spürte, dass mir die Situation ent-glitt.

Also hieß es, Kampfposition zu beziehen. Ich musste herausfinden, wo Kevins Schwachstelle war. Mir fiel auf, dass er nie ins Wasser ging, und so erkundigte ich mich beizeiten in seinem Umfeld ganz beiläufig, wie es denn um Kevins Schwimmkünste bestellt war. Und siehe da, es zeigte sich, dass er eher ein Flachschwimmer war, während Andrina und ich auf diesem Gebiet seit jeher zu glänzen wussten.

Diese seine Schwachstelle galt es auszunützen. Kevin war ein typischer Macho, der immer und überall seinen Nummer-Eins-Status herausstreichen musste. Er war die ultimative Sportskanone, und alle Welt hatte das gefälligst zur Kenntnis zu nehmen. Genau diesen quälenden Ehrgeiz, immer und überall gewinnen zu wollen, gedachte ich mir zunutze zu machen.

## III.

Unser See ist nicht besonders groß. Von einem Ufer zum anderen sind es vielleicht zwei Kilometer, allerhöchstens drei. Aber er hat so seine Tücken. Zum einen ist er unergründlich tief. Forscher sprechen da von weit mehr als hundert Metern, ein echter Bergsee eben. Und zum anderen wird er von Alpquellen gespeist, die sich durch ihre extreme Kälte auszeichnen. Sie durchziehen das Seewasser, sodass selbst geübte Schwimmer in Schwierigkeiten geraten können, wenn sie von einer solchen Frischwasserzufuhr plötzlich getroffen werden. Als Bademeister hatte ich nicht nur einmal eingreifen müssen, wenn sich ein Badender plötzlich mit einem Wadenkrampf konfrontiert sah. Mitten am See bedeutete dies sogar Lebensgefahr, denn wenn man an dieser Stelle falsch reagierte, dann soff man elendiglich ab. Ein solcher Fehler konnte mir natürlich nicht passieren, ebenso wenig wie Andrina. Aber Kevin?

Zwei Nächte später saß ich allein an der Bar und beobachtete, wie Kevin und Andrina über die anderen Gäste lästerten, wie sie viel lachten und sich dabei näherkamen. Ich trank noch einen Mojito ex, dann setzte ich mich einfach zu ihnen an den Tisch. Andrinas verzogene Miene ignorierte ich.

»Ich habe gehört, Du bist einem guten Wettkampf niemals abgeneigt«, begann ich.

»Einem guten nicht«, gab er prustend retour, »aber das Wort gut kommt seltsam, wenn es aus Deinem Mund kommt.«

»Ach«, bewahrte ich die Ruhe, »ich werde leicht unterschätzt. Ich habe auch so meine Qualitäten.« Dabei schielte ich nach links auf Andrina, die aber weiterhin nur Augen für Kevin hatte.

»Ach ja? Und wo sollen die liegen?«

»Ich habe Dich bis jetzt noch nicht im See gesehen.«

»Ja, weil das doch entschieden unter meiner Klasse liegt«, entgegnete er lachend.

Ein erster kleiner Minuspunkt, der sich da abzeichnete. Andrina, die eben noch von meinem Verhalten angewidert gewesen war, fühlte sich mit einem Mal unangenehm berührt. Sie badete regelmäßig in diesem See. Bedeutete dies, dass sie keine Klasse hatte? Ich setzte nach: »Na, wenn das so ist, dann beweise es uns doch. Schwimmen wir doch morgen um die Wette. Von hier ans andere Ufer des Sees. Der Verlierer spendiert dem Sieger ein Abendessen.«

Kevin lachte immer noch. Allein schon die Vorstellung, dass ihn ein Bademeister ernsthaft herausforderte, kam ihm offensichtlich absurd vor. Doch dann sah er Andrinas Gesicht und seine Miene wurde ernst. »Du willst das wirklich durchziehen? Was versprichst Du Dir davon?«

»Einen fairen Wettkampf unter Sportsfreunden«, meinte ich harmlos.

»Den kannst Du haben«, knurrte Kevin und stand auf. Er blaffte noch ein simples »Gute Nacht« in unsere Richtung und war verschwunden.

## IV.

Andrina war sauer gewesen. Kevin, so ahnte ich, war knapp dran, seinen letzten Kredit bei ihr zu verspielen. Jetzt musste ich ihn nur noch im Wettschwimmen besiegen und dabei so tun, als wäre das gar kein Grund zu überschäumender Freude, dann stand ich bei Andrina sicher wieder hoch im Kurs. Während Kevin nach einer Niederlage fluchen würde wie der berühmte Rohrspatz, sodass er sich endgültig selbst aus jedem Rennen nahm.

Kurz vor dem vereinbarten Beginn unseres kleinen Wettkampfs erfuhr ich, dass er sich bei seinen Freunden noch lautstark über mich ausgelassen hatte. Den Ersatz-Hasselhoff würde er elend absaufen lassen, hatte er gemeint, und das sei noch der harmloseste Satz gewesen, der ihm über die Lippen gekommen war. Und als er am Ufer auftauchte, da konnte es keinen Zweifel geben: Er war so richtig wütend. Umso besser, dachte ich mir, Wut war noch nie ein guter Ratgeber, und so würde ich das Rennen locker gewinnen. Ich zog mir meine Sachen aus und machte in der Badehose noch einige Dehnungsübungen, ehe ich mich wieder nach Kevin umwandte.

Kevin stand auch da, wo ich ihn zuletzt gesehen hatte. Doch vor ihm befand sich mit einem Mal Andrina, die ihren marineblauen Badeanzug trug. Was wollte sie hier?

»Andrina, was machst Du da?«

»Na, ich mache mit. Ist doch viel lustiger zu dritt.«

Heute denke ich mir, sie wollte die Situation entschärfen und deeskalierend wirken. Doch damals erreichte sie das genaue Gegenteil. Wir waren nun endgültig scharf wie zwei Rottweiler und konnten es gar nicht mehr erwarten, endlich ins Wasser zu springen.

## V.

Kevin gab ein Mordstempo vor. Ich hatte Mühe, mit ihm mitzuhalten, während Andrina uns beide recht rasch abgehängt hatte. Ab und zu sah ich ihre Füße im Wasser auftauchen, sonst sah und hörte ich nichts, wenn man von gelegentlichem Keuchen Kevins absah. Erstaunlich schnell hatten wir die Mitte des Sees erreicht, und ich kam nachhaltig außer Atem. Meine Züge wurden unkoordinierter und gingen allmählich in absurd anmutende Paddelbewegungen über. Ich hatte bereits zwei kalte Quellen durchquert, fror und fühlte mich erschöpft. Kevin war zwei, vielleicht drei Längen vor mir, von Andrina zeugte nur noch ein leichtes Kräuseln der Wasseroberfläche in einiger Entfernung.

Am liebsten hätte ich aufgegeben. Doch wir hatten jenen Punkt schon überschritten, an dem umkehren noch Sinn gemacht hätte. Jetzt hieß es, sich tatsächlich zum anderen Ufer durchzuschlagen oder zu ertrinken. Eine dritte Möglichkeit gab es nicht mehr. Ich wechselte in den Brust-Stil und gedachte, einfach mit ruhigen, konstanten Bewegungen wenigstens die eigene Haut zu retten. Mehr, so meinte ich, war nicht mehr zu wollen.

Doch dann schien es mir, als holte ich plötzlich gegen Kevin auf, obwohl der nach wie vor kraulte. Er kam seitlich immer näher, und mein Kampfgeist erwachte aufs Neue. Tatsächlich, so erkannte ich bei einem Blick zur Seite, der Typ war noch fertiger als ich. Er gab gurgelnde Laute von sich, als er bei jeder Bewegung Unmengen Wasser schluckte. Sein Kopf ragte kaum noch aus dem Wasser, und jedes Mal, wenn er wieder Oberwasser bekam, rang er panisch um Luft. Und noch rund 500 Meter trennten uns vom anderen Ufer.

Ich konzentrierte mich auf meine Schwimmbewegungen und bemühte mich, den Küstenstreifen im Auge zu behalten. Doch ein plötzlicher Schrei ließ mich den Blick abermals wenden.

»Ein Krampf!« Kevin verschwand unter Wasser. »Ich hab einen«. Wieder war er weg. »Krampf!« Keine Frage, Kevin ging es nicht gut. In mir rangen nun zwei Seelen: sollte ich dem Rivalen helfen oder nicht? Er würde es mir zweifellos nicht danken, wenn ich ihn rettete, aber vielleicht konnte man mit einer solchen Tat ja bei Andrina punkten. Andrina! Wo war die überhaupt. Ich hielt inne und sah mich um. Und als ich mir schon Sorgen machte, sie könnte untergegangen sein, da tauchte sie plötzlich direkt neben Kevin auf. Sie drehte den prustenden und strampelnden Flachschwimmer auf den Rücken, umfasste von unten seine Brust und begann, ihn an Land zu ziehen, wobei ich deutlich ihr »Hör endlich auf zu strampeln« hörte, mit dem sie sein quäkendes »Ich ertrinke! Ich ertrinke!« zu konterkarieren suchte.

Ich wusste, ich hatte gewonnen. Ich brauchte bloß noch die paar Meter an Land zu schwimmen, und schon war Kevin Vergangenheit. Es war so evident, dass er nicht in Lebensgefahr schwebte, und umso peinlicher war sein Verhalten. Ich hingegen zeigte mit einem sorgenvoll über das Wasser geschickten »Alles in Ordnung bei Dir?« Anteilnahme und empfahl mich dadurch wohl nachhaltig für eine zweite Amtszeit als abendlicher Gesprächspartner.

Was war das? Schon wieder so eine unterirdische Quelle. Die war aber nun wirklich verdammt kalt gewesen. Mein Muskel fühlte sich steinhart an. Die Beine traten ins Leere, die Tempi funktionierten nicht, wie sie sollten. Das durfte doch nicht wahr sein. Ich war höchstens noch 300 Meter vom Ufer entfernt, und jetzt bekam ich auch einen Krampf? Absurd!

Doch nicht so absurd, stellte ich fest. Der rechte Unterschenkel verweigerte mir den Dienst, und der Schmerz fuhr mir durch alle Glieder. Für einen Moment hörte ich mit den Schwimmbewegungen auf, um instinktiv nach meiner Wade zu greifen, und schon schlug das Wasser über meinen Kopf zusammen. Dummerweise hatte ich vergessen, den Mund zu schließen, und so bekam nun auch ich eine Menge Flüssigkeit ab.

Ich ließ von der Wade ab und machte stattdessen plantschende Bewegungen, um wieder an die Oberfläche zu kommen. Doch zu allem Ungemach fing nun auch das linke Bein zu schmerzen an. Meine Schenkel wurden bleiern und zogen mich erneut nach unten. Das Wasser brannte gehörig in den Lungen und ich verspürte sofort nachhaltigen Hustenreiz. Dem ich auch nachgab. Unglücklicherweise noch unter Wasser. Ich kam noch einmal nach oben, gurgelte ein halbherziges »Hilfe« in den blauen Himmel, und sank dann ein weiteres Mal nach unten.

Ich wartete vergeblich auf Rettung durch Andrina. Die war mit dem Hohlkopf voll und ganz beschäftigt. Wenn ich überleben wollte, dann musste ich mich selbst retten. Doch das Wasser in den Lungen ließ mich irgendwie panisch werden, und anstatt mich einfach nach oben zu kämpfen, um dort als »toter Mann« eine Weile an der Oberfläche zu treiben, bis sich mein Körper wieder beruhigt haben würde, schlug ich wild um mich und sah nur die unergründliche Schwärze unter mir.

## VI.

Warum ich so einfach aufgegeben habe, ist mir heute noch nicht klar. Ich vermute, mir wurde in diesem Augenblick bewusst, dass ich bei Andrina auch weiterhin keine Chance haben würde. Und ohne sie, so meinte ich damals wohl, sei das Leben ohnehin nicht lebenswert. Ich mochte mich einmal damit abgefunden haben, sie nicht zu bekommen, aber ein zweites Mal zurückgewiesen zu werden, das überstieg wohl meine Kräfte.

Und so stellte ich irgendwann meinen Überlebenskampf einfach ein und sank unendlich langsam Richtung Seegrund. Es sollte volle drei Tage dauern, bis die Taucher von der Rettung meinen Kadaver aus dem Wasser fischten. Ironischerweise keine 60 Meter vom Ufer entfernt, wo der See nur noch eine Tiefe von sieben oder acht Metern hat. Na ja, wenigstens blieb Andrina noch bis zu meinem Begräbnis, doch ich bin mir ziemlich sicher, dass sie schon lange nicht mehr an mich denkt.

## VII.

Ja, Sie lesen richtig. Ich bin damals ertrunken. Aber das verhalf mir zu einer epochalen Erkenntnis. Es gibt ein Leben nach dem Tod. Nicht so, wie man sich das gemeinhin im Diesseits vorstellt. Wir können nicht mit den noch Lebenden in Verbindung treten oder als Geister auf Erden wandeln. Das ist vorbei. Doch hier im Jenseits bewegen wir uns doch recht frei und sind aller Sorgen ledig. Manchmal freilich erscheint einem dies recht langweilig, doch immerhin kann man sich ja mit den anderen Toten auf rein spirituelle Ebene austauschen.

Weshalb ich Ihnen nun eine Frage nicht ersparen kann: Warum, meinen Sie, kann ich Ihnen diese Geschichte überhaupt erzählen?

*Aus: Mörderischer Attersee. Köln 2012*

# VII
## Budapester Blutbad
### Oder: Das Gemetzel bei Etzel

Sie wollen wissen, was der fürchterlichste Fall war, mit dem ich es je zu tun hatte? Da brauche ich nicht lange zu überlegen, das war seinerzeit das so genannte Budapester Blutbad. Na ja, es fand nicht direkt in Budapest statt, aber die Medien meinten damals, das klang besser, als wenn man es mit dem Bauernhof in Verbindung gebracht hätte, in dem es tatsächlich geschehen war. Aber das wissen Sie sicher.

Nicht?

Sie kennen die ganze Geschichte nicht? Unglaublich! Na, dann passen Sie einmal auf!

Eines Nachts, das ist ja jetzt schon viele Jahre her, nicht wahr, eines Nachts werden wir, es mag so gegen 4 Uhr morgens gewesen sein, zu einer, wie es kryptisch hieß, Bluttat gerufen. Als Tatort wurde uns der große Bauernhof von Attila H. genannt. Jeder damals kannte ihn, und ich denke, das ist heute nicht viel anders. Sehen Sie, an den Namen können Sie sich auch noch erinnern. Ja, ein ziemlich wüster Kerl, das kann man so sagen. Hier bei uns spielte er ja den ehrbaren Landwirt, doch jeder wusste, dass er jede Menge krummer Dinger am Laufen hatte. Aber wir konnten ihm nie etwas nachweisen, da er hier bei uns immer schön sauber blieb. Natürlich kannten wir die Geschichten von seinen Touren im Ausland, vor allem die Sache damals in Italien, Sie wissen schon, die mit dem Kirchenmann damals, ja, genau die. Aber dafür waren wir ja nicht zuständig, und da die italienischen Kollegen kein Auslieferungsbegehren gestellt, ja nicht einmal um Amtshilfe ersucht hatten, waren uns natürlich die Hände gebunden.

Aber ich schweife ab. Bei uns galt Attila wie gesagt als seriöser Geschäftsmann, doch als wir hörten, bei ihm sei es zu einem, nun, Vorfall gekommen, da war uns schnell klar, dass dies keine gewöhnliche Amtshandlung werden würde, und einige von uns stellten sofort die Vermutung an, H. habe seine Vergangenheit eingeholt. Na, jedenfalls rückten wir mit großer Mannschaft aus und erreichten das Anwesen etwa eine halbe Stunde später.

Schon von weitem konnten wir die dicken, weißen Rauchschwaden sehen, die über dem Hof standen, und der Geruch von verbranntem Holz stieg uns in die Nase. Wenig später sahen wir die Bescherung. Der ganze Stalltrakt war bis auf die Grundmauern niedergebrannt, wie es so schön heißt. H. saß vor seinem Haus und wirkte völlig abwesend. Das war nicht weiter verwunderlich, denn er hielt eine Frauenleiche umklammert. Bei näherem Hinsehen erkannten wir, dass es sich dabei um seine Frau handelte.

Ich gebe zu, für einen Moment dachte ich, H. habe seine Frau getötet, und diese Tat sei der Grund, weshalb man uns gerufen hatte. Doch dann wurde ich plötzlich von meinem Kollegen am Arm gezupft. Mit offenem Mund und starrem Blick wies er in die Richtung des Geräteschuppens. Dort lag eine unüberschaubare Zahl an Leichen. Ja, wirklich! Leichen, überall Leichen. Entsetzlich zugerichtet. Ein Massaker, wie es die Geschichte dieses Landes noch nicht erlebt hatte. Ich muss gestehen, da blieb auch mir der Mund offen.

Wir waren noch gar nicht wirklich dazugekommen, uns wieder zu fassen, als die einzigen beiden Augenzeugen der Geschehnisse auf uns zukamen. Der Pensionist Hildebrand W. und der beschäftigungslose Dietrich von B., der damals noch ein recht junger Spund war. Ich sage Ihnen, dass wir die beiden dort sahen, sorgte nicht gerade dafür, dass wir uns wohler fühlten. Denn die beiden waren natürlich für uns keine Unbekannten. W. stand im Geruch, seinen eigenen Sohn umgebracht zu haben, freilich auch dies eine Sache, die niemals bewiesen werden konnte. Doch die Vorliebe von W. für Waffen aller Art war gerichtsnotorisch. Und B. war eine wahrhaft dubiose Figur. Obwohl niemand wusste, wovon er eigentlich seinen Lebensunterhalt bestritt, war er immer liquid und trat nur in bester Kleidung auf. Naturgemäß vermuteten wir, dass B. ein Räuber war, aber er schaffte es immer wieder, aus einer allfälligen Untersuchung mit weißer Weste hervorzugehen.

Obwohl W. der weitaus Ältere der beiden war, übernahm B. das Sprechen und teilte uns unaufgefordert seine Version der Geschichte mit.

Am Abend des Vortages hatte bei H. eine große Feier stattgefunden, zu welcher er auch die drei Brüder seiner Frau eingeladen hatte. Doch die waren nicht allein gekommen. In ihrem Schlepptau befanden sich der Berufssoldat Hagen von T., der Unterhaltungsmusiker Volker von A. und der Ausbildner Dankwart von T., seines Zeichen Bruder des oben erwähnten Militärs. Die drei waren nun nicht eingeladen gewesen, und ihre Anwesenheit, so berichtete uns B., habe bereits für den ersten Streit gesorgt. H. habe dann vermittelt. Er bat seinen Bruder Bleda, sich um die drei Überraschungsgäste zu kümmern, während er seine drei Schwäger und drei Freunde, zu denen B. neben sich und W. auch noch Rüdiger von B., einen österreichischen Beamten, zählte, im Haupthaus bewirtete. Zu diesem Zeitpunkt, so B., seien sie zu neunt an der Tafel gesessen, da auch der Sohn von H., Ortlieb, noch wach war. Bei den Stallungen hatte derweilen Bleda eine Tafel improvisiert, an der die drei genannten zusätzlichen Gäste mit den Mitarbeitern von H. Wein tranken.

Das Fest habe schon einige Stunden gedauert, als Hagen und Volker plötzlich im Haupthaus aufgetaucht seien. Sie wollten bloß nach dem Rechten sehen, behaupteten sie, doch B. war sich sicher, dass sie sich zurückgesetzt fühlten und auch an der schöneren Feier partizipieren wollten. Volker hatte sogar sein Musikinstrument dabei, mit dem er, wie es schien, aufzuspielen gedachte.

Doch da drang, so fuhr B. fort, plötzlich Lärm von draußen in das Haus. Was genau vorgefallen war, das wusste er auch nicht zu sagen, Fakt aber war, dass in der Zwischenzeit ein Streit zwischen dem Bruder von Attila und jenem von Hagen ausgebrochen war. Als die Dinner-Gesellschaft nach draußen eilte, um Nachschau zu halten, da stellten sie fest, dass Bleda tot in seinem Blut lag. Dankwart überschüttete laut B. den Gastgeber mit einer wahren Flut an Schimpfworten und behauptete, Bleda habe ihn hinterrücks ermorden wollen, was er, Dankwart, nur mit größter Mühe habe verhindern können.

Und was geschah dann, fragte ich B., und seine Antwort habe ich heute noch im Ohr, denn es war die schrecklichste Beichte, die mir in beinahe vier Jahrzehnten Berufslaufbahn je untergekommen ist.

»Hagen ist komplett ausgerastet. Er hat ein Schwert aus seinem Mantel hervorgezaubert – keine Ahnung, wo er das zum Teufel herhatte – und hat einfach den kleinen Ortlieb den Schädel abgeschlagen. Einfach so, ohne Vorwarnung. Attilas Frau ist natürlich gleich in Ohnmacht gefallen, und Attila hat gebrüllt wie am Spieß. Darauf sind klarerweise seine Knechte auf die Gästeschar losgegangen, doch die hat sich zum Stall durchgeschlagen. Ich war völlig perplex, als ich merkte, die sind alle bewaffnet. Es gab sofort jede Menge Tote, auch Dankwart hat es erwischt, aber die anderen fünf haben sich im Stall verschanzt, während Attilas Männer einen Gegenschlag planten. Hildi und ich, wir sahen uns nur an und meinten, uns ginge das alles nichts an, aber Rüdiger glaubte, er müsse dem Gastgeber beistehen, und so übernahm er die Koordination des Gegenangriffs. Dieser eifrige Beamte stürmt also in den Stall, es kommt zu einem Handgemenge, und am Ende ist er genau so tot wie einer der Brüder von Attilas Frau. Darauf werden Attilas Leute natürlich noch wütender und stecken den Stall in Brand. Hildi hat es dann nicht mehr ausgehalten und sich auch eingemischt. Was soll ich Ihnen sagen, der wurde von einem Schwager Attilas angegriffen. Das war reine Notwehr, das müssen Sie mir glauben. Und daraufhin versuchte dann Volker, sich an Hildi zu rächen, und so musste er den auch noch töten. Ich kann Ihnen sagen, am Ende haben wir gemeinsam den letzten noch lebenden Schwager und Hagen überwältigt und wollten eben nach Ihnen rufen lassen, als Attilas Frau aus ihrer Ohnmacht erwacht und Hagen den Kopf abschlägt – mit dem Schwert nämlich, mit dem dieser ihren Sohn getötet hatte. Und weil sie schon einmal dabei war, brachte sie auch ihren Bruder um, weil der den Mord an seinem Neffen nicht verhindert habe, wie sie schrie. Wer dann allerdings sie abgemurkst hat, das kann ich Ihnen wirklich nicht sagen, ich weiß nur, dass ich es nicht war!«

Danach hat er nichts mehr gesagt. Und aus dem Alten war ohnehin nicht herauszukriegen. Na, und der Attila, der war nach wie vor völlig unansprechbar. Die Version, die uns aufgetischt worden war, klang höchst unglaubwürdig für uns, aber sie war die einzige Information, die wir zum Tod von mehr als zehn Menschen erhalten hatten.

Was wir dann gemacht haben, wollen Sie wissen? Na, das Übliche. Wir begannen zu recherchieren. Zunächst sahen wir uns einmal die Opfer an und glichen unsere Daten auf internationaler Ebene ab. Wir fanden heraus, dass Attilas Frau schon einmal verheiratet gewesen war, mit einem Zirkusartisten namens Siegfried von X., der seinerzeit mit einer Drachennummer ziemlich berühmt gewesen sein dürfte. Dieser Siegfried hatte auch Gunther von B., dem ältesten Bruder seiner späteren Ehefrau, dabei geholfen, seinerseits zu einer Frau zu kommen. Es scheint, dass der gute Gunther ein wenig schüchtern war, wenn es um das weibliche Geschlecht ging. Und es deutet einiges darauf hin, dass seine Frau Brunhild ihn ursprünglich alles andere als attraktiv gefunden, ja, ihn sogar verhöhnt und verspottet hatte. Doch Siegfried überzeugte sie dann doch, Gunther zu ehelichen, und der sorgte im Gegenzug dafür, dass Siegfried besagte Schwester heiraten konnte.

So weit, so gut, dachten wir. Doch dann stellte sich heraus, dass Siegfried ermordet worden war, und zwar ziemlich sicher von Hagen. Der hatte sich nämlich das Vertrauen von Kriemhild, so hieß Gunthers Schwester, erschlichen und eine geheime Information dazu genützt, Siegfrieds Lebensfaden jäh abzuschneiden. Aber interessanter Weise hatte das damals keinerlei Folgen. Sei es, weil man Hagen den Mord nicht nachweisen konnte, sei es, weil Hagen im Auftrag der Familie gehandelt hatte – Sie kennen das ja, diese Ehrenmorde und solches Zeug, Blut ist dicker als Wasser, na, dieses Programm eben –, das Leben ging jedenfalls weiter. Kriemhild trauerte ein Weilchen um ihren Mann und heiratete dann, letztlich doch eher überraschend, unseren ehrbaren Geschäftsmann.

Da kam die ganze Gesellschaft, die sich auf unserem Bauernhof eingefunden hatte, übrigens zum ersten Mal zusammen. Attila und Kriemhild hatten in Wien geheiratet, doch da dürfte es zu keinerlei Konflikten zwischen den Beteiligten gekommen sein, zumindest war unseren österreichischen Kollegen nichts bekannt geworden. Die drei Brüder zogen mit Hagen, Volker und dem Rest ihrer Clique wieder ins heimatliche Burgund, und Kriemhild folgte ihrem Attila nach Ungarn, wo sie eben später besagten Sohn Ortlieb gebar.

Man sollte also meinen, über die ganze Sache wäre im Laufe der Jahre Gras gewachsen. Doch dann trat ein weiteres Fakt zutage, dass uns einen Schlüssel zu der ganzen verzwickten Angelegenheit zu bieten schien, und dieses lag noch weiter in der Vergangenheit zurück als die Geschichte mit dem mutmaßlichen Mord an Siegfried.

Noch ehe Siegfried ins Burgunderland gekommen war, hatte er mittels mehr als undurchsichtiger Methoden ein imposantes Vermögen an sich gerafft, das er angeblich norwegischen Adeligen abgeluchst hatte. Zum Zeitpunkt seiner Heirat mit Kriemhild war er also wesentlich reicher als deren ganze Familie zusammengenommen. Durch seinen Tod erbte natürlich Kriemhild dieses stattliche Sümmchen, und als sie dann Attila heiratete, da blieb das Vermögen bei ihrer Familie im Burgund, verwaltet just von diesem Hagen. Man kann sich also vorstellen, was in Kriemhild vorgegangen sein muss, als sie endlich die bittere Wahrheit erkannte, dass nämlich der Mörder ihres Mannes sie auch noch um ihren Besitz gebracht hatte. So gesehen kann das Fest am Bauernhof gar nichts anderes gewesen sein als eine Falle für jene, die sie so schändlich betrogen hatten.

Sie haben ganz recht, da stellt sich natürlich die Frage, warum kommen die dann überhaupt dieser Einladung nach? Wenn ich jemandem den Gatten erschlagen und mir dessen Vermögen gekrallt habe, dann sehe ich doch zu, dass ich dem großräumig ausweiche. Aber ich vermute einmal, dass die Gier stärker war als die Furcht vor Vergeltung.

Wie bitte, das verstehen Sie jetzt nicht? Na, das ist doch klar. Attila war, wie gesagt, nur nach außen hin ein ehrbarer Geschäftsmann. In Wirklichkeit gehörte der doch auch der Unterwelt an, und wahrscheinlich dachten sich Gunther und Hagen, dass sie gemeinsam mit Attila noch viel größere Beute machen konnten als allein. Vor allem war ja nicht zu erwarten, dass der sich um eine Mordsache kümmern würde, mit der er rein gar nichts zu schaffen hatte. Dass ihm jedoch Kriemhild von dem gestohlenen Vermögen erzählen würde, damit hatten die Burgunder wohl nicht gerechnet. Jedenfalls wirft diese Geldangelegenheit schon ein ganz anderes Licht auf die ganze Sache. Dietrich hatte versucht, uns das Gemetzel als eine besoffene Geschichte darzustellen, Betrunkene, die in Streit geraten und sich gegenseitig an die Gurgel gegangen waren, doch diese Version wurde immer unglaubwürdiger für uns, je mehr Puzzleteile wir zusammenfügen konnten.

Eines blieb uns jedoch ein Rätsel. So weit wir in Erfahrung bringen konnten, wussten nur Gunther und Hagen, wo das Vermögen gebunkert worden war. Weshalb also hatte man sie einfach so umgebracht, ohne den Versuch zu unternehmen, diese Information zuvor aus ihnen herauszuholen?

Diese Frage kann ich Ihnen leider immer noch nicht beantworten. Daran sind wir damals grandios gescheitert. Ich habe zwar eine Theorie dazu, doch beweisen werde ich sie wohl nie können.

Sie wollen sie trotzdem hören? Danke, das ist sehr liebenswürdig. Ich denke mir, dass die Dramaturgie plötzlich grundlegend durcheinandergeraten war. Es kann unmöglich Zufall gewesen sein, dass Attilas Schergen alle Burgunder hinmetzelten mit der Ausnahme von Gunther und Hagen. Es ist doch klar, dass sie die beiden nur deshalb verschonten, weil sie von ihnen das Versteck des Schatzes erfahren wollten. Und Hagen, der ja offenkundig ein ziemliches Verbrechergenie gewesen sein dürfte, ahnte das natürlich. Und nur deshalb erschlug er gleich zu Beginn der ganzen Kalamität Kriemhilds Sohn, denn er rechnete damit, dass sie daraufhin so in Rage geraten würde, dass sie ihn aus Rache töten würde, noch ehe Attila und die Seinen Hagen das Geheimnis abgejagt haben konnten. Ja, und ich denke, genau deswegen musste am Ende auch Kriemhild sterben, weil die anderen so sauer auf sie waren, dass ihnen jetzt das ganze schöne Vermögen entgangen war. Ich kann mir das heute noch lebhaft vorstellen, wie verzweifelt Attila, Dietrich und Hildebrand, die ich für die Masterminds der ganzen Geschichte halte, gewesen sein müssen, als die ganze Sache so schrecklich aus dem Ruder lief. Sie hatten sich das sicher alles ganz fein ausgedacht: Bleda erledigt mit Attilas Mitarbeitern den Begleittross der drei Brüder, während sie selbst Gunthers Familie ausschalten. Gunther war ohne Frage weit schwächer als Hagen, daher gingen sie sicher davon aus, dass er weit eher singen würde als der einäugige Finsterling. Wie bitte? Ach so, ja, das habe ich nicht erwähnt, Hagen hatte nur ein Auge, das andere hatte er einmal in einem Kampf verloren, auch ein Indiz, dass er eher ein ungemütlicher Geselle gewesen sein dürfte. Na ja, wie auch immer, jedenfalls ging die ganze Sache von Anfang an gründlich schief. Es war wohl schon nicht geplant, dass Bleda das Zeitliche segnete, und dass Hagen dann auch noch Attilas Sohn ins Jenseits beförderte, das dürfte aus der ach so gut geplanten Informationsbeschaffung eben jenes Massaker gemacht haben, dessen Spuren wir dann schließlich fanden.

Was wir dann gemacht haben? Natürlich haben wir Mordanklage erhoben. Gegen alle drei Überlebenden. Aber es war ihnen absolut nichts nachzuweisen. Hildebrand von W. und Dietrich von B. wurden als Ausländer in ihre Heimat abgeschoben, und Attila starb wenig später eines natürlichen Todes. Na ja, was halt so als natürlich durchgeht. Er ist nach dieser Geschichte vollkommen dem Suff verfallen und dann irgendwann an einem Blutsturz oder einem Gehirnschlag dahingeschieden. Der alte Hildebrand machte es auch nicht mehr lange, was aber bei ihm keine Überraschung war, denn der war ja damals schon weit über 70. Blieb nur noch Dietrich von B. übrig, doch der wusste, wie man sich unauffällig verhält. Er zog meines Wissens nach Italien und machte dort eine Pension auf. Irgendetwas mit »Mausoleum« in Ravenna, wenn ich mich richtig erinnere. Wir waren natürlich an ihm dran, die ganze Zeit über. Aber bis zuletzt deutete nichts darauf hin, dass er nach dem Blutbad reicher gewesen wäre als davor.

Ich gebe zu, ich war mehr und mehr besessen von der ganzen Angelegenheit und verfolgte sie auch noch weiter, als man mir den Fall schon längst entzogen hatte. Aber als dann vor einigen Jahren auch Dietrich verstarb, da ließ ich die Sache dann doch auf sich beruhen. Man muss sich einfach damit abfinden, dass man nicht immer alles aufklären, nicht immer alles lösen kann.

Wie bitte? Warum ich jetzt hier in Cosenza bin? Nein, mein Herr, ich bin hier nicht auf Urlaub. So ganz unter uns: Es gibt da eine Geschichte, die mit dieser Stadt zu tun hat, und der ich auf der Spur bin. Es heißt, Alarich, ein entfernter Verwandter besagten Dietrichs, soll hier im örtlichen Fluss, dem Busento, ein stattliches Vermögen … Hallo? Wo gehen Sie denn hin? Interessiert Sie die Geschichte gar nicht? Hallo? Hallooo???

*Aus: Vienna killing. Köln 2012*

# VIII
## Die goldene Himbeere

### I.

Charles Crichton-Smith, der achte Earl of Graignalure, befand sich in einer Lage, die ihn sämtlicher irdischen Anfechtungen enthob. Er lag mit dem Gesicht nach unten in der Bibliothek von Graignalure-House, und auf den ersten Blick mochte man ihn für schlafend halten. Ein Eindruck übrigens, der durch die Tatsache bestärkt wurde, dass der Earl lediglich in einen Pyjama gekleidet war. Und doch befand sich Crichton-Smith nicht in Morpheus' Armen, vielmehr war er mausetot, was auch als Erklärung dafür hinreichen sollte, dass sich der Earl niemals einen derart exponierten Platz für ein Nickerchen ausgesucht hätte, ganz zu schweigen von der wenig passenden Adjustierung. Und schon überhaupt nicht wäre es ihm eingefallen, sich just unter dem abscheulichen Ölschinken seines Großvaters niederzulassen, hatte der Earl doch zeitlebens die künstlerischen Stümpereien des Ahnen gehasst, insbesondere die geschmacklose Darstellung eines Lamas, die umgehend abzuhängen sich der Earl geschworen hatte, sobald sein Vater, der Marquess, endlich das Zeitliche gesegnet haben würde.

Nun aber hatte das Schicksal den Earl und nicht den Marquess von dieser Erde abberufen, was der Earl, wäre er dazu noch in der Lage gewesen, fraglos als Drama empfunden hätte. Weniger wegen des Zustands der unfreiwilligen Immobilität, in die er durch diesen Umstand versetzt worden war, als vielmehr ob der Tatsache, dass die altehrwürdige Familie nun endgültig ungebremst auf den Bankrott zusteuern würde, den allein er, der Earl, verhindern hätte können, wenn er nur in die Lage dazu versetzt worden wäre. Doch wie gesagt, derlei focht ihn nun nicht mehr an.

Umso mehr irritierte sein plötzliches und unerwartetes Ableben Mary Maceachran. Der gute Geist des Hauses, der Tag für Tag darüber wachte, dass sich Graignalure-House in tadellosem Zustand präsentierte, war gar nicht amüsiert darüber, den Hausputz in der Bibliothek nun anderen Erfordernissen unterordnen zu müssen.

»Sapperlot«, dachte sie, »kann der alte Miesepeter nicht im Garten abkacken, dann hätt' ich jetzt keine Scherereien.«

Natürlich wusste Maceachran, wozu sie ihre Stellung an dieser Stelle verpflichtete, und so verscheuchte sie hurtig die inadäquaten Gedanken und schlug stattdessen die Hände zusammen, atmete tief ein, um dann standesgemäß einen spitzen Schrei auszustoßen.

Der wiederum rief Reginald Ansom auf den Plan, der den Graignalures schon diente, seit tief im Süden noch die eiserne Lady das Zepter geschwungen hatte. Ein kurzer Blick auf die Szene überzeugte ihn davon, dass es keinesfalls schadete, wenn man die Polizei rief. Daher ging er schnurstracks zum Servierwagen, schenkte zwei Gläser mit Highland Park voll und reichte eines der blassen Mary, während er sich selbst am anderen gütlich tat.

»Wir sollten die Polizei rufen«, sagte er dann.

Mary nickte.

Reginald entkam ob dieser umgehenden Zustimmung ein Lächeln.

»Noch ein Gläschen?«, fragte er.

»Aber sicher doch«, entgegnete sie, »er hat ja doch nichts mehr davon.«

»Genau. Wäre ja schade, den guten Whisky verkommen zu lassen.«

Wenige Augenblicke später brachte Reginald, während er in beinahe wissenschaftlicher Manier die Schlieren betrachtete, welche der Whisky auf dem Glas hinterließ, das Gespräch wieder in Gang.

»Wer den alten Geizkragen wohl auf dem Gewissen hat?«

Mary grinste: »Na der ganz Alte jedenfalls nicht.«

Dem vermochte Reginald nicht zu widersprechen. Der Marquess lag seit Jahren in seinem Bett und war nicht in der Lage, auch nur einen einzigen Schritt zu tun.

Eigentlich war ein solcher Mord am ehesten dem jungen Lord zuzutrauen, denn dessen Versuche, seinen Missmut über die Tatsache zu camouflieren, in der Rangfolge nur auf Platz 3 zu stehen, waren selten von Erfolg gekennzeichnet gewesen. Der Lord musste aber auf Platz 1 vorstoßen, wollte er endlich Zugriff auf das vermeintliche Vermögen der Familie haben, womit er allein die schier unüberschaubare Schar an Gläubigern wenigstens kurzfristig zu beruhigen vermocht hätte.

»Ich weiß«, sagte daher Mary, »du denkst an den jungen Lord. Aber vergiss seinen Onkel nicht.«

In der Tat gab es im gesamten Clan der Graignalures keine finsterere Gestalt als den alten Angus, der jederzeit eine Rolle in einem Horrorfilm hätte übernehmen können. Und Reginald traute dem hageren Schweiger so manche Bösartigkeit zu. Doch ein Mord war dann selbst für einen Vikar zu starker Tobak. Noch dazu, wo der Geistliche in keinem Fall zum Erben aufstiege, es sei denn, der Lord folgte umgehend dem Vater, und der Großvater tat es beiden gleich.

Reginald antwortete daher nicht und stieß sich stattdessen von der Paneele ab, an der er bisher gelehnt war. Er trat vor die Leiche des Earl, ging in die Knie und warf einen untersuchenden Blick auf den Toten.

»Woran der wohl gestorben ist?«

»Na ja, so wie's aussieht, kann er eigentlich nur vergiftet worden sein«, warf Mary ein.

»Aber womit? Und wann? Und wie?«

Mary überlegte, äußerte sich aber nicht.

»Am besten«, meinte da Reginald, »wir rekapitulieren einfach den gesamten Zeitraum seit wir den Earl zuletzt lebend gesehen haben.«

Vor Marys geistigem Augen erstand noch einmal das Familiendinner am Vorabend. Natürlich hatte der alte Marquess nicht daran teilgenommen, sein Zustand verunmöglichte es ihm, sich in den Speisesalon zu begeben. Neben dem Earl, dem Lord und dem Vikar waren daher nur Lady Debenham, die aktuelle Gefährtin des Lords, Dame Aurelia Northington, von der es hieß, sie sei dem Vikar spirituell in besonderer Weise zugetan, und Mister Martins, der örtliche Notar, anwesend gewesen. Also, nachdem es gelungen war, Mister Renfrew, dem örtlichen Gerichtsvollzieher, noch ein letztes Mal die Tür zu weisen. Er hätte sonst womöglich das Tafelgeschirr nach dem Mahl gleich mitgenommen.

Von Mister Martins wusste man nur, dass ihn der Earl eingeladen hatte, um nach dem Dinner bei einem Gläschen Single Malt ein paar geschäftliche Dinge zu besprechen. Doch auch ein Notar würde nur wenig Gründe haben, den Earl ins Jenseits befördern zu wollen, immerhin lebte er ganz gut davon, die zahlreichen Verfügungen der Graignalures in die Juristensprache überzuführen.

Lady Debenham wiederum gebrach es erst recht an einem Motiv. Die Dame zählte kaum 18 Lenze, war stinkreich und hatte den Earl beim Dinner zum ersten Mal zu

Gesicht bekommen, da sie erst seit einer knappen Woche Tisch, Sessel und Kreditkarte mit dem jungen Lord zu teilen beliebte. Und wenn auch eine erste Begegnung mit dem Earl unzweifelhaft abstoßende Wirkung haben musste, so trachtete eine Person wie Lady Debenham wohl weit eher danach, standesgemäß das Weite zu suchen als sich in die Niederungen eines Giftmordes zu begeben.

Dame Northington schied erst recht als Verdächtige aus, denn die betagte Frau war so sehr auf ihr Seelenheil bedacht, dass sie selbst beim Einnehmen des Abendmahls die Bibel nicht beiseitezulegen vermochte. Und auch wenn in eben dieser so manche rohe Mordtat ausführlich geschildert war, so musste eine ausgezeichnete Kennerin der Schrift wohl wissen, dass derlei Taten unweigerlich ewige Verdammnis nach sich zogen, was sich mit seligen Zeiten im Paradiese nur schwerlich in Einklang bringen ließ.

Noch dazu hatten die beiden Damen in Begleitung des Notars das Haus gegen 22 Uhr verlassen, und da war der Earl noch quietschlebendig in die Bibliothek gegangen, um mit seinem Bruder eine Zigarre zu rauchen und ein Gläschen Whisky zu trinken. Das war auch der Zeitpunkt gewesen, zu welchem er, Reginald Ansom, in seine kleine Dachmansarde retiriert war, während sich Mary noch um die Zubereitung des Essens für den folgenden Tag hatte kümmern wollen.

Jetzt fiel es Reginald wieder ein! Eigentlich sollte zu Mittag eine große Gesellschaft gegeben werden, da der junge Lord offenbar ganz zuversichtlich war, seine Verlobung mit Lady Debenham einem größeren Publikum bekannt geben zu können. Aus diesem Grunde hatte Mary ja noch angekündigt, Cranachan machen zu wollen, eine alte gälische Spezialität, mit der sich ein nicht minder alter Brauch verband. Man steckte einfach in eines der Dessertgläser einen Ring, und wer selbigen in seiner Portion fand, würde als nächster nach dem gerade aktuellen Paar den Weg zum Traualtar einschlagen können.

Reginald vermochte freilich nicht zu sagen, ob Lady Debenham schon von ihrem Glück wusste, doch es deutete einiges darauf hin, gebot doch die Etikette, dass man als Fräulein von Stand solange außerhalb der Mauern des zukünftig Angetrauten nächtigte, bis der gemeinsame Bund ganz offiziell besiegelt war.

Aus diesem Grunde war Lady Debenham ebenso wenig im Hause anwesend gewesen wie irgendeiner der anderen erwarteten Gäste. Wie es Reginald auch drehte und wendete, eigentlich konnte der alte Earl nur von einem Familienmitglied vom Leben zum Tode befördert worden sein.

Dass der Tote seinen Pyjama trug, deutete darauf hin, dass er sich eigentlich bereits zur Ruhe begeben hatte, ehe ihn irgendein Anlass dazu getrieben hatte, noch einmal sein Schlafzimmer zu verlassen. Reginald rekapitulierte die Wege durch das Schloss und kam dabei zu dem Schluss, dass der Earl, hungrig oder durstig, direkt über die Dienstbotenstiege in die Küche gegangen sein musste. Dort hatte er dann mutmaßlich sein Bedürfnis gestillt und war anschließend in die Bibliothek gegangen, wohl, um sich noch einen Schlummertrunk zu genehmigen oder eine weitere Zigarre zu rauchen.

Und genau hier musste es dann geschehen sein. Relativ rasch, wie es den Anschein hatte, denn der Earl war sichtlich nicht mehr dazugekommen, sich ein Glas einzuschenken. Auch Rauchwerk fand sich keines, was die Vermutung nahelegte, dass der Earl, noch ehe er zu einer Tat schreiten konnte, von den Folgen des Giftanschlags überwältigt worden war. Das schien plausibel zu sein, denn die meisten Gifte wirkten binnen Minuten, und so lange brauchte man wohl auch, um von der Küche durch den Salon in die Bibliothek zu gelangen.

Möglicherweise hatte er die Anzeichen seines baldigen Endes auch gespürt und sich deshalb in die Bibliothek begeben, dort Linderung für sein plötzliches Unwohlsein zu finden. Die Lösung des Geheimnisses, dachte Reginald, würde wohl also in der Küche zu finden sein. Er sah sich noch einmal genau in der Bibliothek um und kam dabei zu dem Schluss, dass es keinerlei Anzeichen dafür gab, dass eine zweite Person zum Zeitpunkt des Ablebens von Mister Crichton-Smith dem Mittleren in diesem Raum zugegen gewesen wäre. Er gab sich einen Ruck und lenkte seine Schritte Richtung Korridor.

»Wohin gehst du«, fragte Mary, die ihm bislang stumm beobachtet hatte.

»In die Küche.«

»Was willst du denn dort?«

»Ach, nur etwas kontrollieren.«

Wie er es erwartet hatte, fand sich in der Küche die gewohnte penible Ordnung. Die Zutaten für die diversen Gänge lagen fein säuberlich aufgeschichtet an dem für sie vorgesehenen Platz, und an der Anrichte schwammen die Haferflocken wie vorgesehen eine Nacht lang in ihrem Whiskybad. Mary war ja eigens nach dem Dinner noch in die Küche gegangen, um die Haferflocken in der Pfanne über großer Hitze zu toasten, ehe sie wie vorgesehen in den Whisky kamen. Üblicherweise würde Mary heute also nur noch Sahne schlagen müssen, die mit Whisky vollgesaugten Haferflocken in die Schlagsahne mengen, diese Masse auf das Himbeerbett platzieren und das Ganze mit ein wenig

Heidehonig süßen. Und wie es sich gehörte, würde sie eine einzelne Himbeere als farblichen Kontrast obenauf setzen.

Himbeere!

Reginald erspähte eine einzelne Himbeere, die mutterseelenallein auf dem Fußboden lag. Mary hätte so etwas nie toleriert! Jemand musste also an den Himbeeren gewesen sein, und Reginald konnte sich sehr gut vorstellen, wer dieser Jemand gewesen war. Der alte Earl war also, wie vermutet, in die Küche gekommen, um hier irgendetwas zu sich zu nehmen. Dabei waren ihm die Himbeeren aufgefallen, und er hatte kurzerhand beschlossen, davon zu naschen. Wahrscheinlich, so dachte Reginald, hatte der Earl einfach ein paar Früchte aus der Schüssel in die hohle Hand genommen, um sie sich auf dem Weg zurück einzuverleiben. Und dabei musste dann das Unglück seinen Lauf genommen haben.

Reginald sah sich nach der Schüssel um. Er fand sie, wie er es erwartet hatte, gleich neben dem Seitenausgang zur Speisekammer. Neugierig trat er näher und schnupperte an den roten Beeren. Es war ihm, als nähme er eine Ahnung von Bittermandelgeruch wahr.

»Mary, du rufst jetzt die Polizei an. Sag ihnen aber nicht, dass wir den Earl tot aufgefunden haben. Sag ihnen nur, wir hegen die Vermutung, es sei ein Verbrechen geschehen. Und wenn du das erledigt hast, dann weckst du den Lord und den Vikar. Sie sollen sich im Billardraum bereithalten.« Mary, die deutliche Anzeichen eines Schocks zeigte, brauchte eine Weile, bis sie durch ein Nicken signalisierte, Reginalds Anweisungen verstanden zu haben.

»Du wartest dann an der Pforte auf die Polizei und führst sie auch ins Billardzimmer. Ich werde übrigens auch dich dort brauchen, also halte dich bitte bereit.«

Mary nickte abermals, machte vorerst aber keine Anstalten, den Raum zu verlassen. Erst als Reginald sie mit einem deutlich zu vernehmenden »Husch, husch« förmlich verscheuchte, machte sie sich auf den Weg zum Telefon. Reginald aber sperrte die Küchentür hinter sich zu und begann sorgsam und akribisch nach einem kleinen Behältnis zu suchen.

## II.

Senior Superintendent of Police Christopher Bell wartete mit zwei uniformierten Kollegen nervös auf das Erscheinen des Butlers. Dieser kam auch umgehend ins Billardzimmer, wo sich auch schon der junge Lord und der Vikar eingefunden hatten.

»Ich möchte wirklich wissen, was das soll«, ließ sich letzterer vernehmen. »Uns mitten in der Nacht zu wecken. Eine Unverfrorenheit!«

»Das sehe ich allerdings genauso«, ergänzte der Lord. »Ansom, ich erwarte eine Erklärung!«

»Die erwarten wir wohl alle«, fasste Bell die Stimmung in dem Raum zusammen.

Reginald räusperte sich. »Ich bitte die Herrschaften die ungewöhnlichen Umstände dieser nächtlichen Zusammenkunft entschuldigen zu wollen. Aber sie werden sogleich verstehen, warum diese Vorgangsweise unabdingbar war. Ferner ersuche ich sie, mir zu vergeben, dass ich sie warten ließ, aber ich musste zuerst noch einmal in die Bibliothek, ehe ich mich hierher begeben konnte.«

»Nun machen Sie es nicht so spannend, Mann. Sagen Sie uns endlich, ob hier nun ein Verbrechen geschehen ist oder nicht«, belferte Bell.

»Es ist, so leid es mir tut. Der verehrte Earl liegt tot in der Bibliothek. Ich habe ihn mir gerade noch einmal angesehen. Die Leiche hat sehr charakteristische leuchtend rote Leichenflecke. Sie wissen, meine Herrschaften, worauf dies hindeutet.«

Ansom ließ eine kleine Weile verstreichen, um die Wirkung seiner Worte zur vollen Entfaltung kommen zu lassen.

»Charles ist vergiftet worden«, platzte es aus dem Vikar heraus.

»Mit Blausäure«, ergänzte Bell.

»Richtig, meine Herren«, ergriff wieder Ansom das Wort. »Und zwar mittels einer Himbeere.«

»Mit einer Himbeere?« Die Anwesenden reagierten nun erst fassungslos, als sei der Giftmord an dem Earl weit weniger absurd als die dazu gewählte Frucht.

»Ja, mit einer Himbeere«, bestätigte Ansom und berichtete von dem geplanten Cranachan und von der Schüssel Himbeeren, die zu diesem Zwecke in der Küche gestanden war. Er habe die Früchte genau untersucht und sei zu dem Schluss gekommen, dass nur eine einzige Himbeere wirklich mit Blausäure versetzt worden sei, worauf auch der Umstand deute, dass er unter der Spüle bei den Reinigungsmitteln ein Gefäß mit eben diesem Gift gefunden habe, in dem kaum ein Gran der tödlichen Substanz fehlte.

»Aber das ist doch völlig aberwitzig«, mengte sich nun der Vikar wieder ein, »das hätte ja jeden treffen können. Spätestens morgen, wenn wir zum Dessert gegriffen hätten.«

»Jeden von uns?«, fuhr der Lord auf, »jeden unserer Gäste …«

»Aurelia«, flüsterte der Vikar entsetzt.

»Ja, meine Herrschaften. Jeden von ihnen. Und genau das war auch der teuflische Plan, der hinter diesem heimtückischen Anschlag stand.« Dabei zeigte Reginald ein schmales Lächeln des Triumphs.

»Wie kommen Sie denn auf diese abwegige Idee«, entfuhr es Bell.

»Der alte Hochzeitsbrauch mit dem einen Ring in einem der Dessertbecher ließ mich auf diesen Gedanken kommen. Da ist es auch egal, wer ihn findet. Und so war es auch hier. Der Mörder hasst die gesamte adelige Gesellschaftsschicht gleichermaßen. Stimmt es nicht«, und dabei wandte sich Reginald mit einer dramatischen Drehung nach links, »Mary?«

»Ich?« Der Hausgeist kicherte gekünstelt. »Was sollte ich damit zu tun haben?«

»Mary Maceachran, mir war schnell klar, dass für einen solchen Mord nur du in Frage kommen kannst. Erstens warst du die Einzige in diesem Haus, die garantiert nicht vom Cranachan essen würde …«

»Abgesehen von Ihnen«, fiel ihm Bell ins Wort, »als Butler werden Sie ja wohl kaum an der Tafel sitzen und mit dinieren.«

Ansom ließ seine Zähne sehen. »Jeder im Haus hier weiß um meine Liebe zu Himbeeren. Cranachan lasse ich mir nie entgehen. Der Herr Vikar und ihre Lordschaft werden bestätigen, dass es eine Art Privileg von mir ist, dass Mary stets eine Extraportion für mich macht.«

Die angesprochenen Personen bestätigten diese Behauptung durch ein Nicken, während Mary nur hilflos um sich sah.

»Zweitens weiß niemand von den Herrschaften, wo du das Obst aufbewahrst. Drittens gingen die Herrschaften gestern nach dem Dinner auf ihre Zimmer, während du allein noch in der Küche warst. Und viertens«, und an dieser Stelle bemühte sich Ansom um die Pose eines erfolgreichen

Staatsanwalts, der eben sein Plädoyer gehalten hatte, »hast du das Gefäß mit der Blausäure fein säuberlich wieder an seinen Platz zurückgestellt, weil du mit deiner pedantischen Ordnungsliebe nicht anders konntest. Jeder andere hätte es einfach verschwinden lassen. Also konntest nur du die Täterin sein. Quod erat demonstrandum.«

Das Gesicht der Haushälterin hatte eine dunkelrote Farbe angenommen. »Genau«, fauchte sie, »es war mir scheißegal, wen es von diesen reichen Pinkeln erwischt. Jeder einzelne von ihnen verdient den Tod!«

»Aber Mary«, stammelte der Vikar.

»Ja, Sie genauso, Sie scheinheiliger Patron. Ihr lebt in euren goldenen Palästen, während wir uns für euch abrackern. Und wenn ich euch schon nicht den goldenen Schuss geben konnte, so sollte es wenigstens die goldene Himbeere sein. Vor allem, weil während des Lunchs niemand auf mich gekommen wäre. Jeder hätte ein Familienmitglied in Verdacht gehabt, egal, wen es erwischt hätte. Ich konnte ja nicht ahnen, dass der alte Gierlappen nachts noch Appetit bekommt.«

Senior Superintendent Bell zog seinen Uniformrock straff und packte dann Mary unsanft am Oberarm. »Dafür wird es keinen Palast geben, sondern einen Käfig. Und der wird nicht golden sein.« Die Haushälterin ließ sich willenlos abführen, und bald danach kehrte Ruhe im Billardzimmer ein. Der Vikar hatte sich eilig zum Gebet in die Kapelle zurückgezogen, sodass nur der junge Lord und der Butler im Raume blieben.

»Sie haben dem Hause einen großen Dienst erwiesen, Ansom«, sagte der Lord endlich.

»Vergessen Sie es nicht, Eure Lordschaft, wenn Sie ihr Erbe antreten«, erwiderte Reginald.

»Es war ja auch zu perfid, ausgerechnet Ihre geliebten Himbeeren für diesen Anschlag zu mißbrauchen.«

Reginald nickte.

»Wie sind Sie eigentlich wirklich draufgekommen«, fragte der Lord nach einer kleinen Pause.

»Als ich das Geschirr aus dem Salon in die Spüle räumte, sah ich sie mit dem Fläschchen hantieren. Und dann roch ich auch schon diesen Mandelduft. Da wusste ich alles.«

»Gute Güte, sie hätte jeden von uns erwischen können«, seufzte der Lord, um nach einer kleinen Pause fortzufahren: »Und wie haben Sie es dann geschafft, Schicksal zu spielen?«

»Ganz einfach, ich habe den Earl geweckt und ihm gesagt, ich hätte vertrauliche Dokumente, ihren Verrat betreffend, die ich in der Bibliothek versteckt hätte.«

Der Lord grinste: »Er war ja ganz versessen darauf, mich zu enterben, der alte Sack.«

»Genau«, nickte Ansom, »also biss er prompt an und folgte mir. Dabei bot ich ihm, wie nebenbei, ein paar Himbeeren in einem Glas an. Den Rest können Sie sich denken.«

»Sie sind genial Ansom.« Der Lord klopfte dem Butler auf die Schulter. »Und was machen wir jetzt?«

»Jetzt? Jetzt werde ich dem Marquess die traurige Botschaft über das Hinscheiden seines Sohnes überbringen. Und sie ihm mit ein paar Himbeeren versüßen.«

»Oh weh, das wird wohl zu viel sein für seine angegriffene Gesundheit.«

»Ja, das fürchte ich auch.«

Lachend gingen die beiden auseinander.

-----

Cranachan (schottisches Gälisch: Crannachan) ist ein traditionelles schottisches Dessert. Es besteht aus einer Mixtur aus Schlagsahne, Whisky, Heidehonig, Haferflocken und frischen Himbeeren. Ursprünglich ein Sommergericht, zumeist zur Erntezeit kredenzt, war es auch als Nachspeise bei Hochzeiten beliebt, wobei man einen Ring in die Mixtur steckte – wer ihn in seinem Pokal fand, würde als nächster heiraten, hieß es.

Zubereitung: Man braucht 85 Gramm Haferflocken, einen guten Viertelliter Schlagsahne, zwei Löffel Whisky, zwei Teelöffel Honig und Himbeeren. Die Haferflocken werden in der Pfanne bei großer Hitze getoastet und dann über Nacht in ein Whiskybad getaucht. Die Sahne wird geschlagen, dann werden die Haferflocken beigefügt. Sodann gibt man in einen Becher Himbeeren und übergießt diese mit der Sahne-Haferflocken-Mischung. Darüber kommt der Honig, oben auf vielleicht noch eine zusätzliche Himbeere. Auf Wunsch kann man auch noch einmal einen Schuss Whisky beifügen, doch sollte man sich dabei eher zurückhalten. Die Regel lautet auf Englisch: »It should be a subtle hint rather than a strong flavour.«

*Aus: Ingrid Schmitz (Hg.): Porridge, Pies and Pistols.*
*Conte-Verlag, St. Ingbert 2013*

# IX

## Der Wiener und seine Seele
### Ein Mailodram

### Erster Teil

### I.

*Brief von Claudia Senghaas an Andreas Pittler*

Sehr geehrter Herr Pittler,

ich wäre sehr erfreut, wenn Sie sich an unserer Anthologie
»Wiener Seele« für den Gmeiner-Verlag beteiligen könnten, über deren Inhalt und Stoßrichtung Sie aus den Bei-
lagen Näheres ersehen können. Natürlich gehe ich davon
aus, dass Sie wieder eine wahre Perle liefern werden, da Sie
bekanntermaßen mehr als berufen sind, sich über den Gegenstand der »Wiener Seele« umfassend und eingehend zu
äußern. Dennoch möchte ich Sie bitten, mit Rücksicht auf
die anderen BeiträgerInnen nicht allzu ausufernd zu werden. Bitte schicken Sie mir Ihren Beitrag bis spätestens 31.
Oktober.

Vielen herzlichen Dank,

Claudia Senghaas für den Gmeiner-Verlag

### II.

*Andreas Pittler an Christian Klinger*

Lieber Christian,

es wird Dich bestimmt freuen zu hören, dass mich der
Gmeiner-Verlag zu einem Anthologiebeitrag aufgefordert
hat. Noch selten hat mich eine Einladung so sehr gefreut
wie diese, die zudem höchst interessant ist. Endlich erinnert
man sich auch in Deutschland der Wiener Fähigkeiten. Die
Piefke brauchen uns halt doch – und Wien wird ihnen zei-

gen, was es draufhat. Der Beitrag wird alles Bisherige in den Schatten stellen, davon bin ich zutiefst überzeugt! Du wirst daher einsehen, wie wichtig es ist, dass Du Dich sofort an die Arbeit machst. Aber bitte, nicht zu kurz, sonst heißt es gleich wieder, ich nähme solche Einladungen nicht wirklich ernst. Ich erwarte Dein Manuskript bis spätestens 30. September.

Alles Liebe, Andi

P.S.: Gib acht, dass nichts vorkommt, was Judith, Nina oder Sabine verärgern könnte. Immerhin haben wir vielleicht die Chance, doch endlich den Kurz-Glauser abzustauben.

### III.

*Christian Klinger an Andreas Pittler*

Lieber Pitti,

Ich bin erfreut und geschmeichelt, dass Du an mich gedacht hast. Ich werde ohnehin viel zu selten zu einer der zahllosen Anthologien eingeladen, und selten hat mich eine Antho so sehr interessiert wie diese. Nur darfst Du von mir nicht verlangen, meine ureigenen Überzeugungen dafür zu opfern. Warum soll man Judith und Nina nicht giften? Gerade bei der Behandlung eines so wichtigen und ernsten Gegenstandes, wo noch dazu der ganze deutschsprachige Raum auf uns blickt, dürfen keine persönlichen Rücksichten mitsprechen, das wäre gar zu wienerisch.

Aber wie auch immer, das Manuskript erhältst Du bis 31. August! Um welches Thema handelt es sich eigentlich? LG, Dein Christian

*Andreas Pittler an Christian Klinger*

Christian,

das ist wieder typisch! Ich habe es ja gleich kommen sehen, dass ich, sowie ich mich mit Dir einlasse, nichts als Scherereien haben werde. Ich habe natürlich keine Zeit gehabt, das Mail so genau zu studieren, weil ich doch sofort zum Autorentreffen ins »Siebensternbräu« laufen musste, um dort den Ausdruck des Mails allen herzuzeigen. Jetzt kann ich ihn beim besten Willen nicht mehr finden. Möglicherweise habe ich ihn im »Brot und Spiele« liegen lassen, denn im »Dionysos« hatte ich ihn nachweislich noch. Es kann natürlich sein, dass ihn mir im »Literaturhaus« jemand stibitzt hat, um sich damit wichtig zu machen. Ich ermächtige Dich jedoch, beim Gmeiner-Verlag anzufragen, worum es sich überhaupt handelt.

Gruß etc., Andi

V.

*Christian Klinger an Andreas Pittler*

Pitti,

ich tue doch für Dich gewiss alles, was nur menschenmöglich ist, aber Du kannst nicht von mir verlangen, dass ich mich an einen Verlag wende, wo ich keinen einzigen Mitarbeiter persönlich kenne. Ich wüsste auch gar nicht, wie man solche Allgäuer (?) richtig anredet! Zumindest müsstest Du mir also das Konzept für ein solches Mail aufsetzen!

Alles Liebe usw., Dein Christian

P.S.: Gestern beim Echo-Treffen sind alle zersprungen, weil Du mich und keinen von ihnen aufgefordert hast.

## VI.

### *Andreas Pittler an Christian Klinger*

Zuerst hast Du die Sache mit Begeisterung und Verve übernommen, und jetzt soll ich Dir alles zum A… zuwerichten. Große Reden führen und dann nichts leisten! Das ist sowas von Wienerisch!

Enttäuscht, Andi

## VII.

### *Andreas Pittler an Christian Klinger*

Habe gerade von Stefan erfahren, dass es sich um eine Kurzgeschichte zum Thema »Wiener Seele« handelt. Du hast jetzt also keine Ausrede mehr!

## VIII.

### *Christian Klinger an Andreas Pittler*

Uj, über die Wiener Seele zu schreiben ist schwer! Denk ich an Wien, wird's mir jetzt schon in der Seele schwer …

## IX.

### *Johann Birkelbaumer an Christian Klinger*

Sehr geehrter Herr Dr. Klinger!

In meinem Stammcafé habe ich erfahren, dass Sie der Leiter des Gmeiner-Verlages sind. Schon lange war es mein Wunsch, in diesem hervorragenden Verlag selbst einmal mit einem meiner Romane zu reüssieren. Ich darf Ihnen daher im Anhang zu diesem Mail mein Manuskript »Wiener Morde« zur gefälligen Lektüre anempfehlen. Wie Sie daraus ersehen werden, handelt es sich derzeit noch eher um eine Ideensammlung, sodass wir den genauen Text des

noch zu verfassenden Romans gemeinsam erarbeiten können, wodurch alle Teile, die Sie eventuell stören könnten,
von vornherein vermieden wären. Bislang, soviel muss ich
Ihnen gegenüber einräumen, bin ich noch nicht schriftstel-
lerisch tätig gewesen, allerdings zähle ich zu den Facebook-
freunden von Claudia Rossbacher, die, soweit ich weiß,
zu Ihren Autorinnen zählt. Sollten Sie, sehr geehrter Herr
Doktor, an einer mündlichen Aussprache interessiert sein,
so treffen Sie mich täglich zwischen 21 Uhr und Mitternacht im Café »Lala«.
Ergebenst,
Ihr Johann Birkelbaumer

## X.
### *Claudia Senghaas an Andreas Pittler*

Lieber Herr Pittler,
wir vermissen Ihren Beitrag zu unserer Anthologie. Umso
gewisser rechnen wir mit Ihrer sofortigen Zusendung, als
wir eine Woche nach dem vereinbarten Abgabetermin keinen
Ersatz mehr für ihre Geschichte finden könnten. Dementsprechend freudig sehen wir Ihrer Antwortmail entgegen.

## XI.
### *Andreas Pittler an Christian Klinger*

Klinger!
Der Abgabetermin ist verstrichen, und Du hast immer noch
keine einzige Zeile geliefert. Das ist so typisch Wienerisch!
Ein simples »Passt scho« passt da eben nicht! Liefer endlich
was, Du Faulpelz. Hast ja in Deinem Büro eh den ganzen
lieben langen Tag nichts zu tun – und rede Dich gefälligst
nicht mehr auf die Krankenstände der Frau Fuchs aus! Setz

Dich hin und schreib! So eine Chance bekommst Du so schnell nicht mehr!

Andi

## XII.

*Claudia Senghaas an Andreas Pittler*

Sehr geehrter Herr Pittler,

da Sie trotz mehrmaliger Urgenz unsererseits keinen Beitrag zur genannten Anthologie beigesteuert haben, müssen wir Ihnen leider mitteilen, dass besagtes Buch nun ohne ihre Beteiligung erscheinen wird. Betrachten Sie daher den mit Ihnen abgeschlossenen und Ihnen zugesandten Vertrag als gegenstandslos.

Hochachtungsvoll,

Claudia Senghaas

## XIII.

*Andreas Pittler an Christian Klinger*

Zu meiner großen Bestürzung erfahre ich bei der »Echo-Weihnachtsfeier«, dass Du den Beitrag für die Gmeiner-Antho richtig verschlampt hast. Damit hast Du mir unendlich geschadet, Du Judas Du! Das hätte für mich der Anfang einer dauernden Mitarbeit bei Gmeiner werden können. Mit eigenen Romanen, die im Katalog auf einer Doppelseite und nicht irgendwo ganz hinten vorgestellt werden! Jetzt werden sie mich bei der nächsten Anthologie ganz sicher nicht mehr fragen, und das alles wegen Dir, Du Opportunist. Das ist so typisch Wienerisch! Weil Sie Dich nicht gefragt haben, darf von mir auch nichts erscheinen, dieser Neid, diese Missgunst! Und den Kurz-Glauser kann ich mir jetzt auch schnitzen! Und das alles wegen Dir! Ganz abgesehen von der Blamage von Wien bis zum Bodensee und von Meran bis Kiel! Da rackert man sich ab und versucht verzweifelt, ein Renommee zu erlangen – und dann scheitert alles an der Missgunst der anderen!

Zornig, A.P.

## XIV.

### *Christian Klinger an Andreas Pittler*

Pitti,

ich weiß gar nicht, was Du hast! Diese Woche war ich bei drei Lesungen (zweimal Federfrei, einmal Emons), wo noch niemand je von Dir gehört hatte, und alle haben sich um mich gerissen, bloß weil ich mit Dir bekannt bin. Überall werde ich vorgestellt als »der Freund des berühmten Pittler, der dem boomendsten Verlag der Szene einen Korb gegeben hat«. Du bist die populärste Person unter den Wiener Autoren, und das verdankst Du nur meiner unermüdlichen Arbeit in Deiner Sache. Du siehst also, dass ich Dir wahrhaft ein guter Freund war und bin.

Beste Grüße,

Dein Christian

## XV.

### *Andreas Pittler an Christian Klinger*

Lieber Christian,

tja, in Wien wird man eben nur dann zum großen und gefragten Mann, wenn man etwas auffällig nicht tut oder bekommt. Josef II. hat unter größtem Aufsehen keine Reformen durchgeführt, Laudon unter allgemeiner Aufmerksamkeit keine Schlacht gewonnen, Kreisky unter umfassender Medienpräsenz alles so gelassen, wie es war.

Gerhard Berger wurde nie Weltmeister, Toni Polster nie Torschützenkönig und Karl Schranz nie Olympiasieger. Es gibt dutzende und aberdutzende Autoren, die nicht für den Gmeiner-Verlag publizierten, aber keiner ist dadurch in den Mittelpunkt Wiens gerückt. Weil die anderen eben kein Talent haben – oder, besser gesagt, keine Seele.

Es grüßt Dich,

Dein Andi

## XVI.

*Finanzamt für den 8., 18. und 19. Bezirk an Andreas Pittler*

Sehr geehrter Herr Pittler!

Auf Grund der amtlichen Erhebungen werden Sie als alleiniger Gesellschafter der Verlagsgruppe Random House (vormals Gmeiner-Verlag) für die Jahre 2010 bis 2013 ausgewiesen. Aus diesem Grunde werden Sie unter Bezugnahme auf § 3 Ziffer 6 Littera a des Allgemeinen Einkommenssteuergesetzes in der geltenden Fassung in die Steuergruppe I eingereiht. Die Höhe der zu zahlenden Nachtragssteuer wird aus der Einkommensstufe für das zweite Semester der unmittelbar dem dazwischenliegenden Jahre des vorhergehenden dritten Halbquartals als zweite Rate der Zuwachsstaffel vorgeschriebenen Katasterumlage, jedoch vermehrt um den mit der Steuernovelle vom 1.1.2014 für die nicht in die für die unter die Befreiung von der direkten Einkommensmehrertragssteuer fallenden kommunalen Erwerbszuschläge, jedoch abzüglich der bereits für die Vorsteuer vorausgegangenen letzten drei – soweit sie noch in diese Periode fallen – schuldigen Umsatzsteuerquoten bis spätestens zum als Stichtag geltenden 1. Dezember 2014 eingezahlten Beträge errechnet.

Mit dem Ausdruck vorzüglicher Hochachtung,

Michael Haupt, Obersenatsrat

Zweiter Teil
Eine Diagnose
I.

Es hatte ja so kommen müssen! Da liefert man (für ein wahrlich nebbich-haftes Honorar, so ganz nebenbei bemerkt) ein absolut hervorragendes Manuskript ab – und dass es hervorragend ist, steht außer Zweifel, da ich es ja praktisch aus einem alten Text von Egon Friedell abgekupfert habe, und der ist ja kanonisiert, also müssen es seine Texte konkludenter Weise auch sein – und dann mäkeln die Herausgeber erst recht daran herum. Denen geht es nämlich – und das ist wohl typisch für unsere gegenwärtige Lage – nicht um Inhalte, denen geht es nur um die Form. Zu kurz, sagen sie! Ja mei, ist nicht das Leben an sich zu kurz? »Zu kurz«, das ist doch die Metapher für alles in unserem Sein. Nun gut, außer für die schlechten Seiten natürlich, die sind sui generis zu lang, aber ... Wie bitte? Wie meinen Sie? Wieso ich nicht etwas Eigenes geschrieben habe, sondern einfach bei Friedell geklaut habe? Ja was glauben Sie denn bitte, wie man als Wiener über die Runden kommt, wenn man sich bei jeder Gelegenheit etwas Eigenes einfallen ließe? Nein, nein, da sieht man sofort, dass Sie von Wien und den Wienern nicht die geringste Ahnung haben! Würde ich etwas Eigenes schreiben, so wäre das ja etwas Neues! Und Gott bewahre die gute, alte Wienerstadt vor etwas Neuem! Das sind wir nicht gewohnt, das kennen wir nicht, das macht uns Angst. Nichts da, erst muss sich etwas Neues einmal irgendwo anders bewährt haben – in Paris vielleicht, oder, heutzutage wohl zutreffender, in Amerika – und dann kann man darüber nachdenken, ob es auch hier zu uns in Wien passen würde. Was glauben Sie denn, warum in Wien literarische Preise nur an Greise vergeben werden? Weil man davor ja nicht wissen kann, ob man nicht aufs falsche Pferd setzt. Stellen Sie sich vor, Wien würde einen 30jährigen Autor einen Preis zusprechen, und der schreibt dann gar nichts mehr. Da wäre man ja blamiert! Ist er allerdings 70, dann weiß man, gut, der hat etwas geleistet – nämlich 40 Jahre lang brav alle Demütigungen hinuntergeschluckt –, der wird jetzt auf seine alten Tage einfach nur dankbar sein, dass er doch noch eine Art Wertschätzung erfährt. In diesem Lichte ist man also mit einem Text, den man von Friedell (oder von Kraus, von Polgar, von Kuh usw.) gestibitzt hat, auf der richtigen Seite. Also heute. Vor 30, 40 Jahren wäre das noch nicht gegangen. Da hätten sie gar nicht erst mit so modernem Zeug antanzen brauchen. Warum? Na siehe oben!

Aber zurück zum Thema. Der Text, so meinten die Herausgeber, sei zu kurz. Und das wiederum ist so typisch für Wien, wissen Sie! Denn selbst wenn ich ihn doppelt so lang gemacht hätte, dann hätten sie auch wieder herumgemäkelt. Dann hätten sie halt gesagt, er sei zu lang. Verstehen Sie, was ich meine? In Wien kann man es jemandem aus Prinzip nie recht machen. Oder, wie ein altes Wiener Sprichwort sagt: »Wie man es macht, macht man es verkehrt!«

Und das ist, so ganz nebenbei bemerkt, unsere ganz persönliche Lebenstragödie hier in Wien. Dauernd diese Verbindlichkeiten! Das sind wir nicht gewohnt, und das wollen wir auch nicht! Nicht umsonst ist eines unserer Lieblingswörter das Wort »passt«. Ah, das kennen Sie? Ja, aber Sie kennen es wahrscheinlich in seiner deutsch-deutschen Bedeutung. Bei uns in Wien heißt »passt« nämlich, dass im Prinzip gar nichts passt, dass wir uns aber nicht länger mit der jeweiligen Thematik befassen wollen, weil wir, nun, sagen wir, Besseres zu tun haben. Natürlich wissen wir dabei um die Unzulänglichkeit des betreffenden Zustandes, aber ist schließlich nicht der Mensch gerade wegen seiner Unzulänglichkeiten Mensch? »Es irrt der Mensch, solang er strebt«, heißt es doch. Wozu also Zeit aufs Streben zu verschwenden? Dies umso mehr, als alles Streben ohnehin zum Scheitern verurteilt ist, solange es am göttlichen Beistand fehlt. »Wenn der Herrgott ned will, nutzt es gar nichts«, lautet die Grunderkenntnis des Wiener Seins. Also wäre es echt zuvorkommend von unseren deutschen Nachbarn, wenn sie uns nicht dauernd mit ihrer Pedanterie behelligen würden.

20.000 Zeichen, ich meine, was ist das schon? Das ist doch höchstens eine Richtlinie, die der freien Interpretation unterworfen werden kann. Regeln gibt es in Wien nämlich keine. Darf es auch nicht geben, denn sonst würden wir Wiener aufhören, Wiener zu sein. »Irgendwas geht immer« ist unsere Lebensgrundlage, und wenn man uns die nimmt, dann könnten wir ja gleich »Marmeladinger« werden! Und »irgendwas geht immer« bedeutet in diesem Zusammenhang hier, dass auch ein Text, der – on dit – zu kurz ist, »passt«. Und überhaupt: »Es wird ein Wein sein, und wir werden nimmer sein«, also was soll uns da die Fragwürdigkeit einer Textlänge anfechten, hmm?! Wein ist, denke ich, ein gutes Stichwort. Jetzt trinken wir erst einmal ein gutes Tröpferl, und dann schaut die Welt schon ganz anders aus, ned wahr? Und wenn Sie wollen, sing ich Ihnen später auch die »Reblaus« vor. Die kommt immer gut an!

## II.

Schau'n Sie, Sie verstehen das völlig falsch. Ich würde Sie
doch niemals vom Thema ablenken wollen. Oder gar, hor-
ribile dictu, »verarschen«, wie sie sich eben so formschön
auszudrücken beliebten. Ich bin Wiener, ich wüsste gar
nicht, wie das geht! Wie bitte? Warum ich eben »wüsste«
und nicht »weiß« gesagt habe? Na, das ist doch ganz klar!
Wir Wiener leben im Konjunktiv. Schon immer! Kennen
Sie vielleicht das alte Verslein »Wir Wiener Wäschermädel
würden weiße Wäsche waschen, wenn wir wüssten, wo wei-
ches Wasser wäre«? Sehen Sie, drei Konjunktive in einem
Satz. Das hat natürlich wiederum damit zu tun, dass für
uns das Verbindliche ein Gräuel ist. Für einen Wiener ist
es das Schlimmste, wenn er Stellung beziehen soll. Damit
verärgert man am Ende noch jemanden, und das wiederum wäre doch für einen selbst auch ärgerlich. Also nimmt
man Zuflucht zur Konditionalform. »Ich täte sagen« zum
Beispiel. Das ist doch ein ganz konkretes Angebot. Denn
stimmen sie mit meiner in der Folge geäußerten Ansicht
überein, dann vertrete ich diese auch. Und wenn nicht, ja
mei, ich hab' es ja nicht wirklich gesagt, gell. Also nix für
ungut.

Und daher sind wir Wiener auch nie einfach nur »da«:
»Ich wäre jetzt da«, lautet der Zauberspruch. Denn wenn
es gelte, schwere Arbeiten zu übernehmen, dann sind wir
natürlich nicht da. Aber wenn wir zu einer netten Landpar-
tie mit Wein, Weib und Gesang eingeladen werden sollen,
dann sind wir natürlich schon da. Nur, das muss man halt
vorher wissen, ned wahr?!

## III.

Na, bitte schön, was erwarten Sie von mir? Ich meine, unter den gegebenen Umständen, bin ich ja mehr als kooperativ gewesen. Sie dürfen nicht vergessen, dass ich als Wiener in einer Stadt zu leben gezwungen bin, in der schon aus Prinzip einmal gar nichts funktioniert. Die Tramway verkehrt nur nach Lust und Laune, das Telefon hat nie einen Empfang (schon gar nicht in der U-Bahn!), die Kaffeehäuser sind ständig überfüllt, und bekommt man zufällig einmal einen Platz, lässt sicher die Bedienung ewig auf sich warten. Auf den Ämtern regiert das Chaos, das Trottoir ist stets verunreinigt, und irgendwelche Fratzen missachten sträflich das Ballspielverbot im Gemeindebau. Hundsviecher brunzen in den Hausflur, der nicht mehr gesäubert wird, seit man auch in Wien die Institution des Hausmeisters abgeschafft hat. Und da erwarten Sie ausgerechnet von mir, dass ich irgendwelche Verpflichtungen, die ich irgendwann einmal in einer schwachen Stunde eingegangen bin, auf Punkt und Beistrich erfülle? Aber gehen S', das meinen S' jetzt aber ned ernst, oder?

Schauen S', regen S' Ihnen nicht auf! Aufregen bringt ja gar nichts, ned wahr! Weil wenn man sich über jedes Unbill aufregen möcht', dann hat man ja den Scherm auf! Deswegen kann man ja aus einem Beisl ned gleich eine Baustell' machen, ned wahr! Da ist es besser, man haut sich eine Eitrige rein und stesst sich eine Hülsen ins Hirn, weil das ist, Gott sei Dank, noch nicht verboten – im Gegensatz zu so vielen anderen Dingen, die Wien erst zu dem gemacht haben, was es heute ist, aber das nur so nebenbei. Ja, ist doch wahr! Heutzutage fuchteln bei jeder Gelegenheit die Spinatwachter – die nicht einmal mehr solche sind, weil sie jetzt nicht mehr »flaschengrün« sondern »blau« sind (und nicht vom Alkohol, falls sie das glauben) – umadum und schurigeln einen in einer Tour. Und wenn s' deswegen einen Baum aufstellen, dann können s' gar nicht so schnell schau'n, wie ihnen deswegen eine Goschn ang'hängt wird. Die schlechte Nachred' ist unser ganz persönlicher Wiener Fluch, müssen Sie wissen. Weil in Wien musst erst sterben, damit man hier einen hochleben lässt.

## IV.

Wie meinen S'? In der Zeit, in der ich mich da über Gott und die Welt, also über Wien, auslass', hätt' ich auch schon einen echten Text in der erforderlichen Länge schreiben können? Schauen Sie, »hätt' i, war i«, genau das ist doch Wien. Bleiben wir doch bitte in der Möglichkeitsform, das ist doch viel charmanter. Was glauben Sie, was das für ein Text geworden wäre? Irgendwie hingeschustert und wüst zusammengestoppelt, und jeder hätte g'sagt, ujegerl, der Pittler, der war auch schon einmal besser. So aber können wir sagen: was wär' das für ein Text geworden, wenn wir ihn nur geschrieben hätten! A la bonne heure!

Schau'n Sie, ist nicht gerade das »Unvollendete« das eigentlich Schöne? Nur das lässt noch Interpretationsspielraum. Hier kann der Gedanke frei schweifen, kann sich seine eigenen Räume schaffen, unbeengt von den Grenzen des bereits endgültig Feststehenden. Und seien wir uns doch ehrlich, als Wiener kann man nur in diesen Zwischenräumen existieren. Denn legte der Wiener sich einmal unwiderruflich fest, er verlöre – seine Seele!

*Aus: Gerhard Loibelsberger (Hg.): Die Wiener Seele.*
*Gmeiner-Verlag, Meßkirch 2014*

# X
## Mein Leben mit mir

### I.

Befragt man Personen, die mich kennen, nach mir, so bekommt man im Wesentlichen zwei Antworten zu hören. Die einen sagen, es sei nicht immer leicht mit mir. Die anderen hingegen meinen, es sei nie leicht mit mir. Aus eigener Sicht kann ich diese Standpunkte weitgehend teilen – und seien wir ehrlich, kaum jemand kennt mich so gut wie ich. Es gibt Freunde, die kennen mich seit über 30 Jahren, aber ich selbst bin mir schon bei meiner Geburt das erste Mal begegnet!

Ich weiß es noch wie heute, gleich der allererste Gedanke, den ich fasste, war ein Zitat aus der klassischen Literatur: »Das Grauen, das Grauen«, jener epochale Satz aus Joseph Conrads »Herz der Finsternis« kam mir in den Sinn, als ich an jenem Samstag kurz nach 5 Uhr morgens an die Decke des Kreißsaals blinzelte. Was Wunder, es war November und dementsprechend dunkel. Ich beschloss also zweierlei: erstens, ich würde nie wieder so früh aufstehen und zweitens, ich würde keinesfalls tun, was die Umgebung von mir erwartete. Also schwieg ich. Eisern. Kein Ton kam über meine Lippen, Auch nicht, als sie mich zu foltern begannen. Ja, wirklich, sie schlugen mich. Auf den Allerwertesten. Ein unbeschreiblicher Skandal. Doch im Wien der frühen 60er Jahre regte sich niemand darüber auf. Außer mir natürlich. Ich schrie meinen Protest aus voller Kehle in die Welt. Und was passierte? Nichts! Alles, was ich erreichte, war ein »Na bitte, alles in Ordnung« aus dem Mund der dicken Frau in dem weißen Kittel. In Ordnung? Gar nichts war in Ordnung. Ich war hungrig, mir war kalt, ich hatte nichts zu lesen, und nach meiner Meinung wurde ich schon überhaupt nicht gefragt. Ich erntete ein kollektives Lächeln der Umstehenden, wobei ich damals noch nicht wissen konnte, dass dies auch die Reaktion auf meine späteren politischen Aktivitäten sein sollte.

## II.

Die nächsten 14 Jahre brachte ich im Palast meiner Eltern zu. Er befand sich im Hochsicherheitstrakt von Margareten, alle vier Fenster hatten freien Blick auf die Sonderstrafanstalt Mittersteig, in der Österreichs geistig abnorme Rechtsbrecher verwahrt werden. Was für eine Aussicht! Doch es gab ja im eigenen Reich so viel zu entdecken, da kam man gar nicht dazu, aus dem Fenster zu blicken. Gleich an das Vorzimmer schloss sich die Küche, auf der anderen Seite gab es sogar noch ein Zimmer. Gut, dafür musste man natürlich in Kauf nehmen, dass sich die Toilette gleich neben der Bassena am Gang befand. Aber wir brauchten sie nur mit wenigen anderen Parteien zu teilen, die allerdings dummerweise denselben Biorhythmus hatten wie wir, sodass man sich diesbezüglicher Betätigung am frühen Morgen besser gänzlich enthielt.

War also mein Bewegungsumfeld einigermaßen eingeschränkt, so galt es, alternative Beschäftigungsmethoden zu finden. Und so entdeckte ich in unseren vier Wänden – ja, es waren tatsächlich nicht mehr – eine völlig neue Welt. Die der Bücher. Meine Eltern horteten unendliche Schätze, und da ich schon sehr früh zu zählen gelernt hatte, wusste ich, sie besaßen nicht weniger als vier Bücher. Das mag sich nicht nach viel anhören, aber jedes einzelne davon hatte um die 1000 Seiten. Die Titel klangen geheimnisvoll und faszinierend zugleich. Das erste hieß schlicht »A-H«, während die weiteren beiden »I-Q« und »R-Z« hießen, woraus ich schloss, es musste sich um eine Trilogie handeln, während der vierte Band, »Branchenverzeichnis«, wohl ein anderes Thema behandelte. Doch um ganz ehrlich zu sein, damals schaffte ich nicht einmal Teil 1. Der Autor ging, wie ich heute weiß, viel zu stümperhaft an seine Arbeit, denn er beging den nachgerade klassischen Fehler aller Anfänger: er führte gleich zu Beginn des Buches Person um Person ein, die er nicht einmal interessant beschrieb, beschränkte er sich doch darauf, ihnen irgendwelche Adressen und Nummern zuzuordnen. Heute weiß ich natürlich, wie prophetisch das war, da wir heute alle mit dutzenden Nummern konfrontiert sind, die wir auch aufschreiben müssen, da wir sie uns sonst nicht merken würden. So gesehen kam dieses Werk ganz offensichtlich zu früh, weshalb man es auch heute kaum mehr beziehen kann, wie auch der Name des Verfassers weitgehend vergessen scheint.

Bald schon bekam unsere Bibliothek Zuwachs. Mein Großonkel war ehrenamtlich in der Buchbranche tätig und erklärte meinen Eltern, wenn sie ein fünftes Buch erwürben, bekämen sie im Gegenzug dazu eine Gemeindewohnung, in der es dann sogar ein Zimmer für mich gäbe, sodass mir nicht mehr jeder Gaskassier oder Briefträger unter die Bettdecke starren würde, wenn er an der Wohnungstür etwas zu erledigen hatte. Meine Eltern berieten sich kurz und kauften dann das vom Großonkel offerierte Opus. Nun, kaufen ist vielleicht der falsche Ausdruck. Sie leasten es, denn der Kaufpreis, so viel bekam ich mit, wurde monatlich abgestottert. In handlichen Raten zu 50 Schilling. Ehrfurchtsvoll wartete ich also darauf, es auch einmal in die Hand nehmen zu dürfen. Es war unendlich viel kleiner als die Trilogie, ein echtes Taschenbuch eben, das man überall hin mitnehmen konnte. Und der Einband war schlicht, aber in wunderbarem Rot gehalten. Beeindruckend fand ich, dass gleich auf Seite 3 unser Name stand, handschriftlich eingefügt, und darunter, man stelle sich vor, die Unterschrift des Innenministers. Ich wusste gar nicht, dass der meine Eltern kannte, aber das hatte wahrscheinlich mit der Sonderstrafanstalt auf der anderen Straßenseite zu tun, dachte ich mir. Allerdings war der Rest des Buches enttäuschend. Seite um Seite nur graue Felder, in denen man, soweit ich das verstanden hatte, etwas einkleben sollte. Ein bisschen so wie die Panini-Sammelalben, die ich anlässlich der Fußball-WM angelegt hatte. Ich empfand das als unbefriedigend, und so beschloss ich, selbst Bücher zu schreiben, selbst, wenn das bedeutete, sie dann nicht mehr mit Spannung lesen zu können.

## III.

Dieser Entschluss freilich rief mir eine bereits aus der Schule bekannte Erkenntnis wieder in Erinnerung. Schreiben ist anstrengend. Gut, in der Schule weniger, weil es da ja nur darum ging, die Auslassungen des Klassenstrebers schnell in der Pause abzumalen, aber etwas Eigenes zu Papier zu bringen, das war echt mühsam! Zwar sorgte mein erster Beitrag für die Schülerzeitung für erste Anerkennung, doch bemerkte ich bei dieser Gelegenheit, labern war viel einfacher als schreiben. Der Schulsprecher plapperte mir die Hucke voll, ohne in der Folge auch nur ein einziges seiner großherzigen Versprechen zu halten. So fand ich heraus, es war wesentlich einfacher, »Redner« als »Schreiber« zu sein. Und auch einträglicher, wie ich wenig später sah. Politiker taten nichts anderes als reden, und sie verdienten weit mehr als meine Mutter, die es zur Hausmeisterin im Gemeindebau gebracht hatte (für eine normale Wohnung hätten meine Eltern auch für Mutter und mich ein Buch beim Großonkel kaufen müssen), oder mein Vater, der wahlweise als Bürodiener, Tankwart oder Jalousien-Monteur arbeitete. Also ging ich in die Politik.

Na ja, im Nachhinein ist man immer klüger. Aber ich muss sagen, ich will diese Zeit nicht missen. Mehr als es die Schule je vermocht hätte, hat mich meine Zeit in der Politik auf das Leben vorbereitet. Demütigungen, Erniedrigungen, Beleidigungen – wo sonst kann man all das so hautnah miterleben wie in der Politik? Und seien wir uns ehrlich, wenn man nicht beizeiten lernt, mit so etwas umzugehen, wie soll man dann die heutige Arbeitswelt überstehen? Interessanterweise verstanden das gerade die Intelligentesten nicht, denn sie verließen allesamt das Feld der politischen Betätigung, während die notorischen Dumpfbacken an Bord blieben – weshalb die jetzt Minister, Abgeordnete oder Bezirksvorsteher sind und nicht jene, die einst eine »Zukunft« hatten. Aber gut, ich hätte es mir gleich denken können: wer ein theoretisches Monatsmagazin, »Die Zukunft« eben, las, der hatte das Wesen der Politik einfach nicht verstanden.

Allerdings gab mir die Politik doch auch etwas zurück. Die Lust zum Schreiben nämlich. Ich stellte fest, dass es noch lustiger war, sarkastische Tiraden, eilig voller Ironie und beißendem Spott auf einer Konferenz hingeworfen, auch aufzuschreiben, denn dann wirkten sie viel, viel länger. Bis heute, um genau zu sein. Na ja, ich gebe zu, mein »Das war's mir wert« ist über die Jahre ein wenig leiser geworden, aber manchmal erinnere ich mich noch daran, damals viel gelacht zu haben, und da ist es nur fair, dass heute jene lachen dürfen, über die ich damals zotige Couplets verfasste.

## IV.

Wenn ich also schon beim Schreiben war, so konnte ich ja auch gleich dabeibleiben, dachte ich mir, und so wurde ich erst Journalist und später, nachdem ich von der Zeitung, bei der ich gearbeitet hatte, gefeuert worden war, weil eben auch die Dumpfbacken gute Scherze voller Ironie und beißendem Spott auf Lager hatten, Autor von Kriminalromanen. Ich blieb also der Politik treu, nur, dass ich sie nun nicht mehr betrieb, sondern beschrieb. Und zwar ungeschminkt und ganz offen. Ich redete »Tacheles«. Das hatte prompt zur Folge, dass sich die Wiener Kulturpolitik darüber mokierte. Man attestierte mir »Chuzpe« und erklärte mir unumwunden, auf meine »Ezzes« sei man nicht neugierig. Ich sollte das bleiben lassen, sonst bekäme ich »Zores«. Na ja, heute kann ich sagen, dass ich mit meinen Werken tatsächlich nicht einmal einen »Tinnef« gewonnen habe. Aber »Charscho«, noch ist ja nicht aller Tage Abend, und so habe ich der Vorstellung, ich könnte eines Tages doch noch für mein Schreiben honoriert werden, noch nicht vollends »Goodbye« gesagt.

## V.

Aber irgendwie bin ich da jetzt abgeschweift. Eigentlich wollte ich ja von mir reden. Und davon, wie schwierig es ist, mit mir auszukommen. Ich meine, viele Menschen bekommen ja gar nicht alle Facetten meines Seins mit. Manchmal halte ich einfach meinen Mund oder mitunter verstelle ich mich sogar. Aber glauben Sie mir, mir bleibt das nicht verborgen. Vor mir kann ich mich nicht verstellen, so sehr ich es auch versuche. Nicht den allerkleinsten Gedanken kann ich vor mir verheimlichen, ich kann in mir lesen, ja, wie in einem Buch.

Glauben Sie nicht, ich hätte nicht versucht, mir selbst zu entkommen. Einmal hätte ich es fast geschafft. Ich war damals so sauer auf mich, dass ich beschloss, mich an der nächsten Ecke einfach stehenzulassen. Ich ging weiter und beachtete mich nicht mehr. Nach einigen Metern bekam ich freilich ein schlechtes Gewissen. Immerhin hatte ich mit mir mein ganzes bisheriges Leben verbracht, da durfte ich mit mir nicht so kaltherzig umgehen. Doch als ich mich nach mir umdrehte, da war ich nicht mehr da. Die Ecke, an der ich mich stehengelassen hatte, war verwaist, und ich hatte keine Ahnung, wohin ich gegangen war.

Seitdem bin ich, ich gebe es zu, auf der Suche nach mir. Also jetzt nicht in diesem esohysterischen Sinn mit Tibetern und Pendel und so Zeug, sondern buchstäblich. Irgendwo muss ich doch abgeblieben sein, denke ich mir dann immer. Aber bislang war jede Spur eine kalte – fast wie in meinen Krimis.

Zuletzt aber, und das ist auch der Grund, warum ich Ihnen das alles hier erzähle, habe ich einen todsicheren Tipp bekommen. Ich erfuhr, dass ich dieser Tage meinen 50. Geburtstag feiern würde. Eine solche Party, so dachte ich mir, würde ich mir nicht entgehen lassen, und daher würde ich, wenn ich auch hinginge, zwangsläufig auf mich stoßen müssen.

Denn seien wir ehrlich: wenn es auch nie leicht ist, mit mir auszukommen, ohne mich wär's auch ziemlich fad. Also für mich zumindest.

*Aus: Verdel/Klinger: Fifty Fifty. Wien 2014*

# XI
## Am Boden

»Was ist, Oberst, besuchen wir den Podlaha gleich? Dann haben wir es hinter uns!«

Bronstein blickte gelassen auf seine Uhr. Es war kurz vor 11. Für das Mittagessen wohl noch zu früh. Andererseits bestand die Gefahr, durch die Vernehmung des Podlaha so viel Zeit zu verlieren, dass die Mittagszeit dadurch gänzlich versäumt wurde. Zwei Seelen rangen in seiner Brust. Cerny schien seine Gedanken zu erraten.

»An der Ecke zur Margaretenstraße gibt es den Gasthof zur Krone. Hervorragende Küche, gut bürgerlich. Das weiß ich, weil dort eine Freundin meiner Frau kocht, die Tlustova Jana. Eine der besten Köchinnen von ganz Wien, kann ich ihnen sagen. Sie müssen ihre Rindsrouladen kosten. Und nachher erst die Buchteln. Und dazu ein Altbrünner, das ist sicher ein Festmahl.«

Bronstein konnte sich ein Lächeln nicht verkneifen: »Cerny, Cerny, du weißt halt, was ein alter Kiberer braucht!« Bronstein steckte sich eine Donau an: »Na, dann gemma halt.«

Nachdem die beiden mit der Ringlinie zur Oper gefahren waren, stiegen sie dort in die Linie 61 um, welche über den Karlsplatz und an der Bärenmühle vorbei nach Margareten fuhr. Sie ließen sich hart auf eine der Holzpritschen fallen, die als Sitzgelegenheiten dienten. Bronstein rauchte genüsslich und versuchte dabei, sich den Betriebsrat vorzustellen. Handelte es sich um einen hageren, asketischen Revolutionär, oder um einen feisten sozialdemokratischen Gewerkschafter, der zwar in diversen Hinterzimmerversammlungen das Maul ganz weit aufriss, im Zweifelsfall aber kuschte. Dass Podlaha seine Entlassung scheinbar widerstandslos zur Kenntnis genommen hatte, ließ Bronstein vermuten, er werde es mit einem Vertreter der zweiten Kategorie zu tun haben. Und das ließ Podlaha quasi a priori aus dem Kreis der möglichen Täter ausscheiden, denn dass ein Sozialdemokrat sich zu einer Tat aufraffen vermochte, das war ihm in diesem Jahrhundert niemals untergekommen. Die Sozis waren Weltmeister im Reden, aber letztklassig im Handeln. Darauf konnte man sich stets und immer verlassen. Selbst als ihnen das Wasser schon bis zum Hals stand, hatten sie nicht mit dem Reden aufgehört, und die Folge war ihre völlige Ausschaltung aus dem öffentlichen Leben. Und warum sollte ein kleiner Betriebsrat mehr Mumm in den Knochen haben als seine Parteihäuptlinge? Es war aber immerhin möglich, dass Podlaha sie auf eine andere Spur bringen konnte, auf Arbeiter, die ebenfalls entlassen worden, aber nicht gewillt waren, dies so auf sich beruhen zu lassen. Es konnte also nicht schaden, sich den Podlaha einmal anzusehen.

»Da ist die Kettenbrückengasse, da müssen wir 'raus«, hörte Bronstein Cerny sagen, und kaum hatten sie das Gefährt verlassen, deutete Cerny schon in die Richtung, die sie nun einschlagen mussten. Sie gingen die Krongasse hinauf Richtung Mittersteig und hielten vor einem kleinen zweistöckigen Haus, das aus der Mitte des vorigen Jahrhunderts stammen durfte. Im Hausflur stank es penetrant nach Kohlgemüse, im Hof malträtierten ein paar Kleinkinder den einzigen Baum.

»He, ihr da, ja ihr, wo wohnen die Podlahas?«

»Erster Stock, Tür 5«, kam es mit hellen Kinderstimmen zurück.

»Na, jetzt wiss' ma a, wo's heit die Kohlrabi gibt«, meinte Bronstein, sich des wienerischen Idioms bedienend.

»A Köch«, sagte Cerny nur. Bronstein sah ihn fragend an.

»Des is a Köch«, beharrte Cerny, »kane Kohlrabi. Kohlrabi sind Kohlrüben, hier riecht es aber nach Kohlgemüse, und das nennt der Wiener Köch.«

»Na so 'was«, schmunzelte Bronstein, »an Köch woll'n ma oba ned, gell.«

Cerny wusste natürlich, worauf Bronstein nun anspielte. Ein »Köch« war im Wiener Dialekt auch ein Streit, weshalb man gut beraten war, auf das oftmals in Vorstadtcafés unterbreitete Angebot »Willst an Köch« nicht einzugehen, denn das dort offerierte Gericht war fraglos ein schwer verdauliches.

Mittlerweile waren die beiden an der Wohnungstür angekommen. Cerny ballte seine rechte Hand zur Faust und klopfte an. Wenig später öffnete eine verlebte Frau von leidlich 40 Jahren die Tür. Ob der Besucher legte sie die Stirn kraus: »Sie wünschen?«

»Wir wünschen den Herrn Podlaha zu sprechen. Ist er zugegen?«

»Wer fragt?«

»Oberst Bronstein und Major Cerny vom Wiener Polizeipräsidium.«

»Na, ned scho wieder. Er ist doch am Freitag erst auslassen word'n. Sie können eam doch ned scho wieder was anhängen wollen.«

Nun legten Cerny und Bronstein die Stirn kraus.

»San Sie ned von die Politischen?«

»Nein, sind wir nicht.«

»Ach so, na, dann können S' des vielleicht ned wissen, aber mein Mann pendelt seit März regelmäßig zwischen der Elisabethpromenade und da. Dort haben s' nämlich an Pick auf ihn, weil er Vertrauensmann war. Aber i kann Ihnen versichern, seit dem Februar ist mein Mann nirgendwo mehr g'wesen, wo's um Politik gangen wär'. Der hat seine Lektion g'lernt, des müssen S' ma glauben.«

»Tun wir eh«, sagte Cerny schnell, »ist er jetzt da, der Herr Gemahl, oder nicht.«

»Sicher. Sicher. Fritz, für dich. Die Polizei.« Die Frau hatte über ihre Schulter ins Innere der Wohnung gerufen. Kurz darauf hörte man ein Stöhnen. »Ned scho wieder.«

Mühsam schleppte sich Friedrich Podlaha in die Küche, die gleichzeitig den Vorraum der Kleinstwohnung bildete. Der Mann war sichtlich vom Leben gezeichnet. Bronstein ging davon aus, dass Podlaha keine 40 war, doch sah er sehr viel älter aus. Podlaha trat ganz knapp an die beiden Polizisten heran, seufzte resigniert und hielt ihnen dann die ausgestreckten Arme entgegen. »Was soll das?« fragte Bronstein.

»Na, wollt ihr mir nicht die Achter anlegen?«

»Keineswegs, Herr Podlaha. Wir kommen von der Mordkommission und hätten nur ein paar Fragen an sie«, beeilte sich Cerny, dem Mann die Angst zu nehmen. »Vielleicht wissen Sie es schon, Ihr ehemaliger Arbeitgeber wurde in der Nacht auf gestern ermordet.«

»I bin des ned g'wesen«, sagte Podlaha automatisch.

»Wie gesagt«, ging Bronstein auf diesen Einwurf nicht weiter ein, »wir haben nur ein paar Fragen an Sie.«

»Bitte sehr. Wollen Sie sich setzen?« Podlaha wies in die Richtung, aus der er gekommen war. Wortlos folgten ihm Cerny und Bronstein in den hinteren Raum. Bronstein war einiges gewohnt, doch das Elend, das ihm aus diesem Zimmer entgegenschlug, verwunderte selbst ihn. So hatte man in Wien vor 20, 30 Jahren gehaust, kaum vorstellbar, dass es solche Elendsquartiere immer noch gab.

Podlaha schien den Gedanken des Obersts erraten zu haben: »Es tut mir leid, dass ich Sie in diesem Loch empfangen muss, aber seit meine Frau und ich arbeitslos und zudem ausgesteuert sind, können wir uns nichts anderes mehr leisten. Ich muss ja zudem meine Kinder irgendwie durchbringen.«

»Wie viele haben S' denn?« Die Frage war natürlich von Cerny gekommen.

»Fünf«, sagte Podlaha nicht ohne Stolz, »der Ferdl wohnt ja zum Glück nicht mehr da, der ist ja schon fast 20. Na, und die Mitzi hamma im Mai unter die Haube gebracht, die wohnt jetzt in der Luxemburggassen in Ottakring. Damit haben wir jetzt nur die drei Nachzügler noch da, aber füttern s' einmal fünf Mäuler mit ein paar Schilling am Tag.«

»Weil wir g'rad' im Privaten sind«, nahm Bronstein diesen Faden auf, »vielleicht können S' uns ganz kurz sagen, wann Sie selbst geboren sind und seit wann Sie beim Demand g'arbeitet haben.«

»Geboren bin ich passender Weise am 1. Mai, und zwar 1894 in Bernhardsthal an der Grenze zu Mähren. Meine Eltern haben dann bis 1905 in der Eisenwarenfabrik in Irdning gearbeitet, dort bin ich auch aufg'wachsen. 1906 sind wir nach Schlöglmühl übersiedelt, dort hab' ich dann in der Papierfabrik ang'fangen. 1907 war des, weil mein Vater war ganz stolz, dass er wählen gehen darf. Und dann haben sie ihm g'sagt, er darf doch ned, weil er noch kein Jahr am selben Wohnort lebt. Des hot er nie vergessen, mein Vater, und ich auch ned. Na egal. 1912 haben sie mich dann zum Militär eingezogen, und so bin ich nach Wien 'kommen. Meine Dienstzeit ist ja automatisch verlängert worden wegen dem Krieg. Ich war z'erst in Serbien, dann in Rumänien

und zum Schluss in Russland. Dort bin ich in G'fangen-
schaft 'kommen. Ende 1916 war des. Dort hab' ich dann
auch die Revolution miterlebt, aber des wird die Herren
wahrscheinlich ned so interessieren. Na egal, im Mai 1918
bin i z'ruck aus Russland und da wollten s' mi glei noch
Italien schicken. Des hab' i mir aber nimma an'tan. I bin
dann Soldatenrat worden und der Partei bei'treten. Im
19er Jahr hab' i, nachdem sie demobilisiert haben, beim
Demand ang'fangen, wo i zwei Jahr später Betriebsrat worden bin. Na und des war i bis heuer im Februar. Was dann
passiert is', wissen S' eh, und glei Anfang März hat er mi
ausseg'haut, der Demand. Und jetzt steh' i da.«

»Und wie haben die Kollegen reagiert? Immerhin waren
Sie 13 Jahre Betriebsrat?«

»Wie soll'n die schon reagiert haben? Die sind ja selber alle total demoralisiert. Sie dürfen ned vergessen, vor
10 Jahr' hat der Demand fast 6.000 Beschäftigte in Österreich, in Ungarn, in der Tschechei und in Polen g'habt.
3.000 waren wir hier in Österreich, davon 450 in Wien,
2.000 draußen in Wildungsmauer und noch einmal 500
im Werk in Kittsee. Dann hat er von heut' auf morgen
Kittsee zug'sperrt. Im Herbst 1930 war das. Alle entlassen.
Zwei Monate später hat er die Fabrik in Wildungsmauer
auf 900 Leut' 'runterg'fahren, und Anfang 1932 hat er sie
ganz geschlossen. Er hat nur noch die Betriebe in Ungarn
und in der Tschechei, die liefern jetzt in alle Welt, und bei
uns gibt's nur noch die Zentrale, und da war'n wir heuer im
Frühjahr auch keine 300 Leut' mehr. Da hat's natürlich viele gegeben, die mich g'fragt haben, warum ich nichts dagegen tu'? Was, bitte schön, hätt' ich denn tun sollen? Sicher,
wir hätten streiken müssen, das war mir auch klar. Aber seit
der G'schicht' da drüben in Amerika hat sich doch keiner

mehr irgendetwas getraut. Und sicher, jeder wollte, dass man für seinen Arbeitsplatz kämpft, aber niemand hat den Kopf für die anderen riskiert. Die Moral war doch 1930 schon vollkommen am Boden, und Kittsee war noch dazu weit weg. Was schert mi des, haben s' alle g'sagt in Wien, und in Wildungsmauer auch. Da war nichts zum Wollen. Ich hab' ihnen gleich g'sagt, wenn wir uns jetzt nicht wehren, dann fällt uns das auf den Kopf. Und nachher sind's kommen und hab' g'sagt, warum hast uns nicht gewarnt. Und wie dann im Februar endgültig alles den Bach 'runtergegangen ist, da hab' ich g'wusst, jetzt bin ich auch dran. Na, und so war's dann ja auch.«

Bronstein wartete einen Augenblick, denn Podlaha war in brütendes Schweigen versunken. »Wenn Demand«, begann Bronstein schließlich, »so viele Leute entlassen hat, dann gibt es sicher eine Menge Personen, die nicht besonders betrübt über seine Abberufung von dieser Welt sind. Oder sehen Sie das anders, Herr Podlaha?«

»Ganz und gar nicht«, kam Podlahas Antwort ebenso schnell wie offen. »Aber den Demand haben auch in seinen goldenen Zeiten schon viele gehasst. Er war ein ziemlicher Leutschinder, hat mickrig gezahlt und nach Möglichkeit selbst seine Kunden über's Ohr g'haut. Sie hätten einmal sehen müssen, welch' miese Qualität der manchmal geliefert hat. Wenn sie 's fressen, sind s' selber schuld, hat er dann immer nur gemeint. Er war halt ein richtiger Ausbeuter, ein Kapitalist reinsten Wassers.«

»Ein Plutokrat?« fragte Bronstein mit entsprechendem Hintergedanken. Podlaha sah ihn nur mitleidig an. »Ich kenne keinen Unterschied zwischen Kapitalisten. Raffendes und schaffendes Kapital ist eine Erfindung der Bourgeoisie, um den Arbeitern den Kopf zu verdrehen. Und Antisemitismus, mein lieber Herr Oberst Bronstein, ist nur der Sozialismus des dummen Kerls. Wissen S', wer das gesagt hat?« Bronstein zögerte ein Weilchen, dann stotterte er, »ich wüsste jetzt g'rad' nicht, wer …«

»Bebel«, mischte sich Cerny ein, der der Unterhaltung schweigend gefolgt war. Er erntete dafür eine anerkennende Augenbraue von Podlaha. »Das Witzige«, fuhr Podlaha nun fort, »an der Sache war, dass es natürlich, vor allem in den letzten Jahren, sehr viele gab, die in Demand einen richtig schmierigen Itzig sahen, einen jüdischen Blutsauger. Wir hatten ab ca. 1932 auch eine Betriebszellenorganisation der Nazis, mit denen ich nicht nur einmal Scherereien hatte, und die haben den Demand zu einem richtigen Shylock gemacht. Es hat Schmierereien an den Fabrikswänden gegeben, an den Klotüren und so weiter. Das hat Demand sehr getroffen, denn er hat sich immer als Vertreter der deutschen Kultur gefühlt, müssen sie sich vorstellen. Was hab' denn ich gemein mit diesen galizischen Peikelesjuden, hat er dann immer gesagt, ich bin Protestant, immer schon. Der Arme hat bis zuletzt nicht verstanden, dass die Nazis keinen Unterschied machen zwischen einem armen Flickschuster aus dem Schtetl und einem Fabrikanten aus der Cottage. Was haben S' denn, Herr Oberst, ist Ihnen 'was? Sie schau'n so blass aus auf einmal.«

*Aus: Tacheles. Echomedia-Buchverlag, Wien 2008*

# XII

## G'sund

Das Erdgeschoß der zweiten Stiege wies nur eine einzige Wohnung auf, und so klopfte Bronstein ohne zu zögern an die entsprechende Tür. Ein rasselnder Husten war die erste Reaktion, und Bronstein hoffte inständig, die alte Lifschitz wäre nach drei Jahrzehnten in Simmering des deutschen Idioms ausreichend mächtig. Bronstein wartete, doch nichts tat sich. Vielleicht war die Alte schon komplett verblödet, dachte er sich und bereitete sich geistig auf das Schlimmste vor. Dann klopfte er noch einmal.

Eine quietschende Stimme drang durch die Tür: »Is da wer?«

»Ja. Einen guten Tag zu wünschen. Oberstleutnant Bronstein von der Wiener Polizei. Ich bräuchte eine Auskunft«, rief Bronstein durch die Tür.

»A Auskunft«, echote die Alte, während sie ihre Türe öffnete, »i bin aber ka Auskunftei.«

Bronstein ignorierte den vorwurfsvollen Unterton in der Stimme und wollte seine erste Frage stellen, ehe er ob des Anblicks, der sich ihm bot, irritiert wurde. Die Frau mochte an die 100 Jahre alt sein und sah genauso aus, wie die Illustrationen der Hexe in »Hänsel und Gretel«. Ein markanter Rundrücken ließ die Alte kaum größer als einen Meter 40 erscheinen, und als sie ihr vollkommen zerfurchtes Gesicht in Bronsteins Richtung hob, da fiel ihm sofort die riesige Warze auf dem Nasenhöcker auf. Gleich danach sprang ihm das spitze Kinn ins Auge, und der stechende Blick schreckte ihn beinahe mehr als der fast zahnlose Mund, dem die vorwitzige Bemerkung mit der Auskunftei entflohen war. Die Alte war offenbar seit dem Ableben

Kaiser Franz Josefs nicht mehr hygienisch tätig gewesen, und der pestilenzartige Gestank, der sie umgab, wurde nur durch den penetranten Geruch angebrannten Kohlgemüses etwas gemildert. Bronstein kämpfte mit nachhaltigem Ekelgefühl und bemühte sich, Haltung zu bewahren.

»Alsdern, was wollen S' wissen?«

Wenigstens war die Alte noch bei Sinnen, und es würde auch keine Verständigungsprobleme geben.

»Ich bräuchte ein paar Informationen über die Geschichte des Hauses und über die jeweiligen Hausbesitzer.«

»Na«, schnalzte die Alte abschätzig mit der Zunge, »ich siech scho, des dauert länger. Also kummen S' erst einmal eine do. So zwischen Tür und Angel red't es sich ja ned so leicht.«

Bronstein hätte diese Einladung gerne abgelehnt, aber dieses Opfer mußte er wohl bringen, wenn er die Hintergründe dieses Hauses in Erfahrung bringen wollte. Er holte noch einmal tief Luft und folgte dann Frau Lifschitz in ihr Reich.

Dieses bestand, wie er nun erkennen konnte, aus dem Vorraum, der gleichzeitig als Küche fungierte und kaum größer als zehn Quadratmeter war. Daran schloß sich ein Schlafraum, der womöglich noch kleiner war und das einzige Fenster der Wohnung aufwies, welches auf den Hof ging und einen direkten Blick auf das Gestänge zum Ausklopfen der Teppiche bot. Immerhin wies die Bleibe eine penible Ordnung auf, sodaß Bronstein der Einladung, sich zu setzen, ohne größere Hemmungen nachkam. »Sie müssen scho entschuldigen«, erklärte die Alte, »aber mir is heute leider der Kelch anbrennt. Des passiert mir sonst nie, aber z'erst is' mir die Waschschüssel abeg'fall'n, und do hob i aufwischen müssen, und so hab i das Essen ganz vergessen.

Erst bis ich's g'rochen hab. Aber da war's, wie S' ihna denken können, z'spät.«

Bronstein bemühte sich um eine mitfühlende Miene. »Na, und dann is' mir a no des Schmalzglasl am Blutzer g'fallen, und jetzt stink' i wia a Iltis. Des tut mia echt lad, i waß, Sie miassen ihna jetzt denk'n, de hot sie seit dem Kaiser selig nimma bod't, oba des woa echt nua a Verkettung unglücklicher Umstände.«

Bronstein fühlte sich ertappt und deshalb kam er ohne Umschweife wieder auf den Grund seines Hierseins zu sprechen. »Was, Frau Lifschitz, können Sie mir über dieses Haus erzählen?«

»Na weit is' nimma her mit der Höh', wenn s' jetzt scho in Heimatkunde mocht, wos?« Dabei kicherte die Alte genau so, wie es sich Bronstein von der Hexe im Märchen erwartet hätte. »Meine Frage, Frau Lifschitz, hat natürlich einen konkreten Grund. Ich ersuche Sie aber, diesen erst später enthüllen zu dürfen. Ich möchte Sie in Ihrer Erzählung vorerst nicht beeinflußen. Es heißt, Sie wohnen hier, seit das Haus erbaut wurde.«

»Na.«

»Nein?«

»Na.« Die Alte machte eine dramatische Pause, ehe sie fortfuhr: »I wohn erst do, seit des Haus bezugfertig woa. Weu vurher woa's a Baugruabn und dann a Baustö, ned wahr!«

So viel zur semitischen Semantik, dachte sich Bronstein angesichts des Familiennamens der Alten. Wenigstens war sie geistig ganz auf der Höhe.

»Gut, seit wann wohnen Sie also genau hier?«

»Seit dem 1. Oktober 1899. I woa die erste Partei in dem Haus. Und bis 1924 hab' i vorn im Erdgeschoß g'wohnt, in der Hausbesorgerwohnung. Dann bin i mit 69 in Pension g'gangen. Jetzt bin i 72, obwohl i mir manchmal denk', i schau aus wie 100.«

Ob die Alte Gedanken lesen konnte?

»1924, da gäb es ja auch einen neuen Hausherren, oder?«

»Der Guschlbauer, jo. Na des woa a G'schicht'.«

»Aha, und was für eine?«

»Alsdern. Die Witwe, die was des Haus von ihrn Seligen übernommen hat, die woa ja fast so alt wia i, ned. Und auf amoi, im 19er Jahr, zwickt sich di a Gspusi auf. I man, de woa damals 60! Und der Galan, der woa g'rad amoi 40. Also da ist alles klar, oder? Aber der Alten woa des wurscht. Die hat glaubt, sie erlebt an zweiten Frühling oder so. Aber es is' ihr schnell vergangen. Es hat koa Jahr dauert, da hat er ang'fangen, sich als Chef aufzumspielen. Und wieder a Jahr später, da hat er sie des erste Mal verdroschen. Auf jo-na war des dann die tägliche Routine. Und wie sie dann g'merkt hat, was da eigentlich rennt, da hat sie sich dann eh selber wegg'räumt.«

»Weggeräumt?«

»Na ja, mit Schlafpulver halt. Glauben Sie, a solche stirbt mit 65 einfach so? Na, de hot se hamdraht. Und der Hundling erbt dann no alles. So kann's gehen auf der Welt, das sag ich Ihnen.«

»Was haben Sie gemeint, wie Sie gesagt haben, was da eigentlich rennt?«

»Na ganz afoch. Des woa amoi a Haus mit anständige Parteien. Vorne hamma 20 Mieter g'habt, und hinten auch. Keine Aftermieter, keine Bettgeher, ja ned amoi Arbeitslose oder so was. Und dann is er kommen, der Guschlbauer, und hat alle der Reih' nach außebissen, bis nur mehr ich da war. Und in jede freie Wohnung hat er ein halbes Dutzend

161

Polacken oder Ruthener oder sonst irgendwelche Leut' ei-
neg'setzt, die was ka Wort Deutsch versteh'n. Die haben
sich hint' und vorn' ned aus'kennt, und darum nimmt er
von denen natürlich den dreifachen Zins. Der hat sich
g'sundg'stoßen bei der G'schicht', des sag ich Ihnen. Vorn
wohnt jetzt ein ganzer Stamm, hundert Leut und mehr, die
wos alles aus demselben Dorf san oder so, und da herüben
wohnen jede Menge Leut', die was gar ned behördlich ge-
meldet san. Des san seine persönlichen Sklaven, wenn S'
wissen, was ich mein. Die san illegal da, und d'rum müssen
die machen, was immer er will. Da passieren Sachen, das
glaubt man nicht.«

»So? Was denn für Sachen?«

»Oben, im dritten Stock, da wohnen zwei Flitscherl, die
empfangen Herrenbesuche, aber ned zum Tee, wann S' verstehen. Die machen für den Guschlbauer die Hur'n.«

»Und da beschweren Sie sich nicht?«

»Aber woher denn? Glauben Sie, des warat g'sund für
mich? Na, i glaub ned!

*Aus: Ezzes. Echomedia-Buchverlag, Wien 2009*

# XIII
## Kaffeekränzchen

Das »Juhu« hatte tatsächlich ihm gegolten. Schon aus einiger Entfernung sah er Marie Caroline winken. Aber sie war nicht allein, was Bronstein mit einer gewissen Enttäuschung registrierte. Nicht weniger als fünf weitere Personen saßen mit ihr am Tisch. Bronstein gestand sich ein, er hatte mit einem Rendezvous gerechnet, und jetzt war er zu einer Art Picknick geladen. Mit der Schokolade wartete er besser noch zu. So männlich wie möglich trat er an den Tisch, grüßte erst allgemein in die Runde, indem er eine Verbeugung andeutete, dann beugte er sich zu Marie Caroline hinab und küsste ihr die Hand. »Ihr Lieben«, hörte er sie dabei sagen, »das ist mein Retter.« Zustimmendes Gemurmel erhob sich. »Der Herr von Braunstein.« Unwillkürlich zuckte Bronstein bei dieser Vorstellung zusammen. Steif erhob er sich und sah auf die übrigen Personen, die samt und sonders weitaus jünger zu sein schienen als er es war.

Marie Caroline übernahm die Vorstellung: »Meine allerbeste Freundin Sisi.« Dabei zeigte sie auf eine sommersprossige Elfengestalt, die direkt neben ihr saß. Bronstein küsste auch dieser Person die Hand. »Von Clary-Aldringen«, fuhr Marie Caroline fort und genoss dabei den Schauer, den sie bei Bronstein evozierte. Die Clary-Aldringen zählten zu den ältesten und einflussreichsten Adelsgeschlechtern des Landes. Bronstein richtete die Augen auf das Mädchen: »Der Herr Ministerpräsident …« Sie nickte. »Ist mein Opapa.« Der alte Clary-Aldringen war zwar vor rund eineinhalb Jahrzehnten nur wenige Monate Regierungschef gewesen und seitdem Landeshauptmann der Steiermark, doch in Österreich sprach man Persönlichkeiten stets mit der höchsten Funktion an, die sie irgendwann einmal eingenommen hatten. »Minister« blieb man auf ewig, egal, wie lange man der Regierung tatsächlich angehört hatte. Und selbst, wenn man unehrenhaft aus der Armee ausgeschieden war, so trug man dennoch den höchsten Offiziersrang bis ans Ende seiner Tage. »Josef von Rohan«, fuhr Marie Caroline derweilen fort. Auch die Rohans zählten zur Creme de la Creme des Staates, wenn sie auch nicht ganz so einflussreich waren die die Clarys. Beim Namen der nächsten Person merkte Bronstein auf. Anton von Segur-Cabanac. »Verwandt mit August?«, fragte Bronstein, während er dem Jungen die Hand gab. »Mein älterer Bruder«, antwortete dieser, »Sie kennen ihn?« »Ich habe mit ihm Jus studiert. Guter Mann«, sagte Bronstein knapp. »Tussi von Hardegg, sie ist die Enkelin des Grafen von Hardegg«, erklärte nun Marie Caroline, »und schließlich Franziska Josefa von Harrach, die Tochter des Adjutanten unserer kaiserlichen Hoheit des Thronfolgers.«

Bronstein hatte das dringende Bedürfnis, sich zu setzen. So viel geballtes blaues Blut, das war zuviel für diese frühe Stunde. Und mit einem Mal kam ihm seine Garderobe gar nicht mehr geckenhaft vor. Vielmehr dünkte sie ihm schäbig und minderwertig. Endlich erlöste ihn Marie Carolines »Aber setzen Sie sich doch« aus seiner Erstarrung. Er nahm neben ihr Platz und legte den Borsalino, mit dem er bisher verlegen gespielt hatte, ans Ende des Tisches.

»Von Braunstein der Name«, ließ sich der junge Rohan vernehmen. »Da haben Sie ja Glück, dass Sie Braunstein und nicht Bronstein heißen. Da könnte man Sie ja glatt für irgendsoeinen Judenbengel aus dem galizischen Ghetto halten. Dann dürften Sie sich von meinem Vetter, dem Prinzen, aber nicht erwischen lassen. Der würde Sie glatt ohrfeigen und aus dem Lokal jagen«, lachte er. Na, das konnte ja heiter werden! Bronstein riss eine neue Packung »Egyptische Sorte« auf und sich dann zusammen. »Keine Sorge, der Herr. Das Stetl, aus dem ich komme, heißt sich die Wieden.« Dabei bemühte er sich um ein neutrales Lächeln.

»Schöner Hut«, hörte er das Mädchen sagen, das die Tochter des Adjutanten war, »ist der echt?« Es war ihr anzusehen, dass die Spitze ihres Freundes nicht auf ihre Zustimmung gestoßen war.

»Ja«, nickte Bronstein, »den hat mir meine Tante aus Italien mitgebracht, als sie zur Kur in Meran weilte. Ein echter Borsalino.« Angesichts der hier versammelten Eitelkeit, befand er, konnte ein wenig Angabe nicht schaden.

»Na, Sie Glücklicher«, merkte Segur an, »es geht nichts über einen guten Hut. Kannst Dich erinnern, Sepp, an den Panamahut, den ich mir im vorigen Sommer gekauft hab'. Sauteuer, und doch nichts wert.«

»Ja, freilich. Den hast ja auch für einen absoluten Nepp erworben. Da hätt' Dir schon beim Preis klar sein müssen, dass D' mit dem Tinnef über den Tisch gezogen wirst.«

»Ich bitt' Dich, acht Kronen! Darum kriegst den ganzen Meyer. Illustriert und in Leder gebunden!«

»Ein guter Panamahut, das hab' ich Dir damals schon gesagt, den kriegst nicht unter 40 Kronen! Der wird unter Wasser geflochten …«

»Unter Wasser oder ober Wasser, so ein Schmarren. Hauptsache, dass er schön ist.«

»Na ja, lieber Freund, das war er ja auch nicht. Allein schon die Form. Furchtbar grauslich. Ich hoffe, Du hast ihm irgendeinem Ackergaul aufg'setzt, damit ihm die Sonn' ned das letzte Bisserl Hirn 'rausbrennt.«

Das Mädchen, das ihm als »Tussi« vorgestellt worden war, hüstelte dezent. Die beiden Knaben sahen auf und sich dann an. »Es scheint«, statuierte Segur, »wir langweilen die Damen.«

»Und unseren verehrten Ehrengast«, ergänzte Rohan mit unverhohlener Verachtung. »Nette Garderobe, die Sie da anhaben, Herr Braunsteiner. Ein slawischer Schneider, möcht' ich wetten.«

»Äh, wieso?« Bronstein war verwirrt.

»Na ja, dieses Jacket. Das ist doch … Wenden, sage man nur.« Dabei prustete er los, und auch Segur verkniff sich das Lachen nicht.

»Aber ich muss doch sehr bitten«, ergriff Marie Caroline für Bronstein Partei, »ich finde, das ist ein ausgezeichneter Cut. Ich weiß gar nicht, was ihr zwei habt. Euer Gehrock ist ja auch nicht gerade der dernier Cri.«

»Aber meine Liebe. Ein Sankt Andreas Knoten! Wer, bitte schön, verwendet denn so etwas? Das ist doch … zutiefst provinziell. Ein Windsor, bitte, das lasse ich mir gefallen, auch wenn ein Hannover allemal angebrachter ist. Aber ein Sankt Andreas? Das ist …« Rohan sprach nicht weiter und schüttelte nur den Kopf.

»Also mir gefällt er«, entgegnete Bronstein leichthin und blickte dabei Marie Caroline dankbar an.

»Sie sind Oberleutnant, Herr von Braunstein«, fragte nun die Hardegg nach.

Noch ehe er Zeit zu antworten fand, ließ sich erneut Rohan vernehmen. »Da können S' uns sicher Aufklärung geben, wie das jetzt ist am Balkan. Militärisch gesprochen.« Wieder grinste der junge Gimpel schamlos und zwinkerte Segur dabei zu.

»Ich hab' Euch doch g'sagt, er ist …«

»Lassen Sie nur, Verehrteste«, winkte Bronstein ab, der sich diebisch freute, am Abend zuvor die Zeitung so ausgiebig studiert zu haben, »die Herrschaften haben ein Recht auf Antwort.«

Rohan riss den Kopf hoch. Damit hatte er anscheinend nicht gerechnet.

»Also«, begann Bronstein, »ich sehe das so. Der Türke wird sich keinesfalls halten. Der Fall von Ioannina und Adrianopel ist nur eine Frage von wenigen Tagen. Der Serbe wird nachsetzen und bis Shkodra durchmarschieren. Die Türkengefahr ist Geschichte, meine Herren, es würde mich nicht wundern, wenn auch Konstantinopel selbst den Besitzer wechseln würde. Und das ist auch durchaus im Sinne einer neuen europäischen Ordnung. Der Osmane gehört nach Asien, nicht nach Europa. Schon allein aus religiösen und kulturellen Gründen, wenn die Herren verstehen, was ich meine.«

Eigentlich hatte Bronstein gehofft, mit der kühnen Ansage Sympathiepunkte zu sammeln. Doch die beiden Adeligen schienen wild entschlossen, dem Eindringling in ihre Runde eine Lektion erteilen zu wollen.

»Sie sind also der Ansicht, der Slawe sollte das Sagen auf dem Balkan haben?«

»Besser jedenfalls, als regiert dort immer noch der alte Mann vom Bosporus«, gab sich Bronstein überzeigt.

»Keinesfalls, Herr Braunhuber! Der Balkan ist unser historisches Hinterland. Da darf einzig und allein das Wort unseres geliebten Kaisers gelten.«

»Das sagt mein Herr Papa auch immer«, meldete sich die kleine Harrach nun.

»Aber so gesehen ist es doch gut«, lenkte Segur ein, »dass sich diese Wilden gegenseitig an die Gurgel gehen. Dann wird uns die Ernte wie von selbst zufallen.«

»Aber bis es so weit ist, ruinieren die doch alles«, ereiferte sich Rohan. »Diese Serben, die sind doch die reinsten

Barbaren. Die gehen sich sogar gegenseitig an die Gurgel, wenn sie gerade keinen Feind zur Hand haben.«

»Ja, schrecklich, nicht?« Offenbar musste die Hardegg jetzt auch etwas beisteuern. »Wie die ihren eigenen König …«

»Und erst die Königin«, ergänzte die Harrach.

»Schrecklich, schrecklich«, pflichtete Marie Caroline den beiden bei, »in tausend Stücke gehackt! Unglaublich.«

»Genau«, riss Rohan das Gespräch wieder an sich, »und daher muss Österreich da unten endlich für Ordnung sorgen. So, wie unsere deutschen Waffenbrüder dem Hottentot zeigen, wo die Kultur zu Hause ist, so müssen wir dem Balkanneger Mores lehren. Oder sind Sie da anderer Ansicht, Herr Braunmeier?«

In Bronstein stieg allmählich die Wut hoch. Der Kerl war wirklich zu impertinent. »Starke Worte, Herr von Rohan. Haben Sie schon gedient?«

»Frechheit«, belferte der junge Mann und schickte sich an, sich von seinem Stuhl zu erheben. »Das muss ich mir von einem Juden nicht sagen lassen. Sie haben hier gar nichts verloren, Sie Ostler. Weder an diesem Tisch noch in diesem Land.«

»Aber ich muss doch sehr bitten«, bemühte sich die Hardegg um Deeskalation. Doch ihre Worte gingen in Rohans Tirade unter. Bronstein, der eben noch kurz vor der Explosion gestanden war, wurde durch die an den Kopf geworfene Beleidigung plötzlich ganz ruhig. »Die Rohans sind ja auch nicht gerade echte Österreicher, oder täusche ich mich da?« Rohan blieb der Mund offen.

»Na ja«, erklärte Bronstein in Richtung der anderen am Tisch Versammelten, »die haben sich erst vor ein paar Jahrzehnten in Böhmen eingekauft. Die kommen aus der hintersten französischen Provinz, aus der Bretagne. Dort haben sie sich aber von Bauern mit Dreschflegeln und Sensen vertreiben lassen. Aber nicht während einer Revolution, wie man vielleicht glauben möchte. Nein, die waren einfach pleite. Haben alles Vermögen verprasst und mussten sich bei Nacht und Nebel aus Frankreich davonmachen. Und nachdem sie einige Zeit kreuz und quer durch Europa geirrt sind, hat sich unser lieber Kaiser ihrer erbarmt und sie bei uns aufgenommen. Ein Beispiel für österreichische Großzügigkeit Fremden gegenüber.« Bronstein lehnte sich zurück und zeigte ein entwaffnendes Lächeln.

»Du … Du … Judensau!« brüllte Rohan so laut, dass automatisch die anderen Gäste des Cafés in seine Richtung sahen.

»Josef!«, rief Marie Caroline und zog ihn am Ärmel, »was ist denn bloß in Dich gefahren. Dieses Verhalten ist höchst unerfreulich! Jetzt benimm' Dich gefälligst.«

»Ja, mei, eifersüchtig ist er halt«, bemerkte Segur lakonisch.

»So ein Blödsinn«, ereiferte sich Rohan, »ich lass mich doch von einem Itzig ned beleidigen! Das habe ich, ja, das hat meine ganze Familie nicht notwendig!«

»Ach ja«, replizierte Bronstein leise, »ist diese Ausdrucksweise die Kultur, die Sie den Balkannegern, wie Sie sich so formschön auszudrücken beliebten, beibringen wollen? Na dann muss man der Kultur wohl gute Nacht sagen.«

»Wenn Sie satisfaktionsfähig wären, dann würde ich Sie auf der Stelle zum Duell fordern«, erklärte Rohan schneidend.

»Und wann Du eine ganze Person wärst, dann würd' ich Dich ernst nehmen. So aber kann ich Dir nur raten, Dich zu mäßigen. Sonst sag' ich Deinem Papa, er soll Dich über's

Knie legen.« Den letzten Satz hatte Bronstein mit einem belustigenden Schmunzeln von sich gegeben, und selbst Segur konnte sich ein Lächeln nicht verkneifen.

»Jetzt reicht's aber«, sagte Marie Caroline ungewöhnlich schrill, »der Herr von Bronstein hat mir gestern das Leben gerettet, und ich erwarte von meinen Freunden, dass sie ihn respektieren und ihm die Freundlichkeit entgegenbringen, die er verdient, und die sich im Übrigen auch geziemt. Ende der Debatte! Josef, entschuldige Dich gefälligst!«

»Den Teufel werd' ich tun«, schmollte der, setzte sich aber wieder.

»Josef«, Marie Carolines Stimme wurde gebieterisch, »entweder, Du entschuldigst Dich jetzt auf der Stelle, oder Du kannst Deine Spielschulden gefälligst selbst begleichen. Haben wir uns verstanden!?«

Rohan wurde puterrot. Anscheinend der wunde Punkt, dachte Bronstein, der sich ohnehin schon gefragt hatte, weshalb eine simple Edle in einer solchen Runde wohlgelitten war. Mutmaßlich war sie diejenige, welche die Rechnungen beglich. Bei Rohan schien dies definitiv der Fall, denn er maulte etwas Unverständliches, das mit viel gutem Willen als eine Bekundung, er habe es nicht so gemeint, durchgehen mochte. Bronstein deutete ein Nicken an.

*Aus: Tinnef. Echomedia-Buchverlag, Wien 2011*

# XIV

## Hart

Am Platz angekommen, fand er ohne Mühe sofort das richtige Haus. Davor spielten einige Kinder Tempelhüpfen. Sie waren überaus schäbig gekleidet und hatten für die Jahreszeit viel zu dünnes Gewand an. Wenigstens, so dachte Bronstein, wurde ihnen bei dieser Bewegung nicht kalt. Er blieb vor der Gruppe stehen und sah ihr eine Weile zu. Vor allem die drei Knaben interessierten ihn, denn es war gut möglich, dass zwei davon die kleinen Witzmanns waren.

»Servus, junger Mann«, wandte er sich an den Ältesten der dreien, »verrätst du mir, wie du heißt?« Der hob den Kopf, blickte aber haarscharf an Bronstein vorbei. »Hermann«, sagte er mit einem merkwürdig schiefen Grinsen, »und ich gehe schon in die Schule. Aber nur am Vormittag.«

Bronstein bückte sich leicht nach vor, um besser mit dem Jungen sprechen zu können. Die anderen Kinder waren neugierig geworden, ließen ihr Spiel Spiel sein und umrundeten den Oberst. »Servus, Hermann«, fuhr dieser fort, »kannst du mir sagen, wie du noch heißt? Witzmann vielleicht?«

Der Junge schüttelte den Kopf und wies auf eine kleine Rotznase zu seiner Linken. »Der da, der Hans, der heißt Witzmann. Ich heiße Meier«, erklärte er feierlich. Bronstein folgte dem ausgestreckten Zeigefinger und nahm Hans in Augenschein. Der Knirps mochte fünf oder sechs Jahre alt sein. Er war hochgradig unterernährt, ungewaschen und ungepflegt. Unter dem löchrigen Mantel, der ihm um einiges zu groß war, schien er nur ein altes Hemd zu tragen, das mutmaßlich einmal weiß gewesen war. Die grobe

Stoffhose wies mehrere Risse und Löcher auf, und die Sohle seiner Schuhe war sichtlich im Begriff, sich vom Rest des Schuhwerks zu lösen. Der Knabe starrte förmlich vor Dreck und zog demonstrativ Rotz hoch, als er sich der Aufmerksamkeit bewusstwurde, die ihm zuteilgeworden war.

»Du bist also der junge Witzmann«, begann Bronstein vorsichtig, »hast du auch einen Bruder?«

Der Kleine nickte.

»Ist der auch da?«

Der Kleine schüttelte den Kopf.

»Wo ist er denn?«

Der Kleine deutete nach oben.

»Aber sonst ist er bei dir?«

Wiederum ein Nicken.

»Sag, und gehst du mit deinem Bruder manchmal in die Skodagasse? Zum Herrn Suchy?«

Der Knabe wurde rot und begann arhythmisch zu keuchen. Selbst ein Ahnungsloser hätte sofort gemerkt, wie sehr sich das Kind bei der Nennung des Namens zu ängstigen begann.

»Na ja, wurscht«, lenkte Bronstein ein, »sind deine Eltern da?«

Hans hatte sich noch nicht wirklich gefangen, und so brauchte er eine ganze Weile, um ein weiteres Nicken zustande zu bringen. Bronstein bemühte sich um eine gütige Miene. Er kramte ein Zehngroschenstück aus seiner Tasche und hielt es Hans hin. »Das ist, weil du so brav warst«, sagte er und drückte es Hans in die Hand. Dann deutete er auf das Haustor? »Welcher Stock?«

»Hear'n S', wos mochen Sie mit meine Gschrazen?« Eine furienhaft schrille Stimme drang von hinten an sein Ohr. Er drehte sich um. Die alte Jedlicka hatte keinesfalls übertrieben. Die Witzmann sah wirklich zum Fürchten aus.

Trotz der Länge des Rocks war deutlich zu erkennen, was für elefantenartigen Stampfer die Frau hatte. Deren Stämmigkeit wurde nur noch von dem ausladenden Hinterteil übertroffen, dass links und rechts weit über den Oberkörper hinausragte. Die Frau trug eine reichlich abgetragene Bluse, deren oberste Knöpfe offen waren. Ihr Dekolletee und ihr Hals waren von entstellenden Leberflecken übersät, während ihr nahezu kreisrundes und knallrotes Mondgesicht an einen überreifen Paradeiser erinnerte. Ihre Hände, die sie in die Hüften gestemmt hatte, wiesen etliche Narben und Krusten auf, und Bronstein verspürte ob dieses Anblicks unwillkürlich aufsteigenden Ekel. Er fingerte seine Kokarde aus der Hosentasche und hielt sie in die Höhe. »Frau Witzmann, wie ich vermute?«

Die Frau war erstaunt. »Woher wissen S' des?«, fragte sie in einem bereits merklich konzlianteren Ton.

»Sie sind mir beschrieben worden«, entgegnete Bronstein lapidar. »Ich hätte ein paar Fragen an Sie.«

»Alles nur bösartige Verleumdungen«, antwortete sie blitzartig.

»Wie bitte?«

»Unterstellungen! Alles nur üble Nachrede! Ich bin eine ehrbare deutsche Frau.«

Endlich fiel der Groschen bei Bronstein. Die Witzmann dachte offenbar, er kam von der Sitte. »Nein, nein«, beeilte er sich daher um eine Klarstellung, »ich habe nur ein paar Fragen an Sie bezüglich eines Herrn Suchy …«

»A feiner Mensch, der Parteige… der Herr Suchy. Was is' mit ihm?«

»Tot ist er. Ermordet. Und ich …«

Die Witzmann schlug die Hände zusammen. »Jessasmarandanna! Wer mocht denn nochher so was?« Noch ehe

Bronstein etwas erwidern konnte, hatte die Witzmann die linke Hand bereits wieder auf ihrer Hüfte, während sie mit dem Zeigefinger der rechten durch die Luft wedelte. »Des war'n sicher die Juden, diese Blutsauger! Die haben den armen Partei…, den armen Herrn Suchy am G'wissen!«

»Wie kommen Sie denn auf die Idee?«

»Na sicher! Wer sonst? Die sind doch nix als Parasiten am Volkskörper. Die san doch für alles verantwortlich, was schlecht is in dera Wöd.«

Bronstein rang um Beherrschung. Leicht gepresst fragte er: »Haben Sie Ihre Kinder zum Herrn Suchy geschickt? Zu Zwecken der … nun … politischen Erziehung?«

»Jo sicha! In da Schul lernen die ja nix. Nur an Bledsinn. Ka Wunder. San jo ollas Judn, die Lehrer. Und die Pforra a!«

»Die sind ja wohl eher Katholiken, oder?«

»Ah wos! Pfaff und Jud, eine Brut! Schau'n S' ihna die Bibel nur amoi an. Lauter Sarahs und Noahs, da Moses und da Abraham. Hör'n S' ma doch auf mit dem jüdischen Schas! Mit dem Christentum hat doch unser ganzes Elend erst ang'fangt. Die Kuttenbrunzer san doch a auf der Lohnlisten von die Gödjud'n. Die zahn uns den letzten Groschen aus der Taschn, und da Pforra sogt jo und amen dazu! Na, unsa Ölend hot erst a End, wann do wieda a deitscher Wind waht.«

Loss an Schas, du oide Schlampen, daun waht a deitscher Wind, dachte sich Bronstein, bemühte sich nach außen hin jedoch weiter um Sachlichkeit. »Sie können also über den Unterricht des Herrn Suchy nur das Beste sagen?«

»Eh kloa! Wieso? Sogt wer was anderes?«

»Es heißt, er soll die ihm anvertrauten Kinder geschlagen haben«, meinte Bronstein geradeheraus.

»A so! Jo. Sicha!«

Die Reaktion der Witzmann überraschte Bronstein. »Sie wussten davon?«

»Eh kloa! Waun ma die Bankerten ned urdntlich trickat, daun wer'n s' verweichlichte Siemandl. Und des kaun der Füh…, des kaun kana brauchen.«

»Und wenn der Herr Suchy bei den Züchtigungen zu weit gegangen wäre?«

»A wos! Wos an ned umbringt, des mocht an hart! So schaut's aus! Nehmen S' mein Buam. Glauben S', des hot eam g'schodt, waun eam da … Suchy amoi birnt hot?«

Bronstein ließ ein gedehntes »Ja« vernehmen.

»Bledsinn!« Ansatzlos knallte sie dem Kind eine über den Hinterkopf, sodass Hans nach vor geschleudert wurde und Mühe hatte, nicht zu Fall zu kommen. Die Tränen schossen ihm in die Augen, und unweigerlich begann sein kleiner Körper zu zittern. »Wannst rerst, kriagst no ane, verstanden«, herrschte die Mutter ihn an. Dann wandte sie sich wieder Bronstein zu: »Woll'n S' mir jetzt sogn, des schodt eam?«

»Frau Witzmann, ich muss doch sehr bitten. Das ist doch keine …«

Die Witzmann nahm eine Drohhaltung ein. »Wos is des ned, ha? Wos? Waun dir wos ned passt, Kieberer, daun schleich' di zu de Itzig. Oba pass auf! De tögeln ihre Gschrapp'n vielleicht ned, dafia schlachten s' de unseren.«

Bronstein überkam die Wut. Er vergaß seine Rücksichtnahme und ging gleichfalls in Kampfposition. »Jetzt pass DU amoi auf, du oide Bodhur! I schick dir die Fürsorg' an den Hals. Es is allaweil besser, der Hans wachst in an Kinderheim auf ois bei so ana Schlampen wie dir. Und wennst jetzt ned stantepede stad bist, daun nimm' i di mit auf's Revier, host mi? Für illegale Prostitution gengan si locker zwa Joa aus! Zeugen hamma gnua, oiso überleg' dir guat, obst no amoi so an Schas daherredst! Alsdern, habe d'Ehre!«

Bronstein nutzte die Verblüffung der Witzmann, um sich aus dem Staub zu machen. Denn er traute ihr zu, dass sie, sobald sie das von ihm Gesagte in vollem Umfang begriffen haben würde, handgreiflich wurde. Und nach dem Zwischenspiel mit den Nazis wollte er nicht schon wieder in eine brenzlige Situation geraten. Besser, er begab sich zu den Kranewetters. Dort war vielleicht eher etwas zu holen. Vom Bennoplatz waren es keine fünf Minuten in die Kochgasse. Bronstein wunderte sich. Dieses Grätzl zählte ohne Frage zu den besseren Wohngegenden Wiens. Wie kam es, dass dort auch arme Schlucker wohnten?

Die Antwort gab ihm die Adresse, die ihm die Jedlicka genannt hatte. In dem vornehmen Wohnhaus aus der Jahrhundertwende gab es einen Innenhof, wo sich eine heruntergekommene Werkstatt befand. Vermutlich waren hier einmal Kutschen und später Automobile repariert worden, nun freilich zeugte nichts mehr von der einstigen Geschäftigkeit. Ein unrasierter, müde und ungepflegt wirkender Mann in Flanellhose und weißem Unterhemd saß auf einer leeren Kiste und rauchte eine Zigarette.

»Guten Tag, sind Sie der Herr Kranewetter?«

Der Mann blies den Rauch aus und sah auf: »Wer lasst fragen?«

Bronstein hob nur seine Kokarde.

»Ja, aber i war's ned?«

Bronstein war verwirrt: »Was?«

»Wurscht. Egal was. I war's ned.«

Bronstein realisierte, dass der Mann sich bloß abzusichern versucht hatte. »Ach so. Nein. Ich komm' wegen einer Auskunft.«

»Ana Auskunft?«

»Ja. Ihre Kinder. Die sind öfter beim Herrn Suchy, hab' ich g'hört?«

»Naa.«

»Ah nicht?«

Der Mann schüttelte den Kopf. »War'n. Die war'n öfter beim Suchy. Jetzt nimmer.«

»Aha. Und wieso?«

»Weil er tot ist«, schnarrte der Mann, »kommen S' mir ned blöd, Herr Inspektor. Das ganze Grätzl weiß das schon, Sie logischerweis' aa. Also tama do ned Versteck spü'ln, gell.« Bronstein spürte einen latent aggressiven Unterton in der Stimme des Mannes, vermochte aber nicht zu sagen, ob dieser brodelte Zorn ihm persönlich galt oder ganz allgemein an die Welt gerichtet war.

»Könnt' ich mit Ihren Kindern sprechen? Die haben vielleicht etwas bemerkt, was uns bei der Aufklärung des Falles weiterbringen könnte.«

Der Mann erhob sich von seiner Kiste. »Na, dann kommen S', Herr Inspektor.« Bronstein folgte dem Kranewetter ins Innere der Werkstatt, die, wie sich nun herausstellte, der Familie als Wohnung diente. Wo einst wohl eine Hebebühne untergebracht gewesen war, stand nun ein gußeiserner Herd, an dem sich eine verhärmte Mitvierzigerin, in welcher Bronstein die Frau Kranewetter vermutete, zu schaffen machte. Kranewetter kümmerte sich weiter nicht um sie, sondern ging in den Nebenraum, der wohl einst als Büro gedient hatte. Nun befand sich hier das Schlafzimmer der vier Kranewetters. Tatsächlich saßen die beiden Knaben auf ihrem Bett und schienen in ein Murmelspiel vertieft zu sein. »Richard! Schurli!«, belferte der Vater, »her da.«

Die Kinder ließen sofort alles fallen und nahmen vor dem Vater Aufstellung. Dieser sah sie einige Sekunden streng an und erklärte ihnen dann, sie müssten dem Herrn Inspektor alles sagen, was sie wüssten. Die beiden nickten zaghaft und stumm. Doch eine halbe Stunde später war er auch nicht klüger. Beide Kinder erwiesen sich als überaus maulfaul, und es war deutlich zu sehen, dass sie das Thema beunruhigte. Aber Bronstein hatte auch nicht damit gerechnet, dass ihm die Kinder weiterhelfen könnten. Stattdessen wandte er sich wieder Kranewetter zu. Der saß mittlerweile wieder auf seiner Kiste und rauchte eine weitere Zigarette. Bronstein tat es ihm nach und lehnte sich an den Türstock. Dabei ließ er seinen Blick auf Kranewetter ruhen. »Schlechte Zeiten, was?«

»Sie g'fall'n mir«, Kranewetter zupfte sich ein Tabakkrümel von der Lippe und spuckte dann demonstrativ aus. »I kunnt ned sog'n, dass die Zeiten je guat war'n. Aber so finster wia jetzt war's überhaupt no nie. Wenn uns der Führer …, 'tschuldigen schon, aber was wahr is, is wahr, wenn uns der ned rettet, dann san wir alle verloren.«

Bronstein warf ärgerlich die Zigarette zu Boden. Er konnte es nicht mehr hören. Was sollte anders werden, wenn der Widerling erst einmal am Ruder war?

»Und wie soll der uns retten?«

»Na, wenn der kommt, dann hab' ich wieder eine Arbeit. Und dann bin ich wieder wer. Und meine Kinder müssen ned in einem Hinterhofloch aufwachsen«, sprudelte es aus Kranewetter heraus.

»Was arbeiten Sie überhaupt, wenn ich fragen darf?«

»Schuster bin i …, war i.«

»Aha, und wenn der Hitler kommt, dann braucht ma in Wien auf einmal vielmehr Schuh'- oder wie?«

»Na, des ned. Aber die jüdische Konkurrenz tät's dann nimmer geben. Und so müssten die Leut' wieder bei mir arbeiten lassen und ned bei dem windigen Flickschuster in der Feldgasse. ... Und den seine Wohnung kriegert ich wahrscheinlich auch. Also wär' alles wieder gut.«

»Für Sie«, sagte Bronstein mit Betonung auf dem zweiten Wort. Kranewetter sah ihn mit einer Mischung aus Scham und Wut an: »Ja eh«, meinte er dann, »wenn sich niemand um einen kümmert, dann muss man eben selber schauen, wo man bleibt. Des is ka Zeit für Sentimentalitäten ...«

*Aus: Zores. Echomedia-Buchverlag, Wien 2012*

# XV
## Glück gehabt

»Hören S', was machen Sie da«, drang eine schrille Stimme von außen an sein Ohr. Er sah sich um und kam dann zu dem Schluss, dass die Laute aus der Mitte der Ruine zu ihm heraufgedrungen waren. Er ging also zurück in sein Vorzimmer und spähte durch die offene Tür.

»Ich hab Ihnen von der Gassen aus g'sehn. Woll'n S' da was fladern oder was?«

Der Ton war unzweifelhaft inquisitorisch, und Bronstein schickte sich an, sich zu rechtfertigen, als die Frau plötzlich die Hände vor dem Gesicht zusammenschlag. »Jössas! Der Herr Bronstein. Na, des gibt's ja ned.«

»Doch, das gibt's, Frau Vybiral.«

»Und meinen Namen haben S' auch nicht vergessen. Na sowas. Das freut mich aber. Sind S' wieder z'ruck?«

»Wie Sie sehen, Frau Vybiral.«

»Na, kommen S' doch erst einmal da runter. Das is ja mordsg'fährlich, was Sie da machen. Ich wohn' da hinten in der alten Garage. Da kann ich uns einen Tee machen.« Die Vybiral unterstrich ihre Worte mit einer entsprechenden Geste ihrer rechten Hand.

Obwohl er wusste, dass es wenig Sinn machte, schloss Bronstein sachte die Wohnungstür, ehe er zurück auf den Schuttberg sprang, um von dort vorsichtig zu seiner ehemaligen Hausmeisterin hinunterzuklettern. Während er ihr in ihr Notquartier folgte, fragte sie über die Schulter. »Na, wie war's denn im Ausland?« Um sich gleich selbst die Antwort zu geben. »Sicher schön, gell! Es is schon leiwand, wenn man herumreisen kann. Man sieht so viel Neues, Interessantes. Ich wollt ja auch immer reisen, gell, aber meinereins kann sich das ja ned leisten, ned wahr.«

»Ich wäre auch lieber zu Hause geblieben«, sagte Bronstein mit galligem Unterton.

»Aber gehen S', da haben s' nix versäumt. Nur Bomben und Todesangst. Das wär nix g'wesen für Sie, sie war'n ja immer so schreckhaft, gell, Herr Bronstein.«

Bronstein blieb der Mund offen. Er war im wahrsten Sinn des Wortes sprachlos.

»Na, und wo waren S' so überall«, fragte die Vybiral leichthin.

Zu seiner eigenen Überraschung hörte er sich »Erst in der Tschechoslowakei und dann in Frankreich« sagen. Die Vybiral klatschte in die Hände. »Mei, so schön haben S' g'habt! Ein Wahnsinn. Z'erst die guate böhmische Kuchl und daun a no Urlaub am Meer. Sie sand mir vielleicht ein Glückskind, Herr Bronstein.«

Der fühlte Beklemmungen in der Brust, doch die Hausmeisterin schnatterte vergnügt weiter. »So ein böhmischer Rindsbraten, ma, wie lang' hab' ich den nicht mehr g'habt. Dabei bin ich ja selbst aus der Böhmei. Also so um die Ecke rum, wissen s' eh. Wir sind schon Deutsche, gell. Aber halt aus den Sudeten, ned wahr. Daher a der etwas verwordagelte Namen. Den hab' i von mein Seligen her. Geboren war i ja eine Nemetschek. Da sieht man schon im Namen, streng deutsch, gell. Aber da red i und red i, und Sie wollen ihren Tee, gell. Also kommen s' rein, ich stell schnell ein Wasser auf.«

Bronstein machte eine abwehrende Geste. »Tun s' Ihnen nix an, Frau Vybiral, ich müsste eh weiter …«

»Aber nix da, Sie bleiben schön da«, beschied die Concierge. »Ich weiß schließlich, was sich g'hört. Bitte, Butter und Kipferl, so wie Sie's da drüben beim Franzmann g'habt haben, kann i ihnen natürlich ned aufwarten, aber dafür kommt's von Herzen, ned wahr. Wir Deutschen sind ja von Natur aus gutmütig und hilfsbereit. Nicht so verlogen wie die Franzosen, die einem schön ins G'sicht tun und einem dann hinterrücks eine Gosch'n anhängen. Na ja, drum kommen wir Deutschen auch nie zu etwas. Wir sind einfach zu gut für diese Welt.«

Bronstein kam aus dem Staunen nicht mehr heraus. Doch die Vybiral, die endlich »eine Ansprache« gefunden hatte, ließ sich nicht bremsen. »Sie waren ja immer so eine feine Partei. Ich hab das echt schad g'funden, dass auf einmal weggangen sind. Aber Recht haben s' g'habt. Direkt den richtigen Riecher, könnt man sagen. Sie glauben ja gar nicht, wie's da zugegangen ist. Ein Martyrium, sag ich Ihnen.«

»38?«

»A wos 38! Da war's eh no leiwand. Na, in die letzten zwa Jahr. Jede Nacht die Bomben. Sie können Ihnen gar ned vorstellen, was wir g'litten haben, die ganze Zeit. Zum Glück hat mein Karli des nimma erleben müssen. Jede Nacht in Keller hatschen und dabei zittern müssen, ob man wieder raufkommt. Na, na, da war's an der Cote d'Azur schon was anderes, gell.«

Bronstein atmete tief durch. »Was ist eigentlich aus dem Herrn Duft geworden?«, fragte er schließlich.

»Der Itz…, der Hemdentandler? Jo mei, der hat Konkurs g'macht. Glei, nachdem Sie weg waren. Kein Wunder, Sie waren ja dem seine einzige Kundschaft. Den seine fadenscheinigen Fetzen, die hätt' ja mein Karli ned amoi mit der Kneifzangen … Sagen S', warum haben S' eigentlich bei dem einkauft? Sie hätten sich doch was Besseres leisten können.«

»Ich fand seine Ware exzellent«, replizierte Bronstein unter Aufbietung der gesamten Beherrschung, zu der er noch fähig war.

»Na, wenn'S meinen. Ich hab' den nie mögen, den Peikeles-Juden. Der hat einfach da ned herpasst, wissen S'! Dabei hat er ja noch ein Glück g'habt, der Duft.«

In Bronstein glomm Hoffnung auf, der alte Herr mochte es gleich ihm doch noch geschafft haben.

»Ja, die Partei hat eam des bankrotte G'schäft abg'nommen. Und offenbar haben s' ihm so einen guten Preis g'macht, dass er bald darauf aus Wien wegziehen hat können.«

»Echt?«

»Ja, auch in die Tschechoslowakei, was ich g'hört hab'. Theresienstadt hat das g'heißen, glaub ich. Ja, da war er mit seine anderen Betbrüder unter sich und ist unscreins nimma auf die Nerven gangen. Das war sicher des Beste für alle.«

Bronstein stürzte das dünne Gebräu, das sie mittlerweile kredenzt hatte, eilig hinunter, hoffend, es würde keine allzu großen Verbrennungen an seinem Gaumen evozieren. »Das Beste für mich ist, dass ich mich jetzt wieder auf den Weg mache, Frau Vybiral. Sie haben ja selbst gesehen, dass ich hier derzeit nicht wohnen kann. Also muss ich mich eilig nach einer anderen Bleibe umsehen. Ich darf mich also empfehlen.«

»Na schad, wo ma grad so nett plaudern. Aber ich versteh schon. Ein feiner Herr hat halt immer was zu tun, gell.«

»Genau«, antwortete Bronstein kurz angebunden und erhob sich.

»Aber wenn wir die Schäden da repariert haben, dann ziehen S' schon wieder da ein, gell?!«

Bronstein blieb eine Antwort schuldig. Die Vybiral überbrückte das Schweigen: »Ich hab' immer g'sagt, über den Herrn Bronstein lass ich nix kommen. Der ist ein echter Herr. Es wär echt eine Freud', wenn Sie wieder da wären. Vor allem, weil so viele von die anderen Parteien das Gemetzel da nicht überlebt haben.«

Eigentlich wollte er nur noch weg, doch dann obsiegte doch die Neugier. Er erinnerte sich, dass es 10 Wohnungen im Haus gegeben hatte, zwei in jedem Stockwerk, dazu noch die Hausbesorgerwohnung und die Dachkammer. Mit den meisten Mietern hatte er nur wenig zu tun gehabt, aber einige Namen von früher fielen ihm dennoch ein.

»Der Student, der unter dem Dach gewohnt hat, der Frühwi …«

»Hat sich aufg'hängt. Im 39er Jahr noch. Wollt ned an die Front. Na ja, dort wär er eh keine Hilfe g'wesen, nehm ich einmal an.«

»Und der Buchhalter aus dem 4. Stock, der We …«

»Von ein paar Dachziegel erschlagen, die nach einem Bombenangriff verspätet runterg'fallen sind. Kurz, nachdem seine Frau g'storben ist. Wissen S' eh, die hat's an der Lunge g'habt, die Ärmste.«

»Und gegenüber, die Hu …«

»Auch beide tot. Bei ihm hat das Herz nimmer mitg'macht, und sie hat's ned übertaucht, dass der Sohn an der Ostfront blieben ist.«

»Die Obermei …«

»Die san zu ihre Verwandten ins Bayrische palessiert. Hab' nie wieder was g'hört von ihnen. Und dem Rest hat der Beschuss im April das Licht ausgeknipst.«

»Meinem Nachbarn auch? Den Fel …«

»Den ganz besonders. Auf den sind ja alle anderen Wohnungen d'raufg'fallen. Den haben s' erst nach drei Wochen da rauszaht. Grausliche G'schicht! Ich sag Ihnen ja, wenn ich damals ned zufällig bei meinem Neffen auf B'such g'wesen wär', warat i jetzt aa hin. Sie haben echt ein Glück g'habt, dass S' ned da waren.«

*Aus: Charascho. Echomedia-Buchverlag, Wien 2014*

# XVI
## Der Mann in Astragan

Der Wagen brachte Drake in eine recht vornehme Villengegend. Das Haus, in dem Dragan Groß wohnte, erinnerte an ein Jagdschlößchen, schönbrunnergelb angemalt, mit kitschigem Hornvieh über der Eingangstür. Dunkel erinnerte sich Drake an ein Foto einer der zahlreichen Tito-Herbergen irgendwo bei Bled, die ähnlich ausgesehen hatte.

Echter Realsoz, dachte Drake, als er auf die Auffahrt zuging, um am Zaun die Klingel zu betätigen. Das Läuten war kaum verhallt, als Drake auch schon aufgetan wurde. Verdammt, was soll ich jetzt sagen, schoß es ihm durch den Kopf. Der ältere Mann, der da in der Tür stand, hatte kurzes graues Haar und ein reichlich faltiges Gesicht, und dennoch wirkte er durchaus attraktiv, Drake erinnerte sein Gegenüber an eine Mischung zwischen Willy Brandt und Samuel Beckett. Der Blick des Mannes ruhte gelassen auf Drake, und dieser wußte, er mußte sich nun irgendwie erklären. Er räusperte sich umständlich und wartete einen Augenblick. Doch der Grauhaarige schwieg weiter, seinen Blick unverwandt auf Drake richtend.

»Ähm, Herr Groß wie ich vermute?« Drake war zugegebenermaßen nicht sehr originell. Immerhin aber reagierte der Alte:

»So steht es hier geschrieben, nicht wahr?« Dabei deutete er auf das Messingschild an der Eingangstür.

»Ja, aber was irgendwo geschrieben steht, muß nicht unbedingt die Wahrheit sein«, setzte Drake nach. Der Alte verzog keine Miene.

»Ich meine«, fuhr Drake fort, »könnte es nicht auch sein, daß Sie eigentlich jemand anderes sind?«

»Und wer, wenn ich bitten darf?«

»Nun, Herr Stanimir Delic vielleicht?«

»Daher weht der Wind«, sagte der Mann ungerührt.

»Ja, daher tut er wehen, der Wind«, unterstrich Drake.

»Nun, einmal angenommen, ich wäre Delic, was führte Sie dann zu mir, Mr. Drake?«

»Ich … ich habe Ihnen ja noch gar nicht meinen Namen genannt!«

»Tja, wie Sie sich vorstellen können, zählt derlei Wissen zu meinem Beruf, womit ich Ihnen elegant bestätigt hätte, was Sie so dringend zu wissen wünschten.«

»Tja, gut, Herr Delic, um es kurz zu machen, ich bin gekommen, weil ich Ihr Wissen in Anspruch nehmen wollte.«

»Die Slovac-Sache.«

»Äh, ja! Woher wissen …« Delics Miene ließ Drake mitten im Satz absterben, seine Frage wäre töricht gewesen.

»Nun ja, vielleicht wollen Sie ja erst einmal hereinkommen?« Delic trat einen Schritt zurück und ließ Drake ein. Der große Korridor war vollgehängt mit diversen Jagdtrophäen und ähnlich waidmännischem Zierrat. Dem Eingang gegenüber befand sich eine große Glastüre, durch die man wohl in das Stiegenhaus gelangte. Links und rechts führten Türen in weitere Zimmer, wobei Drake erkennen konnte, daß es links in eine Bibliothek ging, die prachtvoll bestückt zu sein schien, während die rechte Tür in die Küche führte. Dorthin lenkte Delic nun auch seine Schritte. Drake nahm an einem rustikalen Eßtisch Platz, während Delic begann, an einer Espressomaschine herumzuhantieren: »Mögen Sie Kaffee? Oder bevorzugen Sie als Engländer Tee?«

»Ich nehme, was Ihnen die geringsten Umstände bereitet. Danke.«

»In diesem Fall werde ich Kaffee zustellen, ich kann gerade selbst einen vertragen.«

Drake nutzte Delics Verrichtungen, um sich in der Küche ein wenig umzusehen. Sofort sprang ihm die gerahmte Fotographie ins Auge, die Delic mit Staatschef Tito in Galauniform zeigte. »Wer sind die anderen beiden Herren auf diesem Foto«, fragte er laut.

»Außenminister Kardelj und der damalige Jugendchef Vlasi, der später von den Serben vor Gericht gezerrt wurde, damals aber als Liebling Titos galt«, sagte Delic, ohne sich umzudrehen, »das Bild ist auch schon über 20 Jahre alt«, fügte er unmotiviert hinzu.

»Wie schätzen Sie die Sache mit Slovac ein«, brachte Drake das Gespräch wieder in Gang, nachdem Delic den Kaffee auf dem Tisch gestellt hatte.

»Hat Milus Sie geschickt, oder kommen Sie aus eigenem Antrieb?«

»Präsident Milus hat mich mit den Nachforschungen beauftragt, ja. Aber er weiß nicht, wo ich überall herumschnüffele. Zumindest nicht im Detail.«

»Was vermuten Sie, Mr. Drake?«

»Ich vermute zur Zeit gar nichts. Wir gingen davon aus, daß die ganze Sache eine innerjugoslawische Angelegenheit ist. Ob aber nun Moslems, Kroaten, Serben oder sonst jemand hinter der Aktion steckt, können wir nach wie vor nicht sagen.«

»Kommen Sie, Mr. Drake, machen Sie mir nichts vor. Auf wen tippen Sie?«

»Ehrlich, ich habe nicht den blassesten Schimmer. Und genau deshalb bin ich ja zu Ihnen gekommen.«

»Und wer sagt Ihnen, daß nicht ich den alten Slovac entführt habe?«

»Dazu hatten Sie jahrelang Zeit. Es wäre unlogisch, wenn Sie gerade jetzt einen solchen Schritt setzen würden.«

»Ja, das wäre es wohl. Aber meine Welt hatte nie sehr viel mit Logik zu tun, müssen Sie wissen. Dennoch kann ich Ihnen versichern, daß ich mit der ganzen Sache nichts zu tun habe.«

»Gut. Aber wer dann?«

»Diese Frage beschäftigt mich auch schon die längste Zeit. Und ob Sie es nun glauben oder nicht, bis jetzt habe ich keine wie auch immer geartete Information zu diesem Thema erhalten können. Und das wiederum veranlaßt mich zu der Annahme, daß keine der relevanten politischen Gruppen für die Sache verantwortlich ist.«

»Was heißt?«

»Daß es eine Gruppierung geben muß, von der wir bisher noch nichts wußten, daß sich irgendwo ein neues Zentrum gebildet hat. Und genau das müssen Sie ausfindig machen.«

»Na fein, und wo sollte ich da Ihrer Meinung nach ansetzen?«

»Nun, Heißsporne gibt es genug in allen Lagern. Aber ich glaube nicht, daß irgendjemand hier von alleine aus losschlagen würde. Finden Sie heraus, wer in letzter Zeit aus Zagreb, Belgrad oder Sarajewo eingereist ist.«

»Machen Sie Witze? Das sind sicher tausende!«

»Ja, aber Sie können alle Gastarbeiter und ihre Angehörigen ausscheiden. Konzentrieren Sie sich auf Geschäftsreisende, auf Diplomaten, Journalisten oder ähnlich privilegierte Gruppen. Glauben Sie mir, jeder anständige Attentäter reist so.«

»Was halten Sie von Popovic?«

»Ganz sicher ein Fanatiker. Aber keiner, der eine solche Aktion starten würde. Der braucht keine Schlagzeilen, der will auf andere Weise seinen Einfluß vermehren.«

»Und Pantelic, dieser kroatische Zahnarzt?«

»Ein hirnloser Schwätzer. Macht sich immer und überall wichtig. Aber ernstgenommen wird er nicht einmal von seinen eigenen Leuten. Da gibt's bei den Kroaten schon ganz andere Kaliber. Sie dürfen nicht vergessen, daß viele junge Gastarbeiter 1991 und 1992 nach Jugoslawien gefahren sind, um dort im Krieg mitzukämpfen. Ich kenne dutzende Fälle von Urlaubskriegern. Die arbeiten hier ganz normal in irgendeiner Fabrik, treten dann einen mehrwöchigen Urlaub an, fahren 'runter in die Krajina oder nach Slawonien, schnappen sich bei Freunden eine Kalaschnikow, metzeln schnell ein paar Zivilisten nieder, und fahren am Ende der Ferien wieder hierher, als wären sie in der Zwischenzeit an irgendeinem Adriastrand an der Sonne gelegen.« Drake fühlte sich zu einem Nicken bemüßigt.

»In Wirklichkeit haben viele der sogenannten Zweiten Generation kaum eigene Wahrnehmungen an die Heimat ihrer Eltern. Aber gleichzeitig werden sie hierzulande immer noch massiv benachteiligt. Da staut sich ein gewaltiges Aggressionspotential auf. In ihren Pubertätsjahren werden diese Jungens das in diversen Bandenkriegen los, wo sie mit Baseballschlägern und Klappmessern aufeinander losgehen. Nun ja, das ist ja wohl die optimale Vorbereitung für die nächste Eskalationsstufe. Vor allem für jene, die es eben nicht beizeiten geschafft haben, sich irgendwo irgendwie zu integrieren. Da spielen oft klitzekleine Details eine ganz entscheidende Rolle. Zwei latent gewalttätige Brüder handeln mit Crack, vermöbeln Jugendliche einer anderen Bande, stehlen, wo sich eine Gelegenheit ergibt und schicken vielleicht die kleine Schwester auf den Strich. Der eine von ihnen findet endlich eine Freundin, die schwanger wird. Er heiratet mit mordsmäßigem Trara, wird stolzer Vater und seßhaft. Wenn er einen Job findet und behält, ist er in wenigen Jahren ein vorbildliches Mitglied der Gesellschaft, und niemand wird sich mehr seiner Jugendsünden erinnern. Der andere aber findet keine Frau, zieht in den Krieg und steht dann auf den Fahndungslisten des Haager Tribunals. Hätte die nette Marica, Dragica oder wie auch immer sich in ihn und nicht in seinen Bruder verliebt, wären die Lebensläufe genau umgekehrt verlaufen. Verstehen Sie, was ich meine?« Drake nickte abermals.

»Und eines können Sie mir glauben. Wer einmal da unten war, wer an den Gefechten teilgenommen hat, an den Übergriffen gegen die Zivilbevölkerung, an den ethnischen Säuberungen, der hat jede Hemmung vor Gewaltanwendung verloren. Für den fällt ein alter Intellektueller genauso unter Casualties of the War wie eine vergewaltigte Bosnierin oder ein totgeprügelter Opa. Im Gegenteil, für solche Leute stellen Intellektuelle eine noch viel größere Provokation dar, denn in ihren Augen verkörpern die Gebildeten all das, was sie selbst immer sein und haben wollten, aber – aus welchen Gründen auch immer – nie erreichten.«

Drake fragte sich, ob er da jetzt auf's Nicken abonniert war. Aber eine andere Reaktion schien wenig sinnhaft. So unterstrich er die neuerliche Kopfbewegung mit einem leisen »Mhm«. »Andererseits natürlich«, schränkte Delic nun ein, »verfielen solche Hooligans kaum von selbst auf einen Dichter als Opfer, denn, sprechen wir eine simple Wahrheit offen aus, Hooligans lesen keine Bücher. Die lesen überhaupt nichts, außer vielleicht allfällige Pressemeldungen über ihre jeweils jüngsten Untaten. Und ich halte es durchaus für möglich, daß sie sich diese auch vorlesen lassen müssen.«

»Dann spricht dann also für irgendwelche Hintermänner«, warf Drake rasch ein.

»Klar, denn solche Gestalten kann jeder kaufen, der genug bietet. Aber Profis würden nie auf derlei Wegelagerer zurückgreifen, glauben Sie mir. Letztlich ist so etwas viel zu unsicher. Die halten nicht dicht. Bei irgendeiner Gelegenheit müssen sie sich dann ihrer Taten brüsten, sie fliegen auf, und relativ rasch singen sie dann wie die Goldkehlchen.«

Delic hielt einen Moment inne, als hätte ihn sein letzter Satz an irgendetwas erinnert. Dann nahm er einen Schluck aus der Kaffeetasse, räusperte sich und setzte fort:

»Wenn also unsere Theorie stimmt, daß hier irgendwelche Hintermänner ein paar Schläger engagiert haben, dann wissen wir gleichzeitig, daß diese Hintermänner selbst nicht sehr erfahren in ihrem Metier sind, wofür auch, mit Verlaub, der Umstand spricht, daß ich selbst in dieser Angelegenheit im Dunklen tappe. Und das führt uns zu weiteren Schlußfolgerungen. Erstens, wer hat welches Motiv, Slovac zu entführen oder aber ihn zu beseitigen und die ganze Sache als Entführung zu tarnen? Zweitens, wo sind einschlägige Kriegsveteranen zu finden, und wer kann uns verraten, wer jüngstens Zugang zu solchen suchte? Und schließlich drittens, haben auch die Hintermänner Hintermänner?«

Drake blickte ein wenig verwirrt auf.

»Na ja«, fuhr Delic fort, »nehmen wir einmal an, irgendjemand aus, sagen wir, besseren Kreisen, will Slovac loswerden. Seine Spur soll aber nicht allzu leicht aufzuspüren sein. Also wendet er sich an einen, ebenfalls noch durchaus honorigen, Mittelsmann, damit dieser die Sache in die Wege leitet. Und erst der ist es dann, der die Hooligans anheuert. Comprende?« Drake stolperte geistig über das letzte Wort seines Gesprächspartners. Offenbar gehörte Delic zu jenen, die zu viele Western gesehen haben. Aber gleichzeitig mußte Drake daran denken, daß profunden Quellen zufolge jedes New Yorker Mafia-Mitglied mindestens zehnmal »Der Pate« sah. Die These, daß der Film das Leben abbildet, konnte also genauso gut umgekehrt werden.

»Ihre Analyse«, sagte Drake dann laut, »ist wirklich bestechend. Ich bin ehrlich beeindruckt. Aber ich fürchte, ich bin der Lösung meines Problems immer noch keinen einzigen Schritt nähergekommen. Haben Sie nicht wenigstens einen klitzekleinen persönlichen Verdacht? Ich meine, wenn Sie selbst in dieser Sache tätig werden müßten, was würden Sie als ersten Schritt unternehmen?« Delic legte seine Stirn kraus. Wieder ein Schluck aus der Kaffeetasse. »Wie ich schon sagte«, ließ er sich dann vernehmen, »ich würde bei den Subalternen ansetzen. Ich würde mich auf die Suche nach den Hooligans machen.«

»Ach ja? Und wo?«

»In einem der einschlägigen Lokale natürlich. Die treffen sich auch stets in denselben Stammlokalen. Darin unterscheiden sie sich in nichts von normalen Staatsbürgern.«

»Apropos«, fiel ihm Drake beinahe ins Wort, »ich soll mich abends mit einem Herrn Crnjatovic in einem Restaurant Makedonija treffen. Würden Sie das auch unter einschlägige Lokale einreihen?«

»Lazar? Ein guter Mann, weiß viel, kann viel. Aber in dieser Causa brauchen sie ihn wohl nicht bemühen. Von Verbrechern hat er soviel Ahnung wie Madonna vom Singen. Und das Makedonija können Sie auch getrost vergessen – es sei denn, Sie wollen hervorragend speisen. Die beste jugoslawische Küche der ganzen Stadt. Aber dunkle Elemente werden Sie dort keine finden. Die könnten sich ein solches Etablissement auch kaum leisten, kann ich Ihnen sagen. Immerhin aber ist es gut möglich, daß man dort auf den einen oder anderen honorigen Hintermann treffen könnte. Ich werde für Sie 'mal Nachschau halten, denn, offen gestanden, das Makedonija ist mein Stammlokal.«

»Gut, wo also dann?«

»Im Bahnhofsviertel, nahe der Marienkirche. Dort gibt es einen ganzen Haufen jugoslawischer Lokale. Sie haben allesamt keinen sehr hohen Standard, das Essen ist bestenfalls Mittelklasse, aber im Kredenzen von Speisen sehen diese Kneipen auch nicht ihren Lebenszweck. Das sind mehr so Schnaps- und Weinhallen mit angeschlossener Disco. Und so sieht auch zumeist das Publikum aus. Junge Raver, alte Säufer. Dementsprechend schwankt die Musik auch zwischen Nada Obric und Scooter. Wobei die gute alte Nada mit Fortdauer der Nacht allmählich die Oberhand gewinnt, weil dann auch die jungen Raver schon reichlich alte Säufer sind.«

»Alle Wetter, Sie kennen sich wirklich gut aus.«

»Tja, ist …, war ja mein Beruf.«

»Heißt das, daß Sie in Pension sind?«

»Falls es Ihnen entgangen sein sollte, mein Land gibt es nur noch auf Briefmarken. Und zur höheren Ehre Serbiens ziehe ich nicht in den Krieg. Ich war und bin Kommunist. Kein Cetnik.« »Nun denn, Genosse«, lächelte Drake, »wenn Sie sich also im Ruhestand befinden, dann hätten Sie vielleicht nicht Lust nach ein wenig Abwechslung, oder?« »Sie meinen, ich soll mich Ihnen anschließen? Was wird denn da Pater Pius sagen?«

»Er muß ja schließlich auch nicht alles wissen, oder?«

»Tut er auch nicht!«

»Sie kommen also mit«, ignorierte Drake den eben geäußerten Zweifel an der Qualität Milusscher Ermittlungsmethoden.

194

»Die nächsten zwei Stunden habe ich Zeit«, sagte Delic knapp, erhob sich und räumte das Kaffeegeschirr in die Spüle. Drake trat auf den Korridor und wartete auf Delic, der im Vorzimmer kurz abbog, um in einem begehbaren Schrank unter der Treppe zu verschwinden. Danach kam er mit einem Mantel aus Astraganfell zurück.

Drake lächelte wissend: »Ah, Ihre Visitenkarte.«

»Tja«, grinste nun auch Delic, »alte Angewohnheiten legt man nicht mehr ab, wie?«

Die beiden begaben sich in den Vorgarten des Hauses, Delic schloß ab.

»Wo steht Ihr Wagen«, wandte er sich dann an Drake.

Dieser blickte verlegen drein: »Ich, äh, habe keinen.«

»Allmächtiger, mit Ihnen ist es aber wirklich nicht weit her«, seufzte Delic, »gut, wir nehmen meinen. Kommen sie.« Delic führte Drake in die Garage, wo dieser augenblicklich vor Neid erblaßte. Ein wunderprächtig polierter Rolls Royce Silver Shadow! Drakes ultimatives Traumauto: »Woher haben Sie denn den?«, krächzte er.

»Ach, den hab' ich 'mal eingetauscht«, erwiderte Delic knapp, als er Drake bedeutete, einzusteigen, »ein Typ bot ihn mir an im Tausch gegen etwas, was ich hatte und er gerne wollte.«

»Und was war das?«

»Sein Leben.«

*Aus: Serbische Bohnen. Wieser-Verlag, Klagenfurt 2003*

# XVII
## Leichtes Unwohlsein

*Wien, 23. Januar anno Domini 1617*

Kaiser Matthias erwachte mit einem leichten Unwohlsein. Er hatte noch kaum wirklich seine Augen geöffnet, da spürte er schon eine widerliche Klebrigkeit in seinem Mund. Er versuchte, durch entsprechende Bewegungen seiner Zunge, diese zu vertreiben, doch der Schleim hatte sich in seiner Mundhöhle festgesetzt. Matthias rieb sich die Augen, um klarer sehen zu können. Die Karaffe, die direkt bei seinem Bett stand, war leer. Und schlimmer noch, die Glocke, mit welcher er nach seinem Leibdiener zu läuten pflegte, stand nicht an ihrem vorgesehenen Platz. Mühselig kämpfte sich Matthias hoch und kam nach einigen vergeblichen Versuchen doch endlich in eine sitzende Position. Er blickte nach unten auf den Fußboden, doch auch dort konnte er das Klingelwerkzeug nicht erspähen. Die Glocke mußte wohl unter sein Bett gerollt sein, als er sie in seinem unruhigen Schlaf vom Tisch gefegt hatte. Matthias versuchte sich zu strecken, doch gab er diese Bemühung sofort auf, als ihm der Schmerz allüberall in die Glieder fuhr. Resigniert sank er in sich zusammen.

In einem Monat würde er 60 Jahre alt werden, und dieser Umstand war keinesfalls länger zu verbergen. Er war ein Greis geworden. Das Alter hatte sich an ihn herangeschlichen und ihn unbemerkt überwältigt. Er war ja nie von besonders robuster Konstitution gewesen, doch in den letzten Jahren war er weit öfter krank als gesund. Er konstatierte ein veritables Bauchgrimmen, das er allerdings nicht zu deuten wußte. Brauchte er die Leibschüssel oder wollten sich nur diverse Leibeswinde ihren Weg aus seinem Körper bahnen? Matthias registrierte mit einem Mal die grimmige Kälte in seinem Schlafzimmer, und ihn fröstelte. Diese Winter in Wien waren ein wirkliches Gräuel, dachte Matthias, während er sich mit einem markanten Rülpser Erleichterung verschaffte. Er rieb sich seinen voluminösen Bauch, wobei er feststellte, daß sein Nachtgewand durchgeschwitzt war. Unwillkürlich wanderte seine Hand abwärts. Der Kaiser suchte sein Gemächt. Was für eine Enttäuschung! Es schien, als würde sein Glied mit jedem Tag, den Gott der Herr werden ließ, nur noch kleiner. Nicht, daß er noch großen Gebrauch davon machen wollte oder gar konnte, aber mit einer gewissen Wehmut erinnerte sich Matthias daran, daß er in seiner Jugend oftmals mit einem wahrhaft stählernen Speer erwacht war, bereit, die ganze Weiblichkeit dieser Welt daran aufzuspießen. Er hatte gar nicht gewußt, wohin mit soviel Leibeskraft, und mit einem milden Lächeln mußte er daran denken, wie ihn sein kirchlicher Instruktor vor den verheerenden Folgen derartiger Ausschweifung gewarnt hatte.

Ja, er hatte fraglos seine wilden Jahre gehabt, und der Hafer hatte ihn nicht nur im übertragenen Sinn gestochen, wenn er sich in den Stallungen an einer der drallen Hofmägde verlustiert hatte. Wohin waren diese Zeiten nur entschwunden. Mit Schaudern dachte er an sein angetrautes Eheweib Anna, das zwar erst 31 Jahre zählte und mithin nur halb so alt war wie er, aber das so unaussprechlich fade war, daß er seinen ehelichen Pflichten nur mit äußerster Disziplin hatte nachzukommen vermocht, und mit einem gewissen Schuldbewußtsein fragte er sich, ob es nicht eben dieser Widerwillen gewesen war, durch den ihm Nachkommenschaft jedweder Art verwehrt geblieben war.

Seine klammen Finger hatten endlich gefunden, wonach sie suchten, und automatisch begannen sie, die kaiserliche Eichel zu massieren. Doch eine Verhärtung wollte sich nicht einstellen, so sehr sich seine Majestät auch bemühte, an dralle Brüste und ausladende Weibsgesäße zu denken. Immer wieder kreuzten störende Gedanken die Gehirnbahnen des kaiserlichen Hauptes. Ferdinand, dieser indolente Schleimer, er würde ihn dereinst beerben, bloß weil Anna, dieser einfältige Tropf, nicht in der Lage war, sich ordentlich begatten zu lassen. Daß es an ihm nicht liegen konnte, war Matthias völlig klar, sie war es, die unfruchtbar war, diese Strafe für frühere Sünden. Denn er hatte doch ohnehin dafür Sorge getragen, daß diverse Stallburschen und sonstige Domestiken, die in ihrer vollsten Manneskraft standen, ihn würdig am Schlachtfeld des ehelichen Bettes vertraten, doch auch hier waren keinerlei Ergebnisse zu verzeichnen gewesen.

Keine Frage, dieses simple Gemüt aus Tirol war vertrocknet, noch ehe man überhaupt ein Erblühen hätte feststellen können. Ach, er hatte diese fade Weibsperson ja überhaupt nur deshalb geheiratet, weil man ihm sonst die Krone noch länger verweigert hätte, wollten die Stände und die ganzen aufmüpfigen Reichsfürsten nicht noch einen ewigen Junggesellen wie seinen verewigten Bruder haben. Und erst das Gezeter der eigenen Familie! Diese dauernden Sendschreiben aus Madrid, voll mit weisen und wohlgelahrten Ratschlägen seines Vetters Philipp, als ob der in dieser Hinsicht so sonderlich erfolgreich gewesen wäre. Das konnte einem wirklich jede Lust auf Befolgen der Regeln der Natur verleiden.

In letzter Zeit, so ließ Matthias seinen Gedanken weiter freien Lauf, während sich seine Hand immer noch mit seinem Genital abmühte, gab es bei Hofe nicht einmal mehr Dienstpersonal, das ihn zu beflügeln vermochte. Alle diese teigigen Gestalten mit ihren ausdruckslosen Fratzen und ihren fetten Leibern, wie sollte da die kaiserliche Feldschlange zu ihrer alten Stärke zurückfinden? Wenn man diese gegerbte Haut sah, ledern und verhärmt, da mochte man keine Kanonade mehr abzufeuern, da wirkte man bestenfalls noch wie ein undichter Zapfhahn, aus dem ab und an ein Tropfen zu Boden fiel. Widerlich, einfach impertinent! Matthias ging in seiner Erinnerung zurück, weit zurück. Verzweifelt bemühte er sich, an ein Gesicht zu denken, daß seine Sinnenlust entfachen konnte. Doch kein Bild stellte sich ein. Ja mochte das wirklich die Möglichkeit sein? Gab es niemanden in seinem ganzen langen Leben, der ihm neues Leben einzuhauchen vermochte? Da waren doch diese beiden Mägde gewesen, wie hießen sie noch gleich, die sich einmal zu seiner Belustigung gegenseitig erfreut hatten. Da war das kaiserliche Rohr höchst eigen und völlig ohne sein Zutun bereit gewesen, sich verlegen zu lassen.

Doch ach, das war Ewigkeiten her, und er konnte sich nicht einmal mehr an Einzelheiten erinnern. Matthias spürte eine dumpfe Wut in sich hochsteigen. Es mußte doch möglich sein, dieses unnütze kleine Ding, das ihm selbst beim Wasserlassen mehr und mehr Schmerzen bereitete, einmal noch in kaiserlicher Herrlichkeit erstehen zu lassen. Doch je heftiger der Herrscher an seinem Glied zog und zerrte, je sinnloser wurde dieses Unterfangen. Mit einem tiefen, fast verzweifelten Seufzer ließ Matthias von seinen Bemühungen ab und konzentrierte sich darauf, die Glocke zu finden.

Im kaiserlichen Antichambre ging Melchior Kardinal Khlesl unruhig auf und ab. Er wußte nicht, was er mit seinen Händen machen sollte, und so verschränkte er sie einmal vor seiner Brust, einmal hinten am Rücken, um sodann wieder an seinem Ziegenbart zu zupfen. Es mochte schon an 11 Uhr gehen, und der Kaiser war immer noch nicht erwacht. Diese ewigen Tiraden, er sei nun einmal ein alter Mann und schwach, könne nachts nicht schlafen, weshalb ihm allein der Morgen Trost und Ruhe verschaffe. Immerhin war er, der Erzbischof von Wien, fast fünf Jahre älter als der Beherrscher des Heiligen Römischen Reiches, und doch vermochte er mit Disziplin und Gottesfurcht seinen Leib in Schuß zu halten, während der Kaiser immer dicklicher und damit auch immer schwächer wurde. Seine Majestät beschränkte sich überhaupt in letzter Zeit mehr und mehr darauf, sich seinen diversen Leiden zu widmen, während die höchst komplizierte Reichspolitik tagtäglich dringenderer Korrekturen und Maßnahmen bedurfte. Die ganze Schwere der Verantwortung lastete auf seinen schmächtigen Schultern, während Erzherzog Ferninand schon darauf lauerte, seinen Cousin endlich zu beerben. Nur Gott der Herr wußte, was dann aus dem Reich werden wollte – von der Zukunft des Kardinals einmal ganz zu schweigen. Khlesl trat an das hohe Fenster des Raumes und versuchte, einen Blick auf den Himmel zu erhaschen, was sich durch die dicken Scheiben als einigermaßen schwierig erwies. Doch was er sah, vermochte seine Laune ganz und gar nicht zu bessern. Dunkle, schwere Wolken jagten über das Firmament und verhießen weiteren Schnee. Instinktiv trat Khlesl an den Kamin und rieb sich die Hände.

»Eure Eminenz, Franz Kardinal Dietrichstein ist eben vorgefahren.«

Mit einer tiefen Verbeugung zog sich der Diener, der lautlos das Zimmer betreten hatte, wieder zurück, das beiläufige Nicken des Kardinals gar nicht erst abwartend. Das war ja zu erwarten gewesen! Jetzt war der Olmützer eingetroffen und ihm, Khlesl, war es nicht gelungen, zuvor noch den Kaiser entsprechend zu instruieren, bloß, weil seine Majestät sich nicht von seinem Nachtlager zu erheben vermochte. Einmal mehr war Raffinesse und Improvisation gefragt.

»Ihr da«, rief Khlesl dem Diener nach, der sofort wieder kehrt machte und sich abermals verbeugte.

»Laßt Seiner Eminenz dem Kardinal ein üppiges Frühstück richten. Er wird sicher erschöpft sein von der Reise. Und sagt ihm, ich werde ihn sogleich aufsuchen, um ihm Gesellschaft zu leisten.«

Der Diener verbeugte sich zum dritten Mal und ging ab. Khlesl läutete nach dem kaiserlichen Leibdiener. Dieser betrat sogleich das Vorzimmer.

»Eure Eminenz wünschen?«

»Ihr informiert mich umgehend, wenn Seine Majestät erwacht ist! Ich muß ihn in dringenden Angelegenheiten persönlich und unter vier Augen sprechen. Ich begebe mich in der Zwischenzeit ins Speisezimmer, von wo ihr mich sofort und augenblicklichst holt, sobald sich Seine Majestät hat vernehmen lassen!«

»Wie Eure Eminenz wünscht!«

Khlesl trat einen Schritt auf den Diener zu und gab ihm mit einem Wink der rechten Hand zu verstehen, daß ein inoffizieller Satz folgen würde. Der Diener richtete denn auch sein Ohr ganz auf den Mund des Kardinals aus.

»Ist denn keine Möglichkeit gegeben, das Erwachen Seiner Majestät, nun, ein wenig zu befördern.«

»Ich fürchte, ich vermag den Gedanken Seiner Eminenz nicht zu folgen«, flüsterte der Diener. »Wer weiß, wie lange der Kaiser noch zu ruhen gedenkt. Die Dinge, von denen ich ihn zu unterrichten habe, dulden aber keinen Aufschub. Ob man ihn nicht vielleicht wecken könnte?« »Eure Eminenz, derartiges steht nicht einmal den engsten Mitgliedern der kaiserlichen Familie zu, wie Ihr wohl wißt. Nicht einmal die verehrungswürdige Frau Kaiserin selbst darf den Schlaf unserer geliebten Majestät stören.«

»Das ist mir durchaus bewußt, Bursche. Aber könnte nicht ein kleiner Unfall inszeniert werden, hmm? Ein Tablett, das scheppernd zu Boden fällt. Mit möglichst viel Zinngeschirr darauf, das auf diesem Steinboden hier sicherlich ein kraftvolles Konzert geben möchte? Vielleicht muß auch ein schwerer Gegenstand hier vorbeitransportiert werden, der bedauerlicher Weise an der kaiserlichen Schlafzimmertür anschlägt. Was meint Ihr?«

»Eure Eminenz, wißt Ihr, welche Strafe auf eine Störung der Ruhe Seiner Majestät steht?« »Jetzt seid nun einmal nicht so schwer von Begriff, Tropf! Wenn der Kaiser schläft und durch einen derartigen Lärm erwacht, so wird er doch gar nicht wissen, was ihn geweckt hat. Zumal er ja gar niemanden sieht! Er wird noch durch die Nachtschwere beeinträchtigt sein und zunächst einmal nach euch läuten. Und wenn er dann fragt, was der Lärm zu bedeuten hat, so werdet ihr einfach zu sagen haben: welcher Lärm? Ich weiß von nichts. Der Kaiser wird dann meinen, nur geträumt zu haben, und wir haben alle, was wir wollen. Einen wachen Kaiser.« »Eure Eminenz wollen mich prüfen«, brachte der Diener mühsam hervor.

»Damit Eure Mühen auch entsprechend belohnt sein mögen«, antwortete Khlesl und drückte dem Diener ein Goldstück in die Hand, das er unter seinem Obergewand hervorgeholt hatte. Der Diener wagte ein verschlagenes Lächeln, steckte das Geld eilig in sein Wams, trat dann auf die schwere Eichentür zu, ballte seine Faust und schickte sich an, einfach gegen das Holz zu schlagen, als die beiden Männer just die kaiserliche Klingel vernahmen.

»Es scheint, der Herr ist Euch gewogen, und Ihr verdientet dieses Goldstück ohne Euer Zutun«, sagte Khlesl.

»Wohlan denn, sorgt dafür, daß mich der Kaiser ehebaldigst zu sich bittet. Ich werde einstweilen unserem Bruder aus Olmütz ein wenig beim Verzehren des Sonntagsschinkens zusehen.« Khlesl lächelte verschmitzt, während sich der kaiserliche Leibdiener von ihm verbeugte, um sogleich hinter der kaiserlichen Schlafzimmertür zu verschwinden. Khlesl aber begab sich auf den Korridor, um die kurze Distanz zum Speisezimmer der Gäste zurückzulegen. Er betrat den Raum und sah schon die feiste Gestalt des Olmützer Erzbischofs, die gierig seine Zähne in einen Schinkenschlögel schlug, dabei ein mächtiges Stück Fleisches vom Knochen reißend, das alsogleich schmatzend verschlungen war. Das Fett rann dem Dietrichstein links und rechts die Lefzen abwärts, während Khlesl einen resignierenden Blick gegen die Zimmerdecke schickte. In solchen Zeiten konnte man sich seine Verbündeten wahrlich nicht aussuchen.

»Es ist eine Freude, Euch zu sehen, ehrwürdiger Bruder«, begann Khlesl, noch ehe er Platz genommen hatte. Dietrichstein schnaufte nur und nickte dabei leicht mit dem Kopf, während er sein Gebiß immer noch in den Schinken vergrub. Endlich rang der Olmützer nach Luft, um nur einen Augenblick später den Weinkrug zum Mund zu führen, selbigen in riesigen Schlucken leerend. Khlesl machte eine kurze Bewegung in Richtung der Dienerschaft, deutete mit dem Zeigefinger auf den Weinkrug und meinte nur:

»Bringt noch mehr der Labung für den verehrten Herrn Kardinal.«

In einer Mischung von Faszination und Ekel starrte er sodann auf seinen Amtsbruder, der weiterhin gierig Nahrung verschlang, als hätte er seit Tagen nichts mehr zu essen bekommen. »Ich höre«, sagte Khlesl dann, »ihr bringt Nachrichten aus dem Norden, ehrwürdiger Bruder?« »Hmpf, ja, smlch verwrrn, die Lage drt«, mampfte Dietrichstein, der als er des fragenden Gesichtsausdrucks Khlesls gewahr wurde, sich endlich dazu aufraffte, den Schlögel – er war ohnehin bereits fast gänzlich abgenagt – beiseitelegte, sich umständlich den Mund abwischte, nochmals einen großen Schluck vom Wein nahm, laut und vernehmlich rülpste und dann seinen Satz, und zwar diesmal deutlich, wiederholte:

»Ziemlich verworren, die Lage dort.«

Der Olmützer beugte sich leicht nach vor, ließ einen donnernden Furz und fuhr dann fort, als sei nichts gewesen.

»Die Böhmen, ich weiß es genau, planen einen Aufstand. Dieser windige Thurn-Valsassina und der gemeingefährliche Colonna, sie sind mit den Protestanten des Reichs im Bunde, der Pfälzer und der von Anhalt ermutigen die böhmischen Stände zum Aufruhr. Und mehr noch, sie hetzen auch die Mährer und die Schlesier auf. Wenn der Kaiser nicht bald nach dem Rechten sieht, dann stehen die Zeichen in Prag auf Sturm.«

»Wie sieht es in Olmütz aus?«

»Gar nicht gut, um ehrlich zu sein. Die meisten guten Katholiken fürchten einen Handstreich der Lutheraner, die sich mit den böhmischen Brüdern verbündet haben sollen, wie es heißt. Viele haben die Stadt verlassen, allein die Jesuiten halten noch aus, Gott sei's gedankt. Ich für meinen Teil habe mich kurz nach der Heiligen Nacht dazu entschlossen, mich selbst nach Wien zu begeben, um hier getreulich zu berichten, wie die Lage ist. Den Lutheranern, die sich natürlich für keine Lüge zu schade sind, diente das übrigens als Vorwand, zu verbreiten, ich sei geflohen«, schnaufte Dietrichstein.

»Was Ihr selbstverständlich nicht seid«, bemerkte Khlesl mit einem unverkennbar spöttischen Lächeln auf den Lippen.

»Natürlich nicht«, brauste Dietrichstein auf, »ich bin hier, um mir eine kaiserliche Kompanie auszubitten, an deren Spitze ich umgehend nach Olmütz zurückzukehren gedenke, um das ketzerische Gelichter Mores zu lehren. Es gibt da ein paar Leute in Olmütz, die müssen unbedingt dingfest gemacht und der heiligen Inquisition zugeführt werden, sonst kann es leicht geschehen, daß der Aufstand, wenn er einmal in Böhmen ausbrechen sollte, nur allzu schnell nach Mähren ausgreift. Und so bin ich hier, um Bericht zu erstatten und Hilfe zu erbitten. Zum Wohl des Reiches und des Hauses, wohlgemerkt.«

»Seid versichert, ehrwürdiger Bruder«, entgegnete Khlesl, aus dessen Gesicht das Lächeln verschwunden war, »daß Ihr nur allzu bald Gelegenheit haben werdet, Euer Anliegen dem Kaiser persönlich vorzutragen. Ich sehe die Dringlichkeit Eurer Bitte vollkommen ein und werde mich persönlich für Euch bei unserer Majestät verwenden. Stärkt Euch nun noch ein wenig, ich werde ehebaldigst nach Euch rufen lassen, wenn Euch dies genehm ist.«

Dietrichstein signalisierte schmatzend seine Zustimmung und langte mit der bloßen Hand in den Krauttopf, der eben erst gereicht worden war, dessen Inhalt in rauhen Mengen und in atemberaubender Geschwindigkeit in seinem Schlund verschwinden zu lassen. Khlesl aber, der an der Tür des kaiserlichen Leibdieners ansichtig geworden war, erhob sich katzengleich, verbeugte sich nun schnell in Richtung Dietrichsteins, der ihn aber ohnehin nicht mehr wahrnahm und entschwand.

»Der Kaiser erwartet Euch«, flüsterte der Diener, während er vor dem Kardinal herging. An der Schlafzimmerpforte angelangt, klopfte er, wartete auf Matthias' verschlafenes »Entrare« und bat den Kardinal einzutreten.

Der Kaiser saß immer noch in seinem Bett und trug nichts als sein Nachtgewand am Leib. Khlesl konstatierte eine ungesunde Gesichtsfarbe und schlaffe Tränensäcke. Die Augenlider waren halbgeschlossen, und es schien, als döse der Kaiser noch. Seine wulstige Unterlippe hing schlapp herunter, was generell einen recht imbezilen Eindruck erweckte. Doch derlei war der Kardinal gewohnt. Er mußte nur herausfinden, wie viel er dem Kaiser an diesem Tage zumuten konnte, denn mitunter war die Aufnahmefähigkeit des Oberhaupts des Reiches beschränkter als bei anderen Gelegenheiten. Khlesl verbeugte sich tief und lotete einmal unverbindlich die kaiserliche Stimmung aus:

»Wie fühlen wir uns heute, Eure Majestät?«

»Fühlen ist ein gutes Stichwort«, entgegnete Matthias müde, »ich glaube, ich fühle meine Beine nicht. Ich sollte mich wohl weiterhin erholen, meint Ihr nicht, ehrwürdiger Vater?«

»Wenn Ihr dies so wünscht, so wird dafür Sorge getragen werden. Gestattet mir aber dennoch, Euch mit ein paar Angelegenheiten des Reiches zu behelligen, die leider Gottes keinen Aufschub erlauben.«

»Ach, lieber Khlesl«, wurde der Kaiser nun jovial, »Ihr seid so um das Reich besorgt, daß man meinen könnte, es wäre Eures. Bei Euch duldet ja aus Prinzip nichts einen Aufschub. Was ist denn diesmal so wichtig, daß Ihr mir nicht einmal ein kleines Schläfchen gönnen wollt.«

»Die Lage in Böhmen, Eure Majestät. Sie ist nach wie vor gespannt, und wir müssen überlegen, wie wir an diesem sensiblen Ort am klügsten agieren.«

Der Kaiser seufzte unwillig und wendete den Kopf ab.

»Die Böhmen«, sinnierte er zum Schlafzimmerfenster hinaus, »die waren immer schon unsichere Kantonisten. Und genau das macht sie doch auch wieder berechenbar, meint Ihr nicht?«

Der Kaiser sah nun wieder Khlesl direkt an. Dieser entschloß sich, vorerst zu schweigen.

»Ich hab so ein Ziehen im Magen«, fuhr der Kaiser unvermittelt fort, »und ich leide an Blähungen. Und außerdem fürchte ich, daß mir mein Geschlecht verfault. Und da wollt Ihr, daß mich die Böhmen kümmern? Ihr habt einen merkwürdigen Humor, Eminenz.«

»Ich bin sicher, daß Eure Sorgen Eure Gesundheit betreffend, unbegründet sind. Der Herr in seiner Weisheit wacht über Euch. Aber daraus erwächst Euch die Verpflichtung, euch Eures angestammten Territoriums anzunehmen. Und Böhmen wird gegenwärtig zum Herzstück Eurer Domänen, wie Ihr sicherlich wißt. Euer Vetter, der hochwohllöbliche König von Spanien, hat einen neuen Gesandten ernannt, den Grafen Onate de Guevara, der den Grafen Zuniga ersetzen soll. Unsere Meldereiter berichten, daß dieser vor kurzem von Mailand nach Prag aufgebrochen ist. Gegenwärtig passiert sein Troß die Steiermark, wo er, wie es heißt, mit Eurem Cousin Ferdinand eine Unterredung hatte. Es geht, wie Ihr sicherlich noch gut in Erinnerung habt, um die Sukzession im Erzhause, aber dabei doch auch um die Zukunft der Länder der Wenzelskrone. Diese Fragen wollen wohl beraten sein, zumal Böhmen derzeit ziemlich unruhig zu sein scheint. Wie es der Zufall will, weilt eben Kardinal Dietrichstein in Wien, dessen Nachrichten kaum besonders erfreulich genannt werden können.«

»Dietrichstein«, prustete Matthias unwillig, »der fette Freßsack! Bloß weil er mir seinerzeit gegen Rudolf nicht noch mehr Schwierigkeiten als ohnehin bereitet hat, glaubt er mich schon ihm verpflichtet. Was will der Jammerlappen denn diesmal?«

»Nun, Eure Majestät gehen mit Ihrem Urteil wie gewohnt sicher nicht fehl, und doch hat es den Anschein, als wären wir auch diesmal wieder auf Leute seines Schlages angewiesen. Es heißt, die Prager Stände verhandeln heimlich mit den Protestanten des Reichs.«

»Verhandeln? Was wollen die denn verhandeln?«

Der Kaiser kratzte sich am Rücken.

»Wollen die immer noch ihre böhmische Konfession oder was? Die sollen froh sein, daß wir bislang so tolerant mit ihnen umgegangen sind.«

»Undank ist der Welten Lohn, Eure Majestät, es scheint, daß Ihr Euch selbst nach Prag bemühen müßt, um dort Eure Stärke zu zeigen. Denn wenn wir nicht aufpassen, dann entgleitet uns nur allzu leicht das labile Gleichgewicht, das wir seit anno Domini 1609 nur mühevoll dort zu halten vermögen.«

»Khlesl, ich versteh Euch nicht. Was murmelt Ihr da schon wieder für kleinmütiges Altweibergewäsch? Wenn diese Böhmen nicht spuren, dann schicken wir die Truppen der Liga, und die kartätschen alles nieder, was nicht die sieben heiligen Sakramente hersagen kann.«

»Das wäre wohl das Beste, allein, es ist nicht so einfach, wie Ihr vielleicht mit Recht denken mögt. Durch Euren verewigten Vorgänger haben die Prager Lutheraner diverse verbriefte Rechte, die man respektieren muß, solange sie nicht widerrufen sind.«

»Allmächtiger! Dann widerrufen wir sie eben. Ich möchte nicht sehen, was daran so schwierig sein sollte?«

»Nun, Eure Majestät, seht«, begann Khlesl, dabei in dem Aktenstapel wühlend, den er schon am Morgen hatte bringen lassen, »in seinem Majestätsbrief vom 9. Julius im Jahre des Herrn 1609 versichert Seine Majestät Kaiser Rudolf, des Namens der zweite, den böhmischen Ständen völlige Religionsfreiheit. Er spricht wörtlich davon, ihnen ihre Riten belassen zu wollen und zu sollen.«

»Papperlapapp, was kümmert mich das?«

»Nun, die Stände argumentieren damit, daß Ihr höchstselbst selbiges den Ständen der Länder ob und unter der Enns zugebilligt habt im März selbigen Jahres und meinen nun, daß für sie Recht sein müsse, was für jene billig war.«

»Kriegen wohl den Hals nicht voll, diese Lutheraner. Was tun wir da?«

»Zunächst müssen wir klare Verhältnisse mit den Spaniern schaffen. Wenn Seine Majestät König Philipp besänftigt ist, haben wir freie Hand gegenüber den Böhmen. Am besten wäre es, den Vorschlägen der Spanier und des Erzherzogs Ferdinand nachzugeben, zumal damit vorerst alles beim Alten bliebe. Damit vergeben wir uns nichts, und wir binden die wichtigsten Verbündeten weiter an uns. Und wenn unsere Gegner erst einmal sehen, daß wir alle in inniger Einigkeit verbunden sind, dann mag es sie noch so im Pelze jucken, sie werden es nicht wagen, ihr Mütchen am Erzhause kühlen zu wollen.«

Der Kaiser grinste.

»Ich muß schon sagen, Khlesl, Ihr seid ein verschlagener Bursche. Mit allen Wassern gewaschen. Euch möchte ich nicht als meinen Feind haben.«

»Zuviel des Lobes, Eure Majestät.« Khlesl verbeugte sich demütig.

»Aber paßt auf! Ich kann mir gut vorstellen, daß Euch viele hassen. Wenn ich einmal nicht mehr bin, dann mag Euch das zum Verhängnis werden.«

»Wenn Ihr nicht mehr seid, Eure Majestät, wird das unser aller Verhängnis sein!«

Khlesl lächelte servil und verbeugte sich abermals.

»Ah«, der Kaiser machte eine wegwerfende Handbewegung, »ein Diplomat. Durch und durch ein Diplomat. Helft mir lieber beim Ankleiden, Khlesl. Ich denke, es wird Zeit. Was habe ich heute als erstes vor?«

»Ihr könntet den Dietrichstein empfangen. Er ist im Gästezimmer. Dann habt Ihr das hinter euch.«

»Ja, und was sage ich dem?«

»Er wird Euch von der Lage in Mähren berichten. Da nickt Ihr einfach und sagt ja, ja und ich sehe, ich verstehe und so weiter. Dann wird er Euch bitten, ihm eine Kompanie Soldaten beizustellen, ohne die er sich offenbar nicht mehr nach Hause traut. Da werdet Ihr sagen, die Angelegenheit wohlwollend prüfen zu wollen. Daraufhin wird er sich zurückziehen müssen, und die ganze Sache ist im Handumdrehn erledigt, ohne daß sie uns etwas gekostet hätte.« »Sie kostet sehr wohl etwas«, widersprach der Kaiser, »meine Zeit und meine Mühen. Aber dieses Opfer muß ich wohl bringen.«

»Ich fürchte: ja.«

»Nun, wohlan denn. Wo sind meine Strümpfe?«

»Darauf weiß auch ich keinen Rat, Eure Majestät. Ich werde Euch besser der Obhut eures Kammerdieners überlassen, der sich auf derlei Dinge sicher besser versteht als ich. In der Zwischenzeit werde ich dem Dietrichstein Gesellschaft leisten, bis Ihr uns zu rufen gedenkt.« Einen Augenblick schien es, als wollte der Kaiser noch etwas erwidern, doch dann seufzte er nur und nickte. Mit einer Handbewegung war Khlesl entlassen. Kaum wieder auf dem Korridor, blies Khlesl erschöpft Luft aus. Es war schon eine unergründliche göttliche Ironie, ihn zum Wächter eines Reiches zu machen, in dem die Gerechten göttliche Narren waren, mit denen er den Angriffen der Bundesgenossen des Satans trotzen mußte.

Dietrichstein rülpste so laut, daß Khlesl es schon am Korridor hören konnte. Es stimmte, die Wege des Herrn waren unergründlich, denn nur er in seiner Weisheit konnte wissen, warum ein so kluger Mann wie Melanchthon zum Ketzer geworden war, während dieser einfältige Fettwanst im Speisesaal immer noch Gottes gerechter Diener genannt werden mußte. Einen Augenblick lang überlegte Khlesl, ob er nicht einfach im Korridor verbleiben sollte, um später gemeinsam mit dem Kammerdiener Dietrichstein zur Audienz abzuholen, doch schließlich fügte er sich in sein Schicksal und begab sich wieder in die Gesellschaft seines Amtsbruders. »Ah, da seid Ihr ja«, sagte dieser, um sogleich abermals zu rülpsen, »was hat Ihre Majestät gesagt?«

»Sie wird Euch jeden Augenblick empfangen.«

»Das ist gut. Das ist sehr gut. Ihr müßt wissen, wir sitzen da oben auf einem wahren Pulverfaß. Eine falsche Bewegung, und es bricht ein Glaubenskrieg aus, wie wir ihn seit den unseligen Zeiten der Hussiten nicht mehr gesehen haben. Und davor bewahre uns Gott.«

»Ihr habt natürlich recht, lieber Bruder. Hier müssen wir mit größter Vorsicht vorgehen, und mit Raffinesse. Ich denke, unsere Politik wird sich danach zu richten haben, der Autorität des Kaisers die nötige Geltung zu verschaffen.«

»Wenn ich Euch etwas raten darf, hochverehrter Bruder, dann laßt euch sagen: unsere Stärke liegt in ihrer Zersplitterung. Wir müssen einen Keil zwischen sie treiben, und das ist bei der mannigfachen Spaltung mutmaßlich gar nicht einmal so schwer. Da sind die Lutheraner in Böhmen und jene in Mähren, da sind die Freikirchen, die Helvetianer, die böhmischen Brüder, die Utraquisten, die Kalixtiner, die Taboriten, die Wiedertäufer und wie sie alle heißen. Sie haben sich zwar vor rund 40 Jahren auf ein Bündnis verständigen können, doch ich glaube nicht, daß dieses noch eine nennenswerte Grundlage hat. Wenn wir den einen Privilegien einräumen und die anderen zurücksetzen, dann entsteht Zwietracht zwischen ihnen, den wir mit geschicktem Agieren für uns ausnützen und entsprechend zuspitzen können. Gebt den Mährern ein paar Vorrechte, und sie werden keine Lust mehr haben, sich den Böhmen anzuschließen. Und verbreitet ein paar Falsifikate, in denen angeblich die Lutheraner über die Brüder schimpfen, dann vergeuden sie ihre Zeit damit, sich selbst zu bekämpfen, und der Kaiser kann sogar als Schiedsrichter auftreten, ohne daß seine Herrschaft noch von irgendjemandem hinterfragt wird.«

Donnerwetter, dachte Khlesl. Der Fettwanst ist gar nicht so dumm, wie er aussieht. Richtig ausgeführt konnte diese Taktik sogar erfolgreich sein. An diesem Konzept mußte man arbeiten, dann war es möglicherweise eine bessere Strategie als jede militärische Einschüchterung. Ja, diese Gedanken würde er dem Kaiser bei Gelegenheit vorlegen müssen.

Khlesl wurde des Umstands gewahr, daß Dietrichstein auf eine Antwort wartete.

»Ja«, hörte sich Khlesl daraufhin sagen, »Ihr habt völlig recht. In diese Richtung sollten unsere Überlegungen gehen. Ich wäre Euch sehr verbunden, lieber Bruder, wenn Ihr sie dem Kaiser persönlich vortragen würdet, und Ihr könnt euch dessen sicher sein, daß ich zu geeigneter Zeit Seine Majestät Euren Gedanken gewogen machen werde.«

»Wißt Ihr«, sagte Dietrichstein, den Becher Wein abermals zum Munde führend, doch in der Bewegung innehaltend, »es ist eigentlich furchtbar da droben. Diese verdammten Ketzer glauben in ihrem Irrtum, daß der Heilige Vater in Rom anderen Bischöfen gleich ist. Sie meinen, es gebe kein Fegefeuer, weshalb es umsonst sei, für die Dahingegangenen zu beten. Sie werfen uns vor, wir hätten die Lehre vom Purgatorium nur aus Habgier erdacht, denn der wahrhafte Priester solle vielmehr arm sein und allein an Almosen von der Gemeinde sich genügen lassen. Selbst das Sakrament der Beichte verwerfen sie, wie ihr nur zu gut wißt. Trotz Konstanz und Trient hat sich nichts geändert in diesem wilden Land. Jede Generation verharrt auf's Neue im Irrtum und verbreitet falsche Doktrin. Dieses Böhmen war einst eine Blume der Süßigkeit. Aber nun breitet sich von dort leider der üble Gestank der Häresie aus.«

Dietrichstein rülpste ein weiteres Mal und trank nun endlich den Wein. Matthias hatte sich in der Zwischenzeit angekleidet. Der Kammerdiener war diskret wieder abgetreten, und doch zögerte der Kaiser, seinen Kanzler kommen zu lassen. Vielmehr setzte er sich an den Rand seines Bettes und versank wieder in brütendem Sinnen. Dietrichstein! Die Böhmen! Die Union! Die Spanier! Das Erzhaus! Wem war überhaupt noch zu trauen? Wer mochte nicht aller schon heimlich hinter des Kaisers Rücken sein Messer zu wetzen. Unwillkürlich mußte Matthias daran denken, wie er selbst vor einigen Jahren auf ähnliche Art gegen seinen Bruder vorgegangen war. Natürlich hatte ihn Ferdinand angestiftet. Aber immerhin, er hatte gegen seinen eigenen Bruder intrigiert. War er nicht auch treulos gewesen? War die Situation, in der er sich nun befand, nicht die gerechte Strafe für sein damaliges Tun? Sicher, Khlesl hatte damals schon mit der Staatsräson argumentiert und ihm erklärt, sein werter Bruder sei ein Sonderling geworden, dem die

Führung des Reiches nicht länger zugetraut werden könne. Doch habe er sich dadurch damals besser gefühlt? Nein, eigentlich nicht. Damals hatte man die Böhmen gegen Rudolf benutzt, wer benutzte sie nun gegen ihn?

Die Böhmen, liebe Güte! Sie hatten der Familie immer nur Schwierigkeiten bereitet. Das hatte schon zu Zeiten des ersten Rudolfs begonnen, als dieser Ottokar um ein Haar verhindert hätte, daß die Pracht der Habsburger sich überhaupt jemals würde entfalten können. Dann saß dieser vierte Karl in Prag, der Österreich demütigte und demütigte, wie es noch nie zuvor in der Geschichte des Hauses der Fall gewesen war. Hernach die mordbrennenden Hussiten, die fast bis Wien gekommen waren in ihrer verblendeten Raserei. Böhmen war ein Land, das für immer verloren schien für Habsburg, als plötzlich der Ludwig Jagiello sein Leben aushauchte auf irgendeinem Acker bei Mohacs. Großvater Ferdinand war über Nacht das Reich der Wenzelskrone in den Schoß gefallen. Doch war dies wirklich so ein Glück für Habsburg gewesen? Die Herrschaft war kaum aufgerichtet, als diese unselige Häresie alles wieder zunichte machte. Der Großvater hatte sein halbes Leben damit zugebracht, dem Wahnsinn Einhalt zu gebieten, und Großonkel Karl war persönlich in unzählige Schlachten geritten, um den Ketzern ihre Hoffart auszutreiben, doch letztlich war alles vergeblich. Das vermaledeite Augsburg! Cuius regio, eius religio! Wie konnte man einem derartig gotteslästerlichen Unfug überhaupt je zulassen. Was war in seine Vorgänger bloß gefahren? Und erst sein eigener Vater! Maximilian hatte den Böhmen anno 1575 volle Religionsfreiheit zuerkannt, schriftlich und mit kaiserlichem Edikt. Anstatt daß man gegen sie vorgegangen wäre mit aller Härte und Entschlossenheit, gewährte man ihnen Gleichberechtigung.

214

Das war ja nachgerade eine Einladung an die Ketzer, noch dreister ihr Haupt zu erheben.

So gesehen konnte Rudolf seinerzeit gar nicht anders handeln, als die Privilegien der Abtrünnigen zu bestätigen, denn was man jemandem einmal gewährt hat, das läßt sich nicht mehr zurücknehmen. Er selbst war auch zu solchen Konzessionen gezwungen gewesen, aber fraglos nur deshalb, weil seine Vorgänger es an der nötigen Entschlossenheit hatten missen lassen. Und nun saß er da, alt, einsam und gramgebeugt, und die ganze Last der wahren und einzigen Religion lastete auf seinen Schultern. Ja, er sollte Dietrichstein die Kompanie geben. Mochte man in Olmütz ein Exempel statuieren, das die katholische Christenheit aufrütteln möge. Die Auseinandersetzung war viel zulange aufgeschoben worden. Nun war sie unausweichlich. Gott der Herr würde die Seinen nicht im Stich lassen. Die himmlischen Heerscharen würden die katholischen Armeen zum Sieg führen. Ad majorem Gloriam Dei, wie die Brüder Jesuiten so treffend formulierten. Khlesl sollte sich überlegen, wo man Soldaten ausheben und wie man sie besolden konnte. Khlesl. Richtig. Den sollte man nun wieder holen lassen. Und den Dietrichstein auch. Matthias freute sich auf das Mittagessen. Die Audienz mit Dietrichstein hatte sich lange genug hingezogen, sodann waren ermüdende Amtsgeschäfte zu erledigen gewesen, irgendwelche Verfügungen zu treffen, irgendwelche Personen mußten empfangen werden, es war einfach nur langweilig und nervtötend. Zudem hatte ihm Khlesl schon wieder einmal widersprochen, als er gemeint hatte, man sollte Truppen gegen die Böhmen schicken. Ein Einspruch vor Zeugen! Man stelle sich vor! Zum Glück war der dicke Dietrichstein zu blöd, um zu merken, was da vorgefallen war, aber ärgerlich war es trotzdem gewesen. Und als ob sich Khlesl an diesem Morgen nicht ohnehin schon genug herausgenommen hätte, blieb er immer noch das tehen und wartete darauf, erneut angesprochen zu werden.

»Khlesl«, stöhnte Matthias, »was ist denn noch?«

»Eine weitere Angelegenheit harrt noch ihrer Erledigung, Eure Majestät.«

»Und was ist das?«

»Nun, wenn Ihr Euch erinnert, hat uns der päpstliche Nuntius wissen lassen, daß Seine Heiligkeit einen Visitator nach Wien zu schicken gedenkt, der uns hier, wie es so schön heißt, in unserer wichtigen Arbeit unterstützen soll. Wie ich Eurer Majestät ja schon darlegte, halte ich das persönlich für einen Versuch des Papstes, uns zu kontrollieren, aber dazu später. Zuerst eine wichtige Information, wie mir scheint. Wir wissen jetzt, um wen es sich handelt.«

»So? Und um wen?«

Der Kaiser wirkte sichtlich gelangweilt, und auch Khlesl blieb nicht verborgen, daß der Kaiser jetzt lieber essen wollte, als sich mit solchen Fragen zu befassen. Aber wer wußte, wann man ihm wieder mit politischen Dingen konfrontieren konnte. Also setzte Khlesl fort.

»Der Kirchenstaat schickt einen Jesuiten. Offenbar aber eher einen unbedeutenden. Er heißt Andrew O'Connor und ist Ire. Daß er im Orden keinen wichtigen Platz einnimmt, scheint zu bedeuten, daß der Papst die Sache selbst nicht mehr so ernst nimmt, wie noch vor einigen Wochen. Vielleicht ist dies alles nur noch ein Formalakt, aber wir sollten jedenfalls gerüstet sein.«

Matthias gähnte: »Was schlagt Ihr also vor?«

»Nun, zuerst werde ich nähere Erkundigungen über ihn einholen. Wer er ist, was er bislang getan hat, welchen Hintergrund er hat. Danach werde ich mir überlegen, wie wir ihn beschäftigen können, solange er sich in Wien aufhält. Irgendeine kirchliche Frage wird es schon zu regeln geben. Damit ist der gute Mann dann ausreichend ausgelastet und kommt nicht auf die Idee, hier großartig herumzuschnüffeln.«

»Sehr gut, Khlesl, sehr gut. Weiß man schon, wann er hier eintrifft?«

»Nun, die Entscheidung, ihn zu entsenden, ist vor etwa vier Wochen gefallen. Ich glaube aber zu wissen, daß er noch gar nicht aus Rom aufgebrochen ist. Wenn diese Information richtig ist, brauchen wir nicht vor Anfang März mit ihm zu rechnen.«

»Guter Khlesl, und da behelligt ihr mich jetzt schon mit dieser Sache? Informiert mich, wenn er in Wiener Neustadt ist, und nicht früher. Und jetzt wünsche ich endlich zu speisen.«

Khlesl verbeugte sich und verließ rückwärts gehend den Raum, während Matthias ungehalten nach der Dienerschaft klingelte. Am Weg nach draußen hielt Khlesl noch einmal inne. Er ordnete seine Akten in einer Fensternische und ließ vor seinem geistigen Auge den Vormittag noch einmal vorüberziehen. In Summe, so dachte er, hatte er alle wesentlichen Punkte erledigt, ohne daß ihm der Kaiser in irgendeiner Frage eine Entscheidung aufgenötigt hätte, die seinen Wünschen widersprochen hätte. So gesehen konnte er zufrieden sein. Doch gleichzeitig spitzten sich die Dinge mehr und mehr zu, sodaß seine ganze Raffinesse vonnöten war, das nötige Gleichgewicht zu halten. Und doch gab es da einen wesentlichen Unterschied zwischen den beiden Problemen, mit denen man sich befaßt hatte. Die protestantischen Böhmen bedrohten das Reich und die Herrschaft Habsburgs. Der päpstliche Visitator, und da machte sich Khlesl keine Illusionen, kam eigentlich seinetwegen. Der katholische Klerus würde ihm, Khlesl, seine protestantische Abkunft nie verzeihen. Er würde ewig ein Fremdkörper bleiben, auch wenn er bislang das Wohlwollen des Papstes genossen hatte. Aber seine Widersacher waren nicht untätig geblieben. Ferdinand intrigierte gegen ihn genauso wie gegen den Kaiser, die Dominikaner wurden nicht müde, ihn anzuschwärzen, und wer wußte, wer sonst noch aller heimlich wider ihn agitierte. Es war ja wohl kein Zufall gewesen, daß er so lange darauf hatte warten müssen, endlich zum Kardinal ernannt zu werden, wiewohl er als Erzbischof von Wien schon ex officio ein Anrecht auf den roten Hut hatte. Es war schon bemerkenswert: den Protestanten galt er als der finsterste Reaktionär, noch schlimmer als der heilige Vater selbst, und die Katholiken trauten ihm dennoch nicht über den Weg. Aber anscheinend stand er weiterhin in der Gunst des Papstes, denn sonst hätte dieser wohl kaum einen Ordensbruder nach Wien entsandt, um ihn zu prüfen. Dieser würde ihn ja wohl kaum diskreditieren, selbst wenn er rigoroseste Einstellung mitbrächte. Wie auch immer, Vorsicht war in jedem Fall angebracht, und so konnte es nicht schaden, den jungen Jesuiten mit irgendeiner Causa zu betrauen, die ihn ablenken würde. Am besten, man triebe irgendwo einen Ketzer auf, den der Ire examinieren sollte. Dazu ein paar gelehrte Disputationen über den Aquinaten, und die ganze Visitation sollte in friedlichen Bahnen ablaufen können. Und wenn er dieses Problem so leicht lösen konnte, dann würde ihm wohl auch in der böhmischen Angelegenheit zur rechten Zeit die richtige Antwort einfallen. Er mußte nur zuwarten können. Wie sagte Petrus Damiani? »Keine Hoffnungslosigkeit soll deinen Geist bedrücken, Betrübnis und Trauer sollen dich nicht überwältigen, und Kleinmut mache dich nicht ungeduldig. Die Hoffnung richte dich auf und erfreue dich.«

Einen Augenblick stand Khlesl noch versonnen am Fenster und blickte in den Innenhof der Burg. Es war, als huschte ein Lächeln über sein Gesicht. Er hatte seinen Entschluß gefaßt. Schwungvoll nahm er seinen Aktenberg wieder auf und eilte den Korridor entlang zur Stiege. Flott überwand er die einzelnen Stufen und stand bald schon am Burgtor, wo bereits seine Kutsche bereitstand und darauf wartete, um ihn ins Erzbischöfliche Palais zu bringen.

*Aus: Der göttliche Plan. Gmeiner-Verlag, Meßkirch 2016*

# XVIII
## Wiener Triptychon

### I. Teil: Vorgestern
### 1. Vor Tagesanbruch

In jenem Jahr kam der Frühling schnell. Die Meteorologen führten dieses atypische Phänomen auf ein Hoch zurück, das vom Golf von Biscaya ostwärts gezogen war, und durch ein hartnäckiges Tief, das sich in der pannonischen Ebene hielt, wie festgeschraubt über Wien verblieb. Ganz gemäß der Wissenschaft sanken die Luftmassen großräumig ab, die Luft erwärmte sich adiabatisch, worauf es keine Kondensation und mithin keine Wolkenbildung gab. Der Wind umströmte die Stadt und ihr Umfeld antizyklonal, genau so, wie es von den Wetterkundlern erwartet wurde. Wien befand sich bereits im Februar in einer Inversionswetterlage, wodurch, auch dies eine Bestätigung der gängigen Lehrmeinung, die ehedem noch vorhandenen Wolken aufgelöst worden waren. Und da das Hochdruckgebiet keine Anstalten machte, etwa in Richtung der Balkanhalbinsel auszuweichen, so würde der barometrische Aktualwert auch in den folgenden Tagen kaum vom jetzigen Stand abweichen, lautete das allgemeine Credo der Gelehrten. Den Menschen freilich waren derlei Erklärungen rechtschaffen gleichgültig. Sie freuten sich einfach darüber, dass es endlich wieder warm war, und hofften, die düsteren Tage von Schnee, Eis und Finsternis mochten der Vergangenheit angehören.

Zu jenen, die sich über die anheimelnden Temperaturen freuten, zählte auch Baron Friedrich Wilhelm Glickstein, der sich an jenem Morgen, während er sich anschickte, sich an den Frühstückstisch zu begeben, einen ersten Blick aus dem Fenster warf und den strahlend blauen Himmel mit einem Lächeln quittierte. Beschwingt wünschte er seinem Diener Robert einen guten Morgen, wofür dieser sich pflichtschuldigst bedankte, ehe er den Wunsch in eigenen Worten erwiderte. Glickstein nickte nachlässig und griff nach seiner Stoffserviette, die er mit einer schnellen Handbewegung zu ihrer ganzen Größe entfaltete, um sie sodann auf seinem Schoß zu platzieren. Er riskierte einen ersten Blick auf die Titelseite der »Neuen Freien Presse« und nahm beiläufig zur Kenntnis, dass Robert damit begann, das Frühstück aufzutragen.

Ideologien neigen dazu, unversöhnlich zu sein. Selbst in einer Stadt wie Wien erhärtete die Praxis diese These täglich in mannigfacher Weise. Doch welcher Weltanschauung man auch immer sein mochte, bei der Erkenntnis, dass ein ordentliches Frühstück die Basis für einen erfolgreichen Tag darstellte, herrschte allgemeine Übereinstimmung. Naturgemäß wurde dies also auch im Hause Glickstein so gesehen. Wie gewohnt hatte Robert besonders mageren Schinken aus dem Niederösterreichischen und Käse aus dem Salzburgischen auf den Tisch gestellt. Dazu pflegte der Baron stets zwei weiche Eier zu sich zu nehmen, die exakt drei Minuten gekocht werden mussten. Und je nach seinem Appetit beschied sich Glickstein dabei mit einer oder eben mit zwei Kaisersemmeln, welche der Haushalt des Unternehmers schon im Morgengrauen von der benachbarten Bäckerei zu holen pflegte. Damit aber war das Petit Dejeuner des Baron Glickstein noch keineswegs abgeschlossen. Je mehr er zu Jahren kam, desto mehr entwickelte Glickstein eine Schwäche für Süßgebäck, und so tischte man ihm zumeist noch ein wenig Kuchen auf, wenn er nicht das Bedürfnis verspürte, eine dritte Semmel mit Butter und

Marillenmarmelade zu konsumieren. Dies tat er meist im Spätsommer und im Herbst, wenn die Marillenernte in der Wachau eben erst vorüber war.

Nun aber schrieb man Februar, und vor dem Baron lagen kleine Madeleines, an denen er sich zu einem späteren Zeitpunkt gütlich zu tun gedachte. Und da er irgendwann einmal gehört hatte, dass man den Tag nicht gleich mit Kaffee beginnen sollte, ließ er sich stattdessen von Robert eine große Tasse mit Tee eingießen, den er sich nun, während sein Blick wieder zur Zeitung zurückwanderte in kleinen Schlucken einverleibte. Die Schlagzeile irritierte den Baron nachhaltig. »Dr. v. Schuschnigg bei Reichskanzler Hitler«. Glickstein setzte behutsam das Porzellan ab und erlaubte sich ein missbilligendes Schnauben, das gleichwohl von Robert vorsorglich nicht zur Kenntnis genommen wurde, da sich der Diener nicht sicher sein konnte, ob der Baron durch diese Bekundung ein Gespräch als erwünscht erscheinen lassen wollte oder aber einfach für sich selbst eine wie auch immer geartete Gefühlsregung zu statuieren beabsichtigt hatte, die nicht für andere Personen gedacht gewesen war. Glickstein nahm gedankenverloren eine Kaisersemmel zur Hand, setzte das Messer an und teilte sie in zwei Hälften, auf die er sodann etwas Butter applizierte. »Dr. v. Schuschnigg bei Reichskanzler Hitler«. Was für eine proskynetische Adoration dieses vulgären Emporkömmlings, kam es ihm in den Sinn. Von einem österreichischen Blatt, zumal von einer Zeitung mit einer derartigen Geschichte, mochte man doch erwarten können, dass sie, wenn sie sich schon veranlasst sah, Partei zu ergreifen, einen etwas patriotischeren Standpunkt einnahm. »Bundeskanzler von Schuschnigg bei Hitler«! So hätte der Titel des Artikels lauten müssen, wenn man sich nicht mit dem »Völkischen Beobachter« gemein machen wollte. Der Baron konnte sich lebhaft vorstellen, dass selbst der Doktortitel des Edlen von Schuschnigg nur deshalb ins Blatt gerückt worden war, um sich die grammatikalische Grundsatzfrage zu ersparen, ob ein »v.« am Anfang einer Zeile groß geschrieben werden sollte. Dies warf sogleich die nächste Frage auf, kam es Glickstein in den Sinn, während er bedächtig die untere Semmelhälfte zum Munde führte. Ein »V. Schuschnigg« hätte wohl als eine Abkürzung von »Viktor« oder »Vitus« oder auch »Vinzenz« missverstanden werden können, überlegte er und konnte sich dabei des Anflugs eines Schmunzelns nicht erwehren. Doch wozu überhaupt eine solche Abkürzung? Ein »v.« sparte gegenüber einem »von« gerade einmal einen einzigen Letter, eine Quantité négligeable mithin. Und sie ergab auch gar keinen Sinn, denn in der Zeile war sichtlich genug Platz, um sowohl den »Doktor« als auch das »von« auszuschreiben. Doch darum war es wohl gar nicht gegangen. Vielmehr sollte Österreichs Kanzler in den Augen der auch in Wien immer größer werdenden Anhängerschaft des Braunauer Schreihalses klein gemacht werden. Ein echter Affront, der ihn, Glickstein, eigentlich dazu veranlassen sollte, von einer weiteren Lektüre der »Neuen Freien Presse« Abstand zu nehmen.

»Seit wann bin ich auf die Presse abonniert, Robert?«, fragte der Baron unvermittelt und erwischte seinen Diener sichtlich auf dem falschen Fuß. »Euer Hochwohlgeboren, seit ich denken kann«, tat dieser nach einer Schrecksekunde kund. »Erinnere mich daran, diese meine Angewohnheit beizeiten zu überdenken.« »Sehr wohl, Euer Hochwohlgeboren.«

Es folgte ein Moment der Stille, in dem sich der Baron am Rest des Weißgebäcks gütlich tat. Er köpfte ein weichgekochtes Ei und löffelte dessen Inhalt sorgsam aus. Dabei überflogen seine Augen trotz des zuvor deutlich gemachten Missfallens den Inhalt des Artikels. Offiziell sprach man von einem Besuch, der auf Einladung des Reichskanzlers erfolge. Doch hinter vorgehaltener Hand wusste jeder, dass Hitler den österreichischen Kanzler zum Rapport befohlen hatte. Und was bei diesem Treffen vereinbart werden mochte, das konnte Österreich kaum zum Vorteil gereichen. »Ich möcht' wetten, die braunen Horden sind mit unserem Doktor Schlitten g'fahren«, ließ sich der Baron schließlich vernehmen, während er den Eierbecher langsam von sich schob, was Robert signalisierte, dass er selbigen umgehend abzuservieren hatte. »Was die da auf dem Obersalzberg aus-verhandeln, das wird uns schwer im Magen liegen. Merk dir meine Worte, Robert.« Der Diener nickte. »Gewiss, Euer Hochwohlgeboren.«

»Ärgerliche G'schichte. Dabei wär' g'rad heut' so ein schöner Tag«, seufzte der Baron, der mit seiner Körperhal-tung zu verstehen gab, dass er über die zuletzt gemachte Bemerkung keine weitere Konversation wünschte. Robert hatte verstanden und zog sich zurück, während Glickstein nun endlich zu einer Madeleine griff. Für einen kurzen Mo-ment hielt er sie gedankenverloren in seinen Händen und betrachtete das Gebäck mit einer Mischung aus Verwunde-rung und Neugier. Ein dickes, ovales Sandtörtchen, das so aussah, als habe man als Form dafür die gefächerte Schale einer St.-Jakobs-Muschel benutzt. Eigentlich eine recht tro-ckene Angelegenheit, kam es Glickstein in den Sinn, der das Gebäck, einer spontanen Eingebung folgend, in den Tee tunkte, um es etwas saftiger werden zu lassen. Genau so, wie es sein Vater selig immer mit seinem Altwiener Kip-ferl gehalten hatte, nur, dass es im Falle des alten Glickstein

Milchkaffee gewesen war. Milchkaffee, den der Alte bis zuletzt stets als Häferlkaffee bezeichnet hatte, obwohl, genau betrachtet, jeder Kaffee in einem Häferl kredenzt wurde. Zumindest hier in Österreich. Und zumindest, solange dies noch Österreich war, was, wenn man die Schlagzeile der Zeitung in Betracht zog, keineswegs noch lange der Fall sein musste oder auch, je nach Einschätzung, konnte.

Bedrückt durch diese trübe Erkenntnis führte der Baron das aufgeweichte Stück Madeleine direkt an seine Lippen. In der Sekunde nun, als dieser mit Tee durchmischte Kuchengeschmack seinen Gaumen berührte, zuckte Glickstein unmerklich etwas zusammen und war gebannt durch etwas Ungewöhnliches, das sich in ihm vollzog. Ein seltsames Glücksgefühl, das ganz für sich allein zu bestehen schien und dessen Grund dem Baron vollkommen unbekannt blieb, durchströmte ihn, und mit einem Schlage schien es ihm, als seien die merkwürdigen Wechselfälle der Politik, ja des Lebens an sich, ohne weitere Relevanz. Die Katastrophen der letzten Zeit wirkten belanglos, wurden durch den Geschmack des Tees und des Kuchens vielmehr abgelöst durch ein Gefühl, ja, eine Erinnerung, an die lichten Momente der Jugend, da noch alles möglich gewesen war. Glickstein hatte den Frühstückstisch seines Vaters lebhaft vor Augen. Den alten Börsianer, wie er sein Kipferl in der mächtigen Hand hielt, während sich die Frau Mama am Kaviar gütlich tat, der, wie der Junge, der Friedrich Wilhelm damals war, nur zu gut wusste, direkt aus Astrachan am Kaspischen Meer importiert wurde. Denn wie alles, was den Frühstückstisch der Glicksteins zierte, kam auch dieser Fischroggen aus dem Hause Kattus, mit dem der alte Glickstein auf mehr als freundschaftlichem Fuße stand. Der Herr Papa schätzte Johann Nepomuk Kattus, doch noch mehr war er von dessen Vater eingenommen gewesen, dessen Aufstieg vom kleinen Wein- und Kaffeehändler zum größten Faktoristen der Monarchie dem Börsianer großen Respekt abnötigte. Friedrich Wilhelm hatte dieses Bild immer noch lebhaft vor sich und erinnerte sich daran, welche Magie dem Ortsname Astrachan damals für ihn innegewohnt hatte. Mit welch kindlicher Begeisterung war er in jenen Tagen dem Mysterium jener Stadt auf der Spur gewesen! In einem Schulatlas hatte er ein altes Bild von Astrachan gefunden, ein ummauerter Platz mit exotischen Kirchen, die gänzlich andere Kreuze trugen als jene, die man in Wien sehen konnte. Ein Turm, der so aussah wie die Darstellungen desjenigen aus Babel, ehe jener in sich zusammenstürzte, und in der Tat mochte man in Astrachen nur unwesentlich weniger Zungen hören als ehedem in der biblischen Stätte.

Robert rang mit sich. Der Baron wirkte wie eine Statue, allein das versonnen-verschmitzte Lächeln, das dessen Lippen umspielte, wiesen den Herrn als einen Lebenden aus. Ob Hochwohlgeboren noch Wünsche hatte? Der Diener konnte die Antwort auf diese Fragen ebenso wenig wissen wie er ahnen konnte, dass sich der Baron gerade geistig in seiner Kindheit befand. In jener Zeit also, da Österreich im Konzert der Mächtigen noch die erste Geige spielte und nichts, aber auch gar nichts darauf hindeutete, dass das mächtige Imperium der Familie Habsburg jemals ein Platz sein könnte, auf den nicht unablässig die Sonne des Glücks schien. Doch für Robert war die Erkenntnis ausreichend, dass der Baron, wo immer er sich mit seinen Gedanken auch befinden mochte, es ihn schon wissen lassen würde, sollte er ein weiteres Begehren in sich verspüren.

Friedrich Wilhelm Glickstein aber träumte sich hinweg in eine versunkene Welt der Redouten und der Walzerseligkeit, an die er sich in diesem Augenblick so genau zu erinnern meinte, dass es für ihn keineswegs von Belang war, ob ihn seine Erinnerung trog oder nicht. Der Mensch, so war auch dem Baron bewusst, gestaltete sich seine Welt so, wie er sie haben wollte, nach seinem Willen und nach seiner Vorstellung. Und wenn dies in der Wirklichkeit nicht möglich war, so musste eben die Phantasie dieses Manko ausgleichen. Und so mochte es keine Rolle spielen, ob am Tisch des Vaters Musik erklungen war oder nicht, wesentlich war, dass die Szene mit Musik eben vollkommener war als mit der simplen Geräuschkulisse von scheppperndem Geschirr und dem Schlürfen von Kaffee aus Tassen, die nun einmal Häferln waren.

Die Welt, die so in Unordnung geraten war, sie erschien dem Kinde heil. Doch war sie es nicht für alle Kinder? Zu jeder Zeit? Das Unwissen um die Alternativen, das Hinnehmen des Vorgefundenen, das schlichte Akzeptieren der Wirklichkeit, so wie sie sich präsentierte, zeichnete wohl jedes Menschenjunges aus. Man wird geboren, man lernt zu krabbeln, zu gehen, zu laufen, und blickt mit schier grenzenloser Naivität auf die Welt, die sich einem darstellt. Und da man noch nicht um all die anderen Horizonte weiß, die sie aufweist oder auch nur aufweisen könnte, ist es die beste aller Welten. Eben, weil sie die einzige ist.

Der Baron dachte daran, wie ihn als Jüngling die Lektüre von Adalbert Stifters »Bergkristall« verstört hatte. Wie, so war es ihm damals durch den Kopf gegangen, konnten diese Menschen, diese Kinder, glücklich sein, da sie doch all dessen entbehrten, was dem Leben Annehmlichkeit verlieh? Aber, wovon man keine Kenntnis hat, das kann man auch nicht vermissen. Erst das Wissen untergräbt das Glück und bringt den Schmerz, den man ob der eigenen Unzulänglichkeit und jener der Welt empfinden muss. Die Erkenntnis war mithin tatsächlich eine faule Frucht, die jenen, der von ihr kostete, aus dem kindlichen Paradies vertrieb.

Als Dreikäsehoch nahm man alles als gegeben an. Als unabänderlich und ewig bestehend. Wer hätte je ahnen mögen, dass die schmucken Uniformen, die glänzenden Parniere, die blitzenden Helme und die polierten Stiefel der kaiserlichen Soldaten ein halbes Menschenalter später schon nichts mehr sein würden als eine ferne, sehr ferne Erinnerung? Damals, in jenen glücklichen Kindertagen, schien den Himmel kein Wölkchen trüben zu können. Lachen, Fröhlichkeit und ein unbändiger Optimismus, getragen von dem festen Glauben, dass die einzig mögliche Veränderung jene zum noch Besseren war. Und während der Baron den Rest der Madeleine zu sich nahm, schweifte sein Denken ein weiteres Mal zurück an den Frühstückstisch des Vaters, den er so deutlich vor Augen hatte, als wäre er um Jahrzehnte verjüngt und wirklich im Kreise seiner Eltern und seiner Geschwister.

Der Baron war wie gebannt durch etwas Ungewöhnliches, das sich in ihm vollzog. Ein unerhörtes Glücksgefühl, das ganz für sich allein bestand und dessen Grund ihm unbekannt blieb, durchströmte ihn. Mit einem Schlage waren ihm die Wechselfälle des Lebens gleichgültig, seine Katastrophen zu harmlosen Missgeschicken, seine Kürze zu einem bloßen Trug der Sinne geworden. Für einen kurzen Moment hörte der Baron auf, sich unbedeutend, zufallsbedingt, sterblich zu fühlen. Sterblich! Der Gedanke daran ließ Glickstein innehalten. Ihm fiel ein Satz ein, wonach, da den Menschen die unausweichliche Tatsache des Todes so unendlich viel Ungemach bereitete, sie übereingekommen seien, einfach nicht an sie zu denken. Von wem stammte diese Erkenntnis noch einmal? War es Pascal gewesen? Oder Montaigne? Oder doch dieser Rene Descartes mit seinem »Ich denke, also bin ich«? In jedem Fall, dessen war sich der Baron gewiss, handelte es sich um einen Franzosen, dem jene Erkenntnis zu verdanken war. Niemals, so spann er den Faden seiner Überlegung weiter, hätte sie von einem Österreicher stammen können, denn die Österreicher hatten von Anbeginn an eine ganz eigene Beziehung zum Tod. Nicht umsonst hieß es, der Tod, der müsse ein Wiener sein. Das Morbide, das war den Wienern gleichsam in die Wiege gelegt, und nicht umsonst kannte das örtliche Idiom eine schier unüberschaubare Vielzahl an mehr oder weniger pittoresken Synonymen für das Wort »Sterben«.

Robert schrak aus seiner apathischen Pose auf. War es tatsächlich möglich, dass Hochwohlgeboren zu summen begonnen hatte? Gut, der Herr des Hauses war in die Jahre gekommen, und da war es ihm durchaus zuzugestehen, sich den einen oder anderen Moment der Extravaganz zu leisten. Der Diener konzentrierte sich auf die erratische, immer wieder unterbrochene Melodie, um solcherart zu erraten, welches Lied den Baron tief in seinem Inneren beschäftigte. Es dauerte eine Weile, bis sich Robert in der Deutung der diskant und bruchstückhaft vorgetragenen Akkorde sicher war. Der Baron gab tatsächlich ein altes Heurigen-Couplet von sich.

Wann i amal stirb, stirb, stirb, müss'n mi d' Fiaker tragn. Auch Glickstein wurde bewusst, welches Lied von ihm Besitz ergriffen hatte. Selbst über der sentimentalen Erinnerung an die glückliche Kindheit schwebte also der Tod als das unentrinnbare Ende. Glickstein nahm einen Schluck Tee zu sich und konzentrierte sich dabei auf einen warmen Sonnentag in der Vergangenheit, eine bukolische Szene voller Idylle, um endlich nicht länger an die trostlose Gegenwart denken zu müssen.

Doch das Bild aus einer nunmehr fernen Zeit führte dem Baron erst recht vor Augen, wie groß der Unterschied zu jenem Morgen war. Und das in jeder Hinsicht. Die über allen thronende Gestalt des Vaters, die begütigende Erscheinung der Mutter und die artige Kinderschar, oftmals ergänzt um geladene Gäste, sei es aus der Familie oder aus dem Bekanntenkreis des Vaters, der dann schon zu früher Stunde über seine Geschäfte zu reden pflegte, während er bei anderer Gelegenheit über die Lage im Staate räsonierte. In beiden Fällen war es den Kindern angeraten, sich leise zu verhalten und den Worten des Vaters zu lauschen, damit sie von ihm lernten, wie sie dereinst in der Welt bestehen konnten.

Nun aber war nicht von alledem geblieben. Vater und Mutter waren tot und begraben, hinabgesunken in das Reich der Schatten wie die Monarchie, welcher der Vater einst so treu gedient. Die Geschwisterschar in alle Welt verstreut, die eigene Gattin hingeschieden vor ihrer Zeit, und so saß Friedrich Wilhelm Glickstein allein an seinem großen Frühstückstisch und hatte, wenn man von Robert absah, niemanden, dem er die Welt hätte erklären können. Was, genau betrachtet, gar kein so großes Übel darstellte, da er, je älter er wurde, umso weniger von dieser Welt verstand, die er schon lange nicht mehr die seine nennen konnte, wenn sie es denn überhaupt je gewesen war.

Und als der Moment der glückseligen Erinnerung an die Jugend ebenso verblasste wie der Geschmack der in Tee getränkten Madeleine auf seiner Zunge, da wurde der Baron durch den Gedanken an seine Tochter, die ihm allein geblieben war, wieder ein wenig aufgerichtet.

»Das Fräulein Tochter frühstückt nicht?«, gab er halblaut von sich, aus seiner starren Pose als Denkmal seiner selbst gleichsam erwachend.

»Die junge Herrschaft ist gestern spät nach Hause gekommen«, replizierte Robert in möglichst neutralem Ton.

»So? Ist sie das«, ließ sich der Baron vernehmen, wobei offen blieb, ob er diese Worte an Robert gerichtet und vielmehr zu sich selbst gesprochen hatte. Robert jedenfalls fühlte sich nicht adressiert und verharrte in Schweigen, darauf wartend, welche weiteren Schlüsse der Baron aus dieser Information gegebenenfalls noch ziehen würde.

Doch der schien, da die Madeleine unwiderruflich Geschichte war, aus seinen kontemplativen Betrachtungen aufgewacht und in die Gegenwart des Frühstückstisches zurückgekehrt zu sein. Er schenkte den Zeilen über die polnisch-italienische Freundschaft gleichwohl ebenso wenig Beachtung wie den Beschlüssen des rumänischen Ministerrates. Auch den Umstand, dass die deutschen Schulbehörden eine Ausweitung der Leibeserziehung auf nunmehr fünf Stunden die Woche beschlossen hatte, nahm er, wenn überhaupt, eher beiläufig zur Kenntnis. Robert sah den Baron gelangweilt, durch die Börse-Seiten blättern, ein Eingeständnis, dass er sich eigentlich dafür interessieren sollte, es aber partout nicht tat. Auch die Literaturbeilage war schnell überblättert, es stand ja, wie der Baron oftmals betont hatte, ohnehin nichts in ihr, was Bestand haben würde. Der Baron faltete die Zeitung akkurat zusammen und legte sie neben den Teller, ehe eine nachlässige Geste seiner linken Hand Robert das Signal gab, nun mit dem Abräumen des Tisches beginnen zu dürfen.

»Spät nach Hause gekommen, so?«, wiederholte Glickstein, als Robert sich neben ihm am Geschirr zu schaffen machte. »Was ich mich frag, ist, wie das Mädel in drei Monaten die Matura machen will, wenn's immer fortgeht in einer Tour.«

Robert wusste, dass man keine Antwort von ihm erwartete, eine selbige vielleicht sogar als impertinent empfunden hätte, und so stapelte er einfach die Teller und Tassen auf sein Tablett, welches er sodann aufnahm, um es nach nebenan zu tragen. »Wie, Robert? Wie?«

Der Butler hielt mitten in der Bewegung inne. Derart direkt adressiert, kam er um eine Erwiderung keinesfalls umhin. Doch war Vorsicht geboten, denn ein falsches Wort mochte dazu führen, dass die wankelmütige Stimmung des Barons jäh in Groll umschlug, was bei seinem mit den Jahren immer deutlicher zu Tage tretenden aufbrausenden Temperament für einen Domestiken keineswegs zu empfehlen war. »Ich bin sicher, Euer Hochwohlgeboren, die junge Herrschaft ist sich ihrer Pflichten bewusst«, gab Robert daher vorsichtig von sich.

»Na, da haben S' mehr der Sicherheit als ich, Robert«, entrang sich dem Baron mit einem leichten Seufzer in der Stimme. »Mehr Sicherheit als ich«, echote es noch, als Robert bereits durch die Tür den Raum verließ.

Caroline aber, der diese existenzielle Frage galt, drehte sich, während unten im Esszimmer ihr Vater an das Fenster trat, in ihrem Bett noch einmal um, wild entschlossen, vor dem Mittagessen kein Bein auf den Boden zu stellen.

*Aus: Wiener Triptychon. Echomedia, Wien 2020*

# XIX
## Das neue Telefon

Zedlnitzky war umfassend überrascht. Er stand eben in seinem Badezimmer und putzte sich die Zähne, als es an der Tür läutete. Instinktiv führte er die linke Hand in sein Gesichtsfeld, um die Uhrzeit ablesen zu können, doch erblickte er nur ein paar Haare. Er schalt sich schweigend einen Deppen und griff dann nach der Armbanduhr, die sich, nachdem er sie vor dem Duschen abgelegt hatte, locker-lässig an das Pitralon anlehnte. 7 Uhr 10! Wer um Himmels Willen konnte das sein? Er sah seinen Körper abwärts und registrierte, dass er außer der Feinripp-Unterhose nichts am Leibe trug. Doch wer um diese nachtschlafene Zeit vor der Tür stand, musste einen solchen Anblick eben ertragen.

Noch immer mit der Zahnbürste in der Hand marschierte er durch das Vorzimmer und öffnete die Wohnungstür. Vor ihm standen zwei Männer in blauer Gewandung, die ihn sichtlich irritiert musterten, ehe sie dann doch zur Sache kamen. »Tag! Post. Wir waraten da wengan Telefon!« Dabei bemühte sich der Sprecher um ein freundliches Grinsen.

Zedlnitzky ließ die beiden nicht aus den Augen, während er den Kopf leicht nach hinten bewegte. »Mama, hat unser Telefon ein Problem?«

Frau Zedlnitzky hatte die vergangenen Minuten offenbar dazu benützt, sich einen Morgenmantel anzulegen, dessen Gürtel sie eben verknotete, als sie sich ihrem Gatten näherte. »Ja, Bärli, das hab ich ganz vergessen, dir zu sagen. Wir kriegen einen neuen Apparat.« Und wie aufs Stichwort hielt der andere der beiden Männer ein weinrotes Stück Plastik in die Höhe, an dem Zedlnitzky sofort die schwarzen Tasten auffielen. Adieu, Wählscheibe, dachte er. Laut aber sagte er: »Na dann nur herein in die gute Stube.«

Die beiden Männer passierten ihn, wobei der Jüngere anmerkte: »S wird ned lang dauern. So was is ruckzuck erledigt.« Der andere wiederum fragte: »Wo is denn die Buchsn?« Wortlos deutete Zedlnitzky auf die entsprechende Ecke. Seine Frau wiederum erinnerte sich an ihre gastgeberischen Pflichten: »Wollen S' vielleicht einen Kaffee, die Herren?« Zedlnitzky war sich sicher, dass der Junior gerne genickt hätte, doch der Senior antwortete für beide: »Vielen Dank, aber das is ned notwendig, wir sind's ja gleich.«

Während Zedlnitzky wieder damit begann, gedankenverloren zwischen seinen Zähnen herumzustochern, beobachtete er aufmerksam das Tun der beiden Postbeamten. Diese zogen irgendein Kabel aus seiner Verankerung, entfernten den alten, beigen Apparat und hängten den neuen an. »Was haben Sie da für eine Telefonnummer?«, fragte der Senior über die Schulter. »64 19 773«, antwortete Zedlnitzky nuschelnd. Der Junior zog ein weiteres Gerät aus seiner Tasche und gab ganz offensichtlich die genannte Nummer ein. Voila, es läutete. »Passt«, sagte der Senior vernehmlich, ehe er sich aus seiner hockenden Stellung wieder aufrichtete. »Sie werden sehen«, wandte er sich an Zedlnitzky, »im Prinzip ändert sich gar nicht. Nur, dass Sie jetzt nimmer ihren Finger in ein Loch stecken, sondern einfach die entsprechende Zahl drücken.« Zedlnitzky gab durch ein stummes Nicken zu verstehen, dass ihm dies bewusst war. Sein Gegenüber lächelte. »Jetzt heißt's nie mehr besetzt«, statuierte er.

Zedlnitzky brauchte ob der frühen Stunde ein paar Augenblicke, ehe er begriff, worauf der Mann hinausgewollt hatte. »Ah nein«, murmelte er mit Zahnpasta im Mund,

»das war eh kein Vierteltelefon mehr. Wir haben schon seit drei Jahren einen ganzen Anschluss.« Er war sich nicht sicher, ob der Postler ihn verstanden hatte, doch seine Frau sprang eilfertig in die Bresche: »Mein Mann ist bei der Kriminalpolizei«, sagte sie stolz. »Ah«, machten die beiden Techniker, »na dann, viel Spaß mit dem neuen Apparat, Herr Inspektor.«

Just in diesem Moment läutete es. Unweigerlich zog Zedlnitzky die Augenbrauen hoch und blickte die beiden Postbediensteten fragend an. »Abheben is gleichblieben«, grinsten diese.

*Aus: Schatten aus Stein. Ueberreuter, Wien 2020*

# XX
## Kärntner Finale

Für einen Augenblick wurde Obiltschnig sentimental. Die Ära Koschat, das war in der Tat eine andere Welt gewesen. Damals wäre niemand auf die Idee gekommen, seine Haustür abzusperren, weil die Menschen alle grundehrlich waren und es zudem ohnehin nirgendwo etwas zu holen gab. Und aus polizeilicher Sicht waren jene Tage ohnehin das absolute Paradies gewesen. Beim Kirtag war vielleicht einmal eine Rauferei zu schlichten, und ab und zu fuhr einer betrunken vom Gasthaus nach Hause, doch damit waren schon alle Verbrechen, die es in Ferlach je gegeben hatte, taxativ aufgezählt.

Warum war das heute anders, fragte sich Obiltschnig. Lag es an den vielen Fremden, die in Ferlach Wohnung genommen hatten? Wenn er auf Streife ging, sah er mittlerweile mehr ortsfremde Kennzeichen als solche mit heimischer Nummer. Aber das war es nicht! Die Zugereisten waren entweder brave Arbeiter, die das gut geölte Uhrwerk der Stadt am Laufen hielten, oder Pensionisten, die beschaulich ihren Lebensabend verbrachten.

Nein, es mochte wohl an den neuen Zeiten selbst liegen. Die waren rau! Überall war eingespart worden. Es gab keine Post mehr in Ferlach, sein Polizeiposten war auf zwei Planstellen zusammengestrichen worden, und die vielen kleinen Geschäfte, die einstmals dafür gesorgt hatten, dass man auch in Dollich, Tratten oder Görtschach alles fußwegig erledigen konnte, waren dem enormen Konkurrenzdruck durch die Supermärkte nicht mehr gewachsen gewesen. Nun musste man mit dem Auto fahren, wenn man auf die Schnelle etwas zu essen oder trinken haben wollte.

Die Preise explodierten, während die Gehälter stagnierten. Offiziell befand man sich immer noch in der Zweiten Republik, aber sie wirkte so gänzlich anders als noch vor zwei, drei Jahrzehnten.

Vielleicht wurde er einfach nur alt und betrachtete das Neue deswegen mit Skepsis? Er erinnerte sich an einen Satz, den er einmal während eines Seminars von einem Wiener Kollegen aufgeschnappt hatte. Wie ging der noch gleich? »Solang man bemerkt, was alles neu aufsperrt, solang ist man jung. Wenn einem auffällt, was alles zusperrt, dann ist man alt.« Er schüttelte sich, ganz so, als könnte er auf diese Weise seine düsteren Gedanken verscheuchen. »Der Koschat also«, sagte er laut. »Sonst noch was?«

»Ich habe das Gefühl, die ganze Gemeinde ist in Schockstarre verfallen. Nicht einmal das Büro des Bürgermeisters meldet sich mehr«, bilanzierte Popatnig.

»Und aus Klagenfurt auch keine Nachrichten?«, hakte Obiltschnig nach. Popatnig schüttelte den Kopf: »Ich glaube, die haben vergessen, dass es Ferlach überhaupt gibt.«

*Aus: Kärntner Finale. Gmeiner-Verlag, Meßkirch 2023*

# XXI
## Warten auf Beckett

Sein Leben sei fade und uninteressant, sagte Samuel Beckett einmal, und er erklärte auch, die Literaturprofessoren wüßten mehr darüber als er. Und als Deirdre Bair ihn 1971 mit dem Ansinnen konfrontierte, eine Biographie über ihn schreiben zu wollen, da meinte er nur, nun werde er »als der Scharlatan entlarvt, der ich bin«.

Selbst, wenn man ihm einen Moment lang Glauben schenken und annehmen wollte, sein Leben sei wirklich uninteressant, so muß man gleichzeitig feststellen, sein Werk ist es nicht. Doch auch sein Leben verlief alles andere als langweilig, weshalb eine Beschreibung seines Lebensweges in der Tat eine spannende Lektüre abgibt. Zumal, weil Becketts Werk nicht von seinem Leben getrennt werden kann. Die Erfahrungen, die Beckett machte, flossen in seine Literatur ein, in seinen Werken bildete er ab, was er sah und darüber dachte. Auf den Punkt gebracht, könnte man behaupten, Becketts Schaffen drehe sich nur um das »Sehen« und das »Sagen« oder, genauer, um das »wie sagen«. Und doch geht es Beckett um mehr. Auf seine Art war der hagere Ire ein Philosoph, der in der Tradition eines Rene Descartes ebenso stand wie in jener eines Arthur Schopenhauer oder eines Thomas von Aquin. Ein Philosoph freilich, der die Literatur als das probate Mittel, seine Philosophie zu propagieren, entdeckt hatte. Becketts Stücke, Romane und Erzählungen ergo nur als »Belletristik«, als schöngeistig zu betrachten, griffe zu kurz. Sie sind aber auch keine klassisch philosophische Darlegung einer Weltanschauung, welche die Leser mit einer klaren Theorie vom Lauf der Welt konfrontiert. Beckett zögert sogar, klar mitzuteilen, was er denkt, beschränkt sich vielmehr darauf, anzudeuten, was denkmöglich wäre. Er zeigt die Fragen auf, die Antworten müssen – so sie überhaupt auffindbar sind – von anderen gefunden werden. Beckett begnügt sich nicht mit dem Thema »Wie ist die Welt?« Schon allein dieser Ansatz erscheint ihm fragwürdig! Die Welt? Welche Welt? Gibt es nicht mehrere Welten – die Außenwelt, die Innenwelt, die künstliche Welt unserer Einbildung –, mit denen wir konfrontiert sind und in denen wir uns zurechtfinden müssen? Wir finden Bedingungen vor, die dazu angetan sind, uns zu fragen, welchen Sinn wir darin erkennen können. »Warten auf Godot«, aber auch »Akt ohne Worte« bringen die Beckettsche Weltsicht auf den Punkt. An die äußersten Ränder der Existenz gedrängt, versagen alle eschatologischen Heilslehren, gleich welcher Provenienz, versagen mithin alle Interpretationsmuster, kommt auch jedwede Philosophie an ihr Ende: »Wenn sich der Gegenstand meiner Romane in philosophischen Begriffen ausdrücken ließe, hätte ich keinen Grund gehabt, sie zu schreiben«, meinte Beckett selbst zu dieser Problematik, und in der Tat, ein Umfeld, das uns deformiert, können wir nur beschreiben. Wir können sagen, was wir sehen, wir können sagen, was wir sehen wollen, aber kann man sagen, was man sehen wird? Wir bewegen uns von Beginn an aufs Ende zu. Doch das Ende bleibt unbekannt – bis zum Ende. Und solange wir nur um das Ende an sich wissen, nicht aber um seine Form, bleibt uns nur zu versuchen, dem Chaos um uns eine Ordnung abzuringen oder wenigstens eine Erklärung dafür zu finden. Und diesem Tun gehen die Beckettschen Protagonisten mit Hingabe nach. Äußerlich mag das wenig spektakulär sein, weshalb es immer wieder vorlaute Stimmen gab, die da meinten, bei Beckett geschehe nichts. Doch genau das ist der Punkt. Das Nichts bestimmt über uns alle, dominiert alles Leben und jede Entwicklung, die für das Individuum zwangsläufig in eben jenem Nichts mündet. Dem Nichts kann niemand entkommen, und das ist doch eine ziemlich gewaltige Erkenntnis. Es ist nur die Frage, wie man mit dieser Erkenntnis umgeht.

»Sein ist wahrgenommen werden«, lautet eine von Becketts zentralen Maximen, und die Aufgabe eines Porträts ist es wohl, das Leben eines Menschen wahrnehmbar werden zu lassen. Ob der sich dann als Scharlatan entpuppt oder nicht, muß dem Leser überlassen bleiben.

*Aus: Samuel Beckett. Dtv, München 2006*

# XXII
## Mark Twain

»Ich wurde am 30. November 1835 in dem verschwindend kleinen Dorf Florida, Monroe County, Missouri, geboren. Meine Eltern waren in den frühen 30er Jahren nach Missouri gezogen. Ich erinnere mich nicht genau, wann das war, denn da ich damals noch nicht auf der Welt war, interessierten mich derlei Dinge nicht. Die Reise dauerte in jenen Tagen lange und muss beschwerlich und ermüdend gewesen sein. Das Dorf zählte hundert Einwohner, und ich habe die Bevölkerungszahl um ein Prozent erhöht. Es ist vielleicht nicht gerade bescheiden von mir, darauf hinzuweisen, aber es stimmt. Es gibt kein Zeugnis dafür, dass ein anderer das fertiggebracht hat – nicht einmal Shakespeare.«

Mit diesen Worten offenbarte Samuel Longhorne Clemens, der sich als Schriftsteller »Mark Twain« nennen sollte, zwei seiner grundlegenden Charakterzüge: seinen Humor und sein soziales Denken. Und wenn man Twain heutzutage vor allem als Kinderbuchautor sieht, dessen Ruhm sich auf den von ihm geschaffenen Wildfängen Tom Sawyer und Huckleberry Finn gründet, so war Twain weitaus mehr als das. Ein politischer, sozial engagierter Essayist, ein Visionär und ein genauer Beobachter seiner Zeit, der entschieden Stellung bezog, egal, ob sein Standpunkt nun populär war oder nicht. Lieber allein stehen und moralisch integer bleiben als mit der Masse zu gehen und dafür zum Opportunisten werden, lautete sein Credo. Und wenn viele seiner Werke heute vergessen scheinen, so nimmt Twain doch in der Literatur seiner Heimat einen zentralen Platz ein. Literaturnobelpreisträger Ernest Hemingway ging sogar so weit, zu behaupten, die gesamte moderne amerikanische Literatur stamme von Twain ab: »Vorher gab's nichts, danach hat es nichts gleich Gutes gegeben.« Rudyard Kipling nannte Twain gar »göttlich« und stellte ihn in eine Reihe mit Miguel de Cervantes, und George Bernard Shaw meinte gar, die amerikanische Literatur habe nur zwei Aktiva: Edgar Allen Poe und eben Twain. Shaw wies aber auch frühzeitig auf ein grundlegendes Problem Twains hin. Gemäß Twains eigenem Anspruch, die Wahrheit zu schreiben, musste er »die Dinge so darstellen, dass die Leute, die ihn andernfalls hängen würden, glauben, er mache Spaß«. Twain war also ein hochmoralischer Autor, und gerade an Moral herrschte in den USA ein erschreckender Mangel, wie auch Maxim Gorki bitter beklagte. In dieser Hinsicht avancierte Twain zu einem wortmächtigen Mahner seiner Zeit, der konsequent den Finger in die Wunden eines Systems der sozialen Kälte legte. Und genau darin liegt heute noch die ungebrochene Aktualität seines Werkes.

Twain war nicht lange in dem Dorf Florida geblieben. Sein Vater, stets auf der Suche nach dem – ökonomischen – Glück, wanderte alsbald weiter und ließ sich in dem kleinen Städtchen Hannibal an den Ufern des Mississippi nieder. Dort konnte der heranwachsende Samuel den Flussschiffern bei der Arbeit zusehen, wobei ihn vor allem die Lotsen faszinierten, deren Aufgabe es war, die ihnen anvertrauten Schiffe vor Untiefen und sonstigen Gefahren zu bewahren. Dazu benutzten sie ein an einem Faden befestigtes Senkblei, mit dem sie konstant die Wassertiefe ausloteten, wobei ein Faden auf knapp zwei Meter genormt war. Ab etwa vier Meter, so wussten die Lotsen aus Erfahrung, waren die Schiffe sicher, und so geriet der Ruf »Zwei Faden« zur allseits mit Freude und Erleichterung aufgenommenen

Botschaft. Im altertümlichen Englisch jener Tage hieß dies »Mark Twain«, und dem jungen Mister Clemens schien es mehr als verlockend, mit dieser positiven Aussage assoziiert zu werden. Somit zeichnete er seine Werke mit genau diesem Namen.

Kein Wunder aber auch, dass Twain zunächst selbst Lotse werden wollte: »Ein Lotse war damals der einzige ungebundene und vollkommen unabhängige Mensch auf Erden. Der Kapitän konnte im Glanz einer äußerst kurz bemessenen Autorität auf dem Oberdeck stehen und, während das Schiff rückwärts abstieß, fünf oder sechs Kommandos erteilen, aber damit hatte es sich auch schon. Sobald das Schiff in Fahrt war, unterstand es einzig und allein dem Lotsen. Er konnte damit tun und lassen, was er wollte, konnte fahren, wann und wohin es ihm passte, und anlegen, sooft er es für ratsam hielt. Seine Bewegungsfreiheit war völlig ungehemmt, und er empfing von niemandem Befehle. Ja, ein Bundesgesetz, das ganz richtig davon ausging, der Lotse müsse mit dem Schiff selbstverständlich besser umzugehen wissen als jeder andere, verbot ihm sogar, auf Befehle oder Ratschläge zu hören.«

Vier Jahre lang stand Twain als Lotse auf der Brücke und genoss eine schier grenzenlose Freiheit. Er befuhr die Strecke zwischen St. Louis und New Orleans, eine Route, die üblicherweise knapp mehr als drei Wochen dauerte. Die Woche, die zum Laden und Löschen der Fracht nötig war, hatte er frei. Auf den Mississippi-Dampfern, so berichtete Twain später, habe er alle Arten von Menschen getroffen, hier habe sich das ganze Leben der Menschheit in einen Mikrokosmos zusammengeballt, und von den an Bord gemachten Erfahrungen sollte Twain als Schriftsteller mannigfach profitieren.

Noch freilich war es nicht so weit, wirklich zur Feder zu greifen. Fast schien es, als hätte Twain den persischen Mystiker Saadi studiert, der einst erklärt hatte, man müsse, wolle man ein guter Schriftsteller sein, zuerst die eine Hälfte des Lebens mit Reisen zubringen, um dann in der zweiten Hälfte des Lebens von diesen Eindrücken Kunde geben zu können.

Doch eine Annäherung an das gedruckte Wort fand bereits statt. Noch ehe Twain den Lotsenberuf ergriffen hatte, war er bei einem Drucker zur Lehre gegangen, und später schrieb er die eine oder andere Glosse für das »Hannibal Journal«, das seinem Bruder gehörte. 1861 aber, Twain war gerade 25 Jahre alt, brach der amerikanische Bürgerkrieg aus, und als echter Südstaatler meldete sich Lotse Twain zur Armee der Konföderierten. Gleichwohl blieb Twain nur wenige Tage »Graurock«, doch diese kurze Zeitspanne genügte, ob Twain alle Illusionen hinsichtlich eines Krieges zu nehmen. Zeitlebens sollte Twain ein strikter Mahner vor jeder bewaffneten Auseinandersetzung bleiben, denn ein Krieg, so wusste er nun aus eigener Anschauung, hatte nichts Glorreiches und Ehrenhaftes an sich, sondern nur »Schmutz, Not, Elend und sinnlosen Tod«. Twain desertierte also und zog quer durch die Prairie nach Westen, dabei zumindest indirekt dem »Lockruf des Goldes« folgend. In Nevada hatte vermeintlich reiche Lager an Edelmetall gefunden, was einen ähnlichen »Goldrausch« auslöste wie zwölf Jahre zuvor in Kalifornien.

Twain erging es allerdings wie den meisten Goldsuchern. Er verlor sein ganzes Geld und beinahe auch den Verstand bei seinem verzweifelten Bemühen, zu Reichtum zu kommen. Bar jeglicher Finanzmittel, besann er sich seiner Erfahrungen in der schreibenden Zunft und heuerte beim »Territorial Enterprise« in Virginia City als Redakteur an: »Hemdsärmel, Schlapphut, blaues wollenes Hemd, in die Stiefel gestopfte Hosen, Bart bis auf die halbe Brust, und am Gürtel den üblichen Marinerevolver.« Letzteren trug er freilich nur »aus Rücksicht auf die öffentliche Meinung« und »um mich durch sein Fehlen nicht anstößig zu machen«.

Als Lokalreporter hatte Twain einen nachgerade epochalen Start. Er berichtete von einem Mann namens Hopkins, der seine Frau mit einer Axt tötete, seine sechs Kinder mit einem Knüppel erschlug und sich dann selbst die Kehle durchschnitt, nachdem er durch einen Anlageberater, der ihm geraten hatte, wertlose Aktien zu kaufen, um sein ganzes Vermögen gebracht worden war. Die Geschichte wurde, da sie so plausibel klang und tagtäglich nahezu überall vorkam, sofort für bare Münze genommen und in zahlreichen landesweiten Gazetten übernommen. Sogar in Europa wurde sie nachgedruckt. Und doch hatte sie einen entscheidenden Schönheitsfehler: Twain hatte sie erfunden. Und es sollte nicht seine einzige Münchhausen-Geschichte bleiben, sodass er selbst alsbald einsah, dass er weit weniger Journalist als eben vielmehr Autor war. Und nachdem er 1867 sein erstes Buch (»Der berühmte Springfrosch von Calaveras«) veröffentlicht hatte, begab sich Twain auf Reisen. Ausfluss einer ausgedehnten Tour, die ihn bis nach Europa und in den Nahen Osten führte, war 1869 der Band »Innocents Abroad« (etwa: »Die Ahnungslosen im Ausland«), in dem er sich über europäische Arroganz ebenso lustig machte wie über amerikanische Ignoranz. Das Buch brachte ihm derart viel Erfolg ein, dass er nun daran denken konnte, endlich sesshaft zu werden. Er heiratete und erwarb wenig später ein schmuckes Anwesen in Hartford im Bundesstaat Connecticut.

Twains rascher und durchschlagender Erfolg als Schriftsteller hatte mehrere Gründe. Einer davon war der Umstand, dass die amerikanische Gesellschaft allmählich erwachsen wurde. Die Pionier- und Grenzerzeit lag hinter ihr, nun wollte sie es den Europäern gleichtun, und dazu brauchte sie auch entsprechende Literaten. Da kamen die Schriften eines Bret Harte, eines Ambrose Bierce oder eben jene Twains gerade recht. Zumal sich Twain als sehr flexibel erwies, was die Auswahl seiner Stoffe anbelangte. Er schreckte durchaus vor Zotigem nicht zurück – etwa in seinen »Kamingesprächen« (1601), in denen er William Shakespeare und Francis Bacon mit freizügiger Sprache über diverse Aspekte der körperlichen Liebe philosophieren ließ –, griff aber auch auf die idyllischen Schilderungen eines amerikanischen Arkadien zurück, wenn es darum galt, auch die eher zart besaitete Klientel der Ostküste für sich zu gewinnen.

Seinen eigentlichen Triumphzug trat Twain allerdings mit Abenteuergeschichten an, die ab 1876 in kurzer Abfolge von ihm publiziert und damals durchaus noch von allen Leserschichten eifrig konsumiert wurden. »Tom Sawyer« (1876), »Der Prinz und der Bettelknabe« (1881), »Leben auf dem Mississippi« (1883), »Huckleberry Finn« (1884) und »Ein Yankee am Hofe König Arthurs« (1889) begründeten endgültig Twains Weltruhm, wenngleich diese Werke heute vielfach durch Kürzungen und sprachliche »Entschärfung« in die Kinder- und Jugendbuchabteilungen abgedrängt wurden.

Twain aber genügte es nicht, als Schriftsteller zu reüssieren, er wollte sich auch als Geschäftsmann beweisen. Er erwarb einen Verlag und investierte, durchaus mit einem Hang zum Risiko, in diverse Erfindungen und Patente. Eines davon, eine Setzmaschine, erwies sich jedoch als ebenso kolossaler wie kostenintensiver Fehlschlag. Dieser riss Twains Verlag in den Abgrund. 1894 stand Twain mit Schulden in Höhe von 190.000 Dollar da, sodass er sich gezwungen sah, im Alter von beinahe 60 Jahren zu einer Weltreise aufzubrechen, auf der er durch Lesungen, Autogrammstunden und durch erst zu verfassende Artikel seine Schulden abzubezahlen gedachte.

Genau diese Reise war es, die Twain schließlich auch nach Wien führte. Er traf, von einem schweren Gichtanfall geschlagen, am 28. September 1897 in der Reichshaupt- und Residenzstadt ein und nahm im damals hochangesehenen Hotel »Metropol«, das rund 40 Jahre später traurige Berühmtheit als Zentrale der Wiener Gestapo erlangen sollte, Quartier. Twains Ankunft in Wien sorgte umgehend für beachtliches Rauschen im Wiener Blätterwald. Jede Zeitung, die etwas auf sich hielt, berichtete ausführlich von den Aktivitäten des gefeierten Literaten, was Karl Kraus zu dem spöttischen Apercu verleitete: »Anwesend war auch Mark Twain. Wo? Hier und dort!«

Im Frühjahr 1898 übersiedelte Twain auf einen Sommersitz nach Kaltenleutgeben, wo er an zahlreichen Texten arbeitete, gleichwohl aber auch zahlreiche Besuche empfing. Im September 1898 ließ er sich aber nicht nehmen, nach Wien zurückzukehren, um persönlich am Begräbnis der kurz zuvor ermordeten Kaiserin teilzunehmen. Twain mietete sich im Hotel »Krantz« ein und verfolgte den Trauerkondukt vom Balkon seiner Suite, dabei eifrig Notizen zu Papier bringend, die später unter dem Titel »Eine denkwürdige Ermordung« erschienen. In der Folge war Twain regelmäßiger Gast in den Wiener Theatern, im Burgtheater und im Reichsrat. Am 25. Mai 1899 wurde ihm schließlich noch die Ehre zuteil, vom Kaiser persönlich in Privataudienz empfangen zu werden. Dementsprechend höflich äußerte sich Twain in seinem abschließenden Interview mit dem »Neuen Wiener Tagblatt«, ehe er Wien am 27. Mai mit dem Zug verließ, wobei tausende Menschen zum Franz Josefs-Bahnhof gepilgert waren, um den illustren Gast zu verabschieden.

Die teilweise erniedrigenden Erfahrungen im Gefolge seines Bankrotts ließen Twain noch mehr als zuvor zum Anwalt der politisch Ohnmächtigen werden. Er lieh der Arbeiterschaft seine Stimme, kritisierte in harschen Worten die unsozialen Auswüchse des Kapitalismus und lud demonstrativ den als Kommunisten bekannten Maxim Gorki in die Staaten ein, um mit diesem ein Zeichen gegen Imperialismus und Krieg zu setzen. Wenn Twains Engagement letztlich rein emotionaler Natur blieb, so hatte seine Stellungnahme für die Unterprivilegierten doch Gewicht und wurde entsprechend registriert. Dies wiederum hatte auch für Twain selbst positive Auswirkungen, da seine Werke nun auch von der Arbeiterpresse nachgedruckt wurden, was ihm abermals einen neuen und in der Folge sehr treuen Leserkreis erschloss.

1898 konnte Twain aufatmen. Er hatte genug Geld eingenommen, um tatsächlich alle seine Gläubiger zufriedenzustellen. Er blieb noch zwei Jahre in Europa, dann kehrte er in die USA zurück, wo er sich im Wesentlichen darauf beschränkte, seinen Ruhm zu genießen. Er erhielt zahlreiche Ehrendoktorwürden, darunter jene von den Universitäten Yale und Oxford, und arbeitete, wenn auch halbherzig, an seiner Autobiographie. Nach dem Tod seiner Frau 1904 zog er sich jedoch weitgehend zurück, und als 1909 auch noch seine dritte Tochter starb (bereits früher waren sein Sohn und seine erste Tochter verschieden, lediglich die mittlere Tochter sollte ihn überleben), da schien der Lebenswille Mark Twains endgültig gebrochen. Im Juni 1909 erlitt er eine Herzattacke, fand jedoch noch den Humor, den Gerüchten, er sei bereits tot, mit den Worten zu widersprechen: »Die Zeitungen sprechen davon, dass ich sterbe. Das ist falsch. Ich würde so etwas niemals im Leben tun.«

Am 21. April 1910 tat er es dann doch.

*Aus: Mark Twain: Bewegte Zeiten. PD-Verlag, Wien 2012*

# XXIII
## Der Flug des Phönix

Die Ingredienzien eines einzigartigen Aufstiegs in den Olymp der schönen Künste sind schnell beschrieben: Man nehme einen empfindsamen Jüngling mit bemerkenswerten intellektuellen Fähigkeiten, der in einem trostlosen Kaff im amerikanischen Mittelwesten aufwächst, wo sich Fuchs und Hase zur guten Nacht ein Duell liefern. Größtenteils auf sich selbst gestellt, flüchtet der junge Mann in eine Traumwelt, in der er die Abenteuer Tom Sawyers und Huckleberry Finns nicht mit-, sondern selbst erlebt.

### Idol Arthur Rimbaud

Er hört weiße Countrymusik á la Hank Williams ebenso wie schwarzen Deltablues, und er findet rasch heraus, dass er unmöglich dieser bedeutungslose jüdische Knabe Zimmerman sein kann. »Ich ist ein anderer«, erkannte vor ihm auch schon Jean Arthur Rimbaud, und so erwählt der junge Mann den Franzosen zu einem seiner Idole, zu denen er auch den trinkfesten Waliser Dylan Thomas und den melancholisch-zornigen Westerner John Steinbeck zählen wird. Ausgestattet mit diesem Rüstzeug, braucht der junge Heros nun noch eine entsprechende Legende, ehe er bereit ist, die Welt im Sturm zu erobern.

Bob Dylan, wie er sich ab 1961 nennt, ändert die Geschichte seiner Jugend so oft ab, bis wahrscheinlich nicht einmal mehr er selbst weiß, wie sie sich wirklich zugetragen hat. In New Yorks Intellektuellenkreisen präsentiert er sich als hartgesottener Hobo, der ungeachtet seiner Jugend bereits unzählige Schienenstränge abgewandert und mit jedem Güterwaggon zwischen Redwood und dem Golf von Mexiko persönlich bekannt ist.

Das Phänomen Bob Dylan schlägt so nachhaltig ein, dass unwillkürlich die Frage aufkommt, weshalb die Folk-Heroen Woody Guthrie, Pete Seeger oder Cisco Houston ihm auf ihren musikalischen Reisen in den 30er und 40er Jahren nie begegnet sind.

## Künstlerische Anklagen

Eines aber steht rasch fest: Keiner versteht es wie Dylan, die Dinge auf den Punkt zu bringen. Während der denkende Teil der amerikanischen Gesellschaft den als falsch erkannten »American Way of Life« mit den Gewerkschaftsliedern der 30er und 40er Jahre zu bekämpfen sucht, greift der junge Dylan aktuelle Fälle aus der Presse auf, die er mit ein paar Gitarrengriffen und geschliffenen Formulierungen zu künstlerischen Anklagen wider das System formt. Damit gewinnt er rasch ein Publikum, das weit über die Folkniks aus dem Village hinausreicht.

Die Protestbewegung der 60er Jahre hat im wahrsten Sinne des Wortes ihr Sprachrohr gefunden. Doch Dylan begnügt sich nicht damit, die Massen zu fragen, auf welcher Seite sie stehen. Er will es Rimbaud nachmachen und zu neuen Horizonten aufbrechen – womit er massives Unverständnis erntet. Als er zur elektrischen Gitarre greift, wird er von jenen, die eben noch seine Jünger waren, lautstark ausgebuht. Auf das euphorische Hosianna folgt das gnadenlose Crucifige.

Dylan nutzt einen Motorradunfall (über den seitdem viel gerätselt wurde und wird), um sich eine Weile von der Welt zurückzuziehen. Als er nach zwei Jahren zurückkehrt, ist er scheinbar nicht mehr derselbe. Der Dylan des Jahres

1968 singt Country-Songs ohne künstlerische Schnörkel. Aus dem Barden des Protests wird ein zotiger Bänkelsänger – und das mit erstaunlichem kommerziellen Erfolg. Die als reaktionär verpönte Countrymusik gilt dank des wiedererstandenen Dylan plötzlich als hip, und nicht wenige Epigonen machen sich auf, aus den alten Banjoklängen progressive Rockmusik zu formen. Bands wie Lynyrd Skynyrd, Steppenwolf oder Dylans eigene Begleitgruppe, The Band, gehen neue Wege und erweitern das musikalische Spektrum um den erst später so genannten Country Rock.

Für Dylan war auch das ein untrügliches Signal, seine Zelte in diesem Genre wieder abzubrechen. Nachdem er Anfang der 70er Jahre noch ein paar starke musikalische Momente hat, die sich vor allem in Alben wie »Blood on the Tracks« oder »Desire« manifestieren, entdeckt er das Christentum für sich und macht bis Anfang der 80er Jahre auf Gospel. Der Sänger übersiedelt – metaphorisch gesprochen – von Nashville nach Harlem. Diesmal freilich bleibt der Jubel aus. Dylan versucht sich in verschiedenen Stilen, probiert mal Boogie, mal Swing, doch für das Publikum ist er unwiderruflich am absteigenden Ast. Nicht wenige sehen ihn als alternden Schlagerfuzzi in Las Vegas enden.

## In der Hall of Fame

Aber Dylan wäre nicht Dylan, wenn er nicht erneut wie der Phönix aus der Asche stiege. Mit seinen Freunden Tom Petty, George Harrison, Roy Orbison und Jeff Lynne formiert er die Oldstar-Band The Traveling Wilburys, mit welcher er sich aus der künstlerischen Krise zieht. 1988 beginnt er eine Tour, die seitdem niemals wirklich endete und folglich auch »Never Ending Tour« heißt. Dylan wurde in die Rock 'n' Roll Hall of Fame aufgenommen, wobei Bruce Springsteen als sein Laudator fungierte – wohl der einzige amerikanische Musiker, dessen Werk annähernd so großen Einfluss auf die populäre Musik hatte wie jene des Mannes aus dem Mittelwesten.

Viele Vertreter der linken Protestbewegung haben Dylan mehrmals Verrat an den gemeinsamen Idealen vorgeworfen. Es entbehrt auch nicht einer gewissen Ironie, dass ein Folksänger, der einst dem Klassenkampf seine Stimme lieh, selbst dem Papst ein Ständchen darbrachte. Doch was Dylans Kritiker dabei übersahen, war der simple Umstand, dass ihre Ideale wohl niemals jene Dylans waren. Zumindest nicht die all jener Dylans, die es im Laufe der letzten fünfzig Jahre zu beobachten galt. Dylan ist nämlich – im Gegensatz zu Rimbaud – nicht EIN anderer, er ist VIELE andere, und dies nicht zuletzt deshalb, weil er sich in kritischen Phasen seines Lebens immer wieder neu zu erfinden vermochte. Und das ist wahrscheinlich auch die einzige Möglichkeit, im Schatten eines derart übermächtigen Mythos, zu welchem er längst geworden ist, als Mensch zu überleben.

## Lehrstuhl für Dylanlyrik

Und dieser Mensch ist mittlerweile über das Stadium, »bloß« Musiker zu sein, weit hinausgetreten. Nicht nur, dass sich Dylan »so nebenbei« als Maler einen Namen gemacht hat, wird auch seine Literatur längst als wegweisend anerkannt. Seine Songs sind lyrische Meisterwerke, die sich mit dem Schaffen der großen Dichter durchaus messen können.

Kein Wunder also, dass Dylan, der für sein Oeuvre bereits den Pulitzer-Preis bekam, seit Jahren regelmäßig im Gespräch für den Literaturnobelpreis ist. Konsequenterweise gibt es zwischenzeitlich eigene Lehrstühle, die sich mit Dylans Literatur auseinandersetzen, eine eigene »Dylanologie«, wenn man so will, die wiederum dazu beiträgt, seinen Mythos zu mehren.

Doch den Altmeister, der aus dem einst jungen Mann hervorgegangen ist und der am 24. Mai 70 Jahre alt wird, wird all das nicht anfechten, denn auch er ist – einfach nur ein anderer.

*Aus: Wiener Zeitung, 20.5.2011*

# XXIV
## Der Wegweiser in die Moderne

Vor 100 Jahren starb einer der grundlegenden Erneuerer des Theaters: Henrik Ibsen

Von Andreas P. Pittler

So konträre Dichterfürsten wie George Bernard Shaw und Rainer Maria Rilke priesen ihn. Hugo von Hofmannsthal und Bert Brecht waren weit weniger von ihm begeistert. Selbst die politische Linke wurde sich über ihn nicht einig: während Friedrich Engels ihn für einen wahren Neuerer der Literatur hielt, bekam Ibsen von Theodor W. Adorno alles andere als gute Zensuren. Und selbst heute, 100 Jahre nach seinem Tod, erhitzt Ibsen immer noch die Gemüter. Grund genug für eine Rückschau.

### Frühe Leiden

Am 20. März 1828 wurde Henrik Ibsen als Sohn eines Kaufmanns in dem kleinen norwegischen Provinzstädtchen Skien geboren. Sein Vater war als Großhändler Teil der örtlichen Bourgeoisie und das, was man gemeinhin einen angesehenen Bürger nennt. Die Ibsens bewohnten ein geräumiges, helles Haus in bester Lage, und es schien, als könnte nichts das Glück der Familie trüben. Bis sich der Vater 1835 in seinen Geschäften übernahm und Bankrott machte. Das Haus wurde versteigert, die Ibsens kamen bei einem Bauern in der näheren Umgebung unter, wodurch sie vor dem Armenhaus gerettet wurden. Dennoch bedeutete diese Deklassierung einen tiefen Einschnitt in die Lebenswelt des jungen Ibsen, dessen Zukunft sich wie seinerzeit bei Charles Dickens plötzlich und unerwartet in Nichts aufgelöst hatte.

Vorbei der Traum von einer fundierten Ausbildung. Ibsen konnte gerade die Grundschule absolvieren und musste danach die Familie verlassen, um als Apothekerlehrling eine Stelle in dem 800-Seelen-Dorf Grimstad anzutreten.

Die Armut nagte bitter an dem Jüngling, der nicht einmal genug Geld besaß, sich anständig kleiden zu können. Er war gezwungen, mit den Söhnen seines Lehrherrn in einer kleinen Kammer zu schlafen und Tag und Nacht zur Verfügung zu stehen. Dennoch fand Ibsen selbst in dieser dunklen Zeit einen kleinen Hoffnungsanker, denn er knüpfte zarte Bande zum um 10 Jahre älteren Stubenmädchen. Was freilich der noch Minderjährige nicht für möglich gehalten hätte, das Mädchen wurde von ihm schwanger, wodurch buchstäblich Ibsens letztes Geld für Unterhaltszahlungen aufgewendet werden musste.

Mangels realer Fluchtmöglichkeiten enteilte der junge Ibsen seiner Not auf seine Weise: er zog sich in die Welt der Literatur zurück. Hatte er schon frühzeitig jedes Buch verschlungen, das er in die Finger bekam, beschloss er, mittlerweile 20 Lenze zählend, selbst zur Feder zu greifen.

## Fluchtversuche

Seiner Lage entsprechend wählte er für sein erstes literarisches Werk einen römischen Rebellen als Titelhelden. »Catilina« hieß das Stück, das er 1848/49 niederschrieb, während sich ringsum die Welt in revolutionärer Gärung befand. Schon damals freilich zeigte sich, dass Ibsen kein Mann der simplen Erklärung und platten Vereinfachung war. Sein Catilina ist weder der düstere Verschwörer, zu dem ihn einst Cicero gemacht, noch der soziale Befreier, als den ihn die Linke sah, Catilina ist ein Getriebener seiner inneren Widersprüche, der an dem schieren Auseinanderklaffen zwischen Wollen und Möglichem zerbricht. Im Sinne Jacques Lacans verläuft Catilinas Tun zwischen den Mauern des Unmöglichen, sein Scheitern ist vor diesem Hintergrund ebenso vorgezeichnet wie logisch.

Mit »Catilina« wäre fast auch Ibsen gescheitert. Als das Werk nach zahllosen fruchtlosen Versuchen, es auf die Bühne zu bringen, endlich 1850 als Privatdruck erscheint, findet es praktisch keine Käufer. Doch wird er immerhin ermutigt, dem eingeschlagenen Pfad zu folgen, und so verfasst Ibsen wenig später einen Einakter namens »Das Hünengrab«, gänzlich nationalistischen Romantizismen verpflichtet, der auch gleich in Oslo angenommen und aufgeführt wird. Für Ibsen hat dieser erste Etappensieg ungeahnte Folgen. In Bergen sucht man im November 1851 für das neue Theater einen Dramaturgen und findet ihn im jungen Ibsen, der nun erstmals ein akzeptables Auskommen hat und dies noch dazu in dem von ihm angestrebten beruflichen Umfeld.

Die folgenden Jahre erweisen sich aber dennoch als Enttäuschung. Wiewohl Ibsen bis 1857 jedes Jahr auch ein eigenes Stück auf den Spielplan stellen kann, bleiben Würdigung und Resonanz aus. Nur zu gerne nimmt er daher das Angebot an, die künstlerische Direktion des Osloer »Norwegischen Theaters« zu übernehmen. Dies umso mehr, als Ibsen mittlerweile geheiratet hatte und daher ein größeres Gehalt als bisher benötigte. 1859 wurde zudem Sohn Sigurd geboren, sodass Ibsen angesichts seiner eigenen Erfahrungen finanzielle Sicherheit über alles ging.

Abermals freilich erweist sich das Schicksal als launisch. 1863 gerät das Theater in finanzielle Schwierigkeiten und muss Ibsen den Stuhl vor die Tür stellen. Seine Hilferufe – selbst an das norwegische Parlament wendet er sich – verhallen ungehört.

## Durchbruch

Schließlich ist es sein literarischer Rivale Björnstjerne Björnson, der ihm 1864 zu einem Reisestipendium verhilft, mit dem er erstmals als unabhängiger und freier Schriftsteller leben kann. Ibsen begibt sich nach Rom, wo er binnen weniger Wochen »Brand« schreibt, mit dem sein Aufstieg zum Weltruhm beginnt.

Mit diesem Zeitpunkt beginnt Ibsens schöpferischste Periode. »Peer Gynt« (1867) wird zu einem stürmischen Erfolg, an dem auf ihre Weise auch andere norwegische Genies nicht unbeteiligt sind: Edvard Munch malt das Plakat zur Uraufführung, Edvard Grieg vertont das Werk nur wenig später.

In den folgenden Jahren setzt sich Ibsen auch im Ausland, vor allem in Deutschland und England, mehr und mehr durch, und selbst Norwegen erkennt in Ibsen nunmehr einen »großen Sohn«, auch wenn dieser weit lieber in Tirol oder am Bodensee lebt als an den heimatlichen Fjorden.

## Klassiker

1879 schockiert Ibsen sein Publikum mit einem völlig neuen Stück: »Nora – Ein Puppenheim« thematisiert die Rolle der Frau in der bürgerlichen Gesellschaft. Nora, die Gattin eines zu Ansehen und Wohlstand gekommenen Bankers, muss erkennen, dass ihr Handlungsspielraum auch nach der Zeit des entbehrungsreichen Aufstiegs massiv eingeengt bleibt. Wie vor der Ehe ihr Vater, so nimmt nun auch der Mann ihre Bedürfnisse nicht ernst, behandelt sie wie eine Puppe ohne eigenen Willen. Als Nora erkennt, von den sie umgebenen Männern stets nur ausgenutzt und manipuliert worden zu sein, zieht sie die Konsequenzen und verlässt ihren Ehemann: »Ich muss herausfinden, wer Recht hat: die Gesellschaft oder ich.«

Wohl gerade des – für damalige Zeit – kontroversiellen Themas wegen avancierte nicht nur das Stück, sondern auch die Buchausgabe in Skandinavien in Windeseile zum Bestseller. Und Reclams Universal Bibliothek, eben erst aus der Taufe gehoben, schloss in Deutschland mit einer noch 1879 erscheinenden Übersetzung an, die dazu beitrug, den Ruhm der »Reclam-Hefte« zu begründen.

»Nora« zählt heute zu den begehrtesten Frauenrollen am Theater, sie hat aber auch den Film erobert, wie die zahlreichen Streifen, die auf Ibsens Stück basieren, belegen, von denen wohl die Version Rainer Werner Fassbinders die berühmteste ist. Ibsen selbst verstand sich zeitlebens als Vorkämpfer für die Emanzipation und bemühte sich in seinem Umfeld stets und mit Nachdruck um die Gleichberechtigung der Frau.

Typisch für Ibsen ist wohl auch »Gespenster«, sein nächstes, 1881 zur Uraufführung gebrachtes, Stück. In diesem Familiendrama zeigt Ibsen auf, wie nicht nur die Weltsicht der Eltern, sondern die Traditionen und Ansichten ganzer Generationen auf den Zeitgenossen lasten, die diesem Alp kaum oder nur unter unendlichen Mühen zu entkommen vermögen. »Gespenster« erwies sich gerade im Licht der ersten Hälfte des 20. Jahrhunderts als ein überaus prophetisches Werk, wobei anzumerken ist, dass der norwegische Originaltitel »Wiedergänger« lautet. Die handelnden Personen sind bereits tot, sie wissen es nur noch nicht. Und so sind sie verdammt, auf Erden weiterzuwandeln, bis sie vielleicht doch noch Erlösung oder wenigstens Genugtuung finden. An dieser Stelle verweist der sonst den Prinzipien des Naturalismus verpflichtete Ibsen bereits auf künstlerische Strömungen der zweiten Hälfte des 20. Jahrhunderts, gemahnt »Gespenster« doch in vielerlei Hinsicht an die Werke Sartres, Camus' oder Becketts.

Noch deutlicher legt Ibsen 1883 in »Ein Volksfeind« den Finger in die Wunde der Gesellschaft. Der Idealist Stockmann hat mit seinem Fleiß und seinem Engagement ein kleines Dorf zu einem reichen und wohlhabenden Badeort gemacht. Seine Forschungen zeigen ihm aber, dass das Wasser verunreinigt ist, weshalb es unverantwortlich wäre, die Gäste, die den Ort in Scharen besuchen und so für seinen Reichtum sorgen, weiter baden zu lassen. Als Stockmann seine Ergebnisse den Mitbürgern präsentiert, wird der ehedem viel Geachtete zum viel Geschmähten. Ibsens bittere Erkenntnis: wer zur Wahrheit steht, der steht alsbald allein.

Mochten Ibsens Ansichten auf der Bühne noch als Mode erscheinen, er vertrat sie umso entschlossener als politischer Mensch. Er stand nicht nur den Anhängerinnen des Frauenwahlrechts bei, er engagierte sich auch für die Arbeiterbewegung und die politische Linke, der er seine Stimme lieh: »Ginge es nach mir, so müssten sich alle Unterprivilegierten zusammentun und eine starke, resolute Partei gründen, deren Programm ausschließlich auf praktische und produktive Reformen, auf eine massiv ausgedehnte Erweiterung des Stimmrechts, eine Verbesserung der Stellung der Frau, die Befreiung des Unterrichts von allerhand mittelalterlichem Kram usw. gerichtet wäre.« Drei Jahre später, 1887, wurde die norwegische Arbeiterpartei gegründet.

In den folgenden Jahren gelingen Ibsen mit den Stücken »Die Wildente« (1884), »Rosmersholm« (1886) und »Die Frau vom Meer« (1888) drei weitere Bühnenerfolge, wobei allmählich erkennbar wird, dass Ibsens Kräfte langsam erlahmen. Immer öfter benötigt er ausgedehnte Erholung, begibt sich auf Kur und liegt doch immer wieder krank danieder. Den Sommer 1889 verbrachte er im tirolerischen Gossensaß, wo er der gerade 18jährigen Wienerin Emilie Bardach begegnet. Es geht ihm wie einst Goethe in Marienbad, doch ist das Resultat dieses stürmischen Aufwallens seines Herzens keine Elegie, vielmehr dient ihm Bardach als Vorbild für die weibliche Hauptrolle in seinem letzten großen Stück, »Baumeister Solness«.

Zuvor spricht Ibsen in »Hedda Gabler« (1890) noch einmal die Situation der Frau in der bürgerlichen Gesellschaft an. Wieder steht die Spannung zwischen den Erfordernissen einer bürgerlichen Existenz und den Wünschen nach Selbstverwirklichung im Vordergrund des Dramas, in dem Ibsen schonungslos die Lügen aufzeigt, mit denen die Gesellschaft eine Wahlmöglichkeit vorspiegelt, die sie in der Realität, wäre sie überhaupt vorhanden, niemals akzeptieren würde. Dieses Thema handelt Ibsen zwei Jahre später auch im »Baumeister Solness« ab, der sich mit den vorherrschenden Verhältnissen abgefunden hat, ehe ihm die Begegnung mit der jungen Hilde neuen Kampfgeist einimpft, der ihn jedoch umso sicherer in den Untergang treibt.

## Ausklang

1898 feiert ganz Skandinavien hymnisch den 70. Geburtstag des Dichter-Heros. Er selbst freilich ist am Ende seines Weges angekommen. Nach »Baumeister Solness« sind nur noch drei kleinere Werke entstanden, im März 1900 erkrankt Ibsen so schwer, dass er nicht mehr arbeitsfähig ist. Es folgt ein jahrelanges Siechtum, verschärft durch mehrere Schlaganfälle, ehe er am 23. Mai 1906 im Alter von 78 Jahren stirbt. Wenige Monate zuvor war Norwegen unabhängig geworden, es ehrte ihn mit einem Staatsbegräbnis.

Wie kaum ein anderer Dichter hat Ibsen das literarische Spektrum der Zeit abgeschritten – von der Romantik über den Naturalismus bis hin zum kritischen Realismus. In vielen Punkten erwies er sich als Wegweiser in eine neue Form der Literatur, und genau das hat ihn wohl zum Klassiker gemacht, der uns auch heute noch viel zu sagen hat.

*Aus: Wiener Zeitung, 21.5.2006*

# XXV

Vor 70 Jahren starb Friedrich Glauser
Der Vater des Kriminalromans

Zu seiner Zeit völlig verkannt, gilt Friedrich Glauser heute
allgemein als der wesentliche Wegbereiter des deutschsprachigen Kriminalromans. Doch das Leben des Schweizers,
der eigentlich aus Wien stammte, war beinahe noch span-
nender als ein Thriller – und es hatte kein Happy End.

Was Dashiell Hammett und Raymond Chandler für die
amerikanische Krimiliteratur, das war Friedrich Glauser für
die deutschsprachige. Er war keineswegs der erste Autor
hierzulande, der die Kriminalität in all ihren Erscheinungs-
formen zum Thema seiner Romane machte, aber er war ihr
erster Meister, an dem sich alle, die nach ihm kamen, messen und messen lassen mussten. Sein Wachtmeister Studer
ist mittlerweile so legendär wie Marlowe und Spade und
stand Pate für viele spätere Ermittler. Nicht umsonst trägt
die bedeutendste Auszeichnung der deutschsprachigen
Krimiszene, der vom »Syndikat«, der Vereinigung deutschsprachiger Kriminalschriftsteller, vergebene Preis, seinen
Namen.

Geboren wurde Glauser am 4. Februar 1896 in Wien
als Sohn eines Lehrers, den es aus der Schweiz in die kai-
serlich-königliche Residenzhauptstadt verschlagen hatte.
Charles Pierre Glauser, der an einer Wiener Handelsaka-
demie unterrichtete, hatte Theresia Scubitz, die Tochter
eines kaiserlichen Beamten, geheiratet. Doch im September 1900 stirbt die Mutter an einer Blinddarmentzündung,
und Glauser wird jäh aus seiner vertrauten Umgebung
gerissen. Nach einem mehrmonatigen Aufenthalt in Itali-

en wird Glauser zu seinen Großeltern nach Aussig an der Elbe verfrachtet, wo er bis zum Sommer 1902 verbleibt. Der Vater hat in der Zwischenzeit Elisabeth Apizsch aus Leipzig geheiratet und holt den Sohn zurück nach Wien in die frisch bezogene Wohnung in der Schelleingasse im 4. Wiener Gemeindebezirk.

Wenig später beginnt für Glauser der Ernst des Lebens. Er tritt in die protestantische Volksschule am Karlsplatz ein, die er als unauffälliger Schüler absolviert. Im September 1906 wechselt er dementsprechend in das Elisabethgymnasium in der Margaretner Rainergasse über. Doch der Sohn leidet unter der alttestamentarischen Strenge des Vaters, dessen langer Rauschebart ihn wie Gottvater persönlich erscheinen lässt. Vater Glauser scheint jedoch an sich selbst weit weniger harte Maßstäbe anzulegen, denn die 1909 erfolgte Trennung des Ehepaares hat einen ganz simplen Grund: der Vater tändelt mit der Gouvernante, die wenig später auch seine dritte Ehefrau werden soll.

Der Sohn heißt diese Entwicklung keineswegs gut. Er reißt von zuhause aus und wird erst in Pressburg von den Behörden aufgegriffen. Für den Vater verdient dieses Verhalten keine Milde. Er meldet den Sohn von der Rainergasse ab und verfrachtet ihn im Sommer 1910 nach Glarisegg am Bodensee, ein typisches Schweizer Internat, in dem 14jährige keineswegs glücklich ist. Glauser rebelliert nun mangels Gelegenheit nicht mehr gegen den Vater, sondern gegen die Lehrer, was ihm 1913 den Ausschluss aus dem Institut einträgt. Der Vater schickt den Sohnemann daraufhin nach Genf, doch auch dort bleibt Glauser ein Sorgenkind. Und als er sich despektierlich über die schriftstellerischen Versuche seines Deutschlehrers äußert, ist auch die Genfer Schulzeit jäh beendet.

Um dem väterlichen Zorn zu entgehen, flüchtet Glauser bei Nacht und Nebel nach Zürich, wo er im Frühjahr 1916 endlich die Matura macht. Er schreibt sich als Student der Chemie an die Züricher Universität ein, doch recht lange hält sein akademischer Elan nicht an. Glauser hat eine neue Welt für sich entdeckt, die der Schriftstellerei. Er findet Zugang zur Zürcher Dadaisten-Szene, verkehrt freundschaftlich mit Tristan Tzara, Hugo Ball und Max Oppenheimer, tritt mit ersten Gedichten in der Öffentlichkeit auf. Für den Vater hat der Sohn damit endgültig den Verstand verloren. Er lässt ihn psychiatrisch untersuchen und verweigert jegliche finanzielle Unterstützung. Glauser hält sich mit Gelegenheitsjobs über Wasser, doch die Rache des Vaters holt ihn ein. Im Dezember 1917 wird Glauser in ein psychiatrisches Sanatorium eingewiesen, wo man ihn mit Morphium ruhigstellt. Das »Mo« sollte Glauser nie mehr loslassen.

Anfang Januar 1918 beschließt das Zürcher Amtsgericht auf Antrag des Vaters, Glauser zu entmündigen. Dieser entzieht sich den Folgen dieses Urteils durch Flucht aus der Anstalt. Er setzt sich nach Genf ab, wird jedoch abermals aufgegriffen und nach Zürich expediert. Dass er dort einen Selbstmordversuch unternimmt, erscheint seinen Verfolgern als ein weiterer Beweis für seine psychische Krankheit. Man diagnostiziert »Dementia Praecox« und weist ihn neuerlich in eine Anstalt ein. Erst nach einem Jahr gelingt ihm abermals die Flucht, einige Monate kann er ein normales Leben führen. Er lebt mit einer Freundin in einer alten Mühle und widmet sich wieder der Literatur. Bei einem Besuch in Bellinzona allerdings erkennt man ihn, und seine Freiheit hat ein Ende. Wieder reagiert Glauser mit einem Selbstmordversuch, wieder wird er arretiert.

Im Oktober 1920 darf Glauser die Anstalt verlassen, er wird einem Bürger zur Obhut überlassen und findet eine

Beschäftigung in einer Greißlerei. Doch ein solches Leben kann ihm keine Erfüllung sein. Glauser nutzt die erstbeste Gelegenheit, erneut auszubüchsen. Er begibt sich heimlich über Deutschland nach Frankreich, wo er sich von der Fremdenlegion anwerben lässt. Von 1921 bis 1923 tut Glauser Dienst in Marokko. Die dort gemachten Erfahrungen wird er später in seinem einzigen Roman, der kein Krimi ist, in »Gourrama«, verarbeiten.

Als der Regimentsarzt einen Herzfehler konstatiert, wird Glauser aus der Legion entlassen. In Paris findet er Arbeit im »Grand Hotel Suisse«, später arbeitet er im belgischen Charleroi als Grubenarbeiter. Die dortigen Bedingungen lassen ihn einen weiteren Selbstmordversuch unternehmen, worauf Glauser wieder einmal in der Psychiatrie landet. Im Mai 1925 sind die Irrenärzte seiner müde und bewirken seine Abschiebung in die Schweiz, wo er in die psychiatrische Anstalt Münsingen eingewiesen wird. Dort gerät er erstmals in kompetente Hände. Der Freudianer Max Müller analysiert mit Glauser die Ursachen seiner seelischen Bedrängung und ermuntert Glauser, zur Schriftstellerei zurückzukehren. In der Tat kann Glauser im Juni 1926 entlassen werden. Glauser ist es um einen völligen Neubeginn zu tun, und ungeachtet der Tatsache, dass er bereits 30 Jahre alt ist, beginnt er eine Gärtnerlehre. Es sollte die einzige Ausbildung in seinem Leben bleiben, die er auch abschloss.

1928 beginnt Glauser mit der Arbeit an seinem Roman »Gourrama«, den er Anfang 1930 fertigstellt. Da es ihm nicht gelingt, einen Verlag für das Manuskript zu gewinnen, schreibt er einen weiteren Roman, der eine Kriminalhandlung zum Thema hat. »Der Tee der alten Damen« ist jedoch nicht nur ein Kriminalroman, er ist auch eine gelungene Gesellschaftssatire, die überkommene Verhaltensweisen ebenso auf's Korn nimmt wie die Affektiertheit so manches Schweizer Biedermanns. Doch auch der »Tee« findet keinen Abnehmer, und Glauser schlittert wieder in die Krise. Er kehrt zu Morphium zurück und begeht kleinere Delikte (Rezeptfälschungen), um an »Mo« zu kommen. Das bringt ihn neuerlich in Konflikt mit der Obrigkeit, und ab 1932 verbringt Glauser abermals lange Zeit in diversen Anstalten.

Positiv daran ist nur, dass er Berthe Bendel kennenlernt, die bis zu seinem Tod seine Freundin und Lebensgefährtin werden sollte. Als er im Januar 1935 in eine Berner Anstalt verfrachtet wird, beginnt Glauser dort mit seinem dritten Roman. »Wachtmeister Studer« sollte Glausers (Nach) Ruhm begründen. In relativ kurzer Zeit entstehen fünf Romane mit dem eigenbrötlerischen, grüblerischen und doch so beharrlichen eidgenössischen Polizisten, und Glauser spürt endlich Boden unter den Füßen. Er gibt wieder Lesungen, zieht, aus der Anstalt entlassen, mit Berthe Bendel zusammen und kann sich im Dezember 1936 über die Veröffentlichung von »Wachtmeister Studer« freuen, dessen zweites Abenteuer schon Anfang 1937 publiziert wird. Glauser und Bendel können es sich leisten, in die Bretagne zu ziehen, wo Glauser sich zum ersten Mal rundum frei fühlt. Und als im November 1937 der Vater stirbt, kann Glauser darauf hoffen, endlich wieder mündig gesprochen zu werden und heiraten zu können.

Doch Glausers Weg bleibt steinig. Entziehungskuren und Krankenhausaufenthalte gehören immer noch nicht ganz der Vergangenheit an, und die Hochzeitspläne erweisen sich in der Umsetzung als schwieriger denn erwartet. Im Sommer 1938 weicht Glauser nach Italien aus, hoffend, dort möge man ihm weniger Steine in den Weg legen. Und tatsächlich: im Herbst hat er alle erforderlichen Dokumente beigebracht, alle Hindernisse überwunden. Die Hochzeit wird auf den 7. Dezember 1938 terminisiert. Am Vortag der geplanten Eheschließung gönnt er sich mit Freunden einen Polterabend und verliert beim Abendessen plötzlich das Bewusstsein. Wiewohl er in Windeseile ins Spital gebracht wird, fällt er in ein Koma, aus dem er nicht mehr erwacht. Zwei Tage später ist Glauser tot.

Waren zu Lebzeiten nur zwei Bücher von ihm erschienen, die zwar auf wohlwollendes Echo gestoßen, aber kaum kommerziell erfolgreich gewesen waren, so setzt noch während des Krieges ein gesteigertes Interesse an seinem Werk ein. 1939 beginnt die Verfilmung der Studer-Geschichten, die sich rasch großer Popularität und Beliebtheit erfreuen. So sehr, dass selbst Friedrich Dürrenmatt dem Kollegen seine Reverenz erweist. Der Roman »Das Versprechen« weist deutliche Paraphrasen auf »Wachtmeister Studer« auf, und Kommissär Matthäi wirkt wie ein in die Jahre gekommener Studer.

Mittlerweile ist Glauser ohne Frage ein Klassiker. Dies nicht zuletzt deshalb, weil seine Literatur so authentisch, so aus dem Leben gegriffen ist. Die Menschen, so weiß Glauser, sind weder gut noch böse, es braucht nur einen kleinen Stolperstein, um ins Elend zu kommen. Die Welt ist nicht, wie sie sein sollte, und uns bleibt nur, uns in ihr irgendwie zurechtzufinden. Das gelingt den einen besser, den anderen schlechter – und manchen gar nicht. Glauser sah sich ein Leben lang auf der Seite der Außenseiter, der Ausgestoßenen, der Müden und der Beladenen. Für sie wollte er Verständnis wecken, ihnen wollte er eine Stimme geben: »Wenn es uns gelingt, Sympathien und Antipathien im Leser zu wecken für unsere Geschöpfe, für die Häuser, in denen sie wohnen, für die Spiele, die sie spielen, für das Schicksal, das über ihnen schwebt und sie bedroht oder ihnen lächelt? Das tat früher alles der Roman schlechthin, das Kunstwerk. Wäre es nicht eine lohnende Aufgabe für uns, ihm wieder Leser zuzuführen durch seinen verachteten Bruder, den Kriminalroman?«

Und Glauser schrieb nicht nur über die kleinen Leute, er wollte auch für sie schreiben: »Mein Ehrgeiz strebt nicht danach, von Literaturbonzen ernst genommen zu werden. Ich möchte die Leute erwischen, die Courts-Mahler lesen oder John Kling.« Und indem er aufzeigte, dass »auch einfache Menschen komplizierte Schicksale haben können« holte er die Literatur aus dem Elfenbeinturm zurück und gab sie ihrer eigentlichen Bestimmung wieder. Eine solche Leistung ist nicht hoch genug zu bewerten, wenn auch Glauser selbst an dieser Stelle sofort Einspruch eingelegt hätte. Er, der sich selbst als vom Leben »so mürbe wie eine Linzertorte« sah, hätte sein Tun für keine große Sache gehalten: »Denn das Leben läuft weiter. Unlogisch, packend, traurig und grotesk zugleich.«

*Aus: Wiener Zeitung, 6.12.2008*

# XXVI
## Ein Sommer in der Hölle

»Ich erinnere mich genau, wie ich diesen Akt der Hingabe am ersten Tag vollzog, an dem ich sein Werk erblickte. Ich las nur wenige Zeilen an jenem Tage, und legte dann, zitternd wie ein Blatt, das Buch wieder aus der Hand. Hätte ich Rimbaudin meiner Jugend gelesen, hätte ich vielleicht niemals eine Zeile geschrieben. Welch ein Glück ist zuweilen unsere Unwissenheit.«

Nicht nur Arthur Miller war tief beeindruckt von jenem rätselhaften Dichter, der wie ein Phönix aus der Asche der französischen Literatur seiner Zeit aufstieg und sich alsbald immer höher über all seine Zeitgenossen erhob, ganze Generationen von Schriftstellern sahen in dem scheinbar schüchternen, wortkargen, und dennoch so wortgewaltigen Rimbaud ein nachzueiferndes Genie. Er kann ebenso als der bedeutendste Wegbereiter des Symbolismus gelten, wie auch der gesamte Surrealismus ohne sein Vorbild und Beispiel nicht zu denken ist. Er beeinflußte nachhaltig Dichter wie Alexander Blok, Dylan Thomas, Oscar Wilde, Rainer Maria Rilke, Hugo von Hoffmannsthal bis hin zu den Lyrikern der Beatgeneration oder Pop-Poeten wie Bob Dylan und Leonard Cohen. Jean-Nicholas Arthur Rimbaud, geboren am 20. Oktober 1854 in Charleville, trat bereits mit 16 literarisch an die Öffentlichkeit, um mit 20 bereits wieder zu verstummen. Dazwischen liegt das wohl bemerkenswerteste Oeuvre, das ein Dichter in diesem Alter der Nachwelt hinterlassen hat.

Aufwachsend in einem Provinznest, dem er mehrmals zu entkommen versucht, sind seine ersten Gedichte realistische Rufe der Revolte: »Naturschilderungen, grausamste

Spießbürgersatire, kämpferisches Heidentum und mörderischer Frauenhaß bilden Gegenstand seiner Lyrik, der alle Formen und Themen gleich meisterhaft vertraut sind, die wahrhaftunerhört ist in Rhythmus, Sprachmelodie und Intensität der Anklage.« (Hans Mayer). 1871 flieht er nach Paris, wo für kurze Zeit die Commune herrscht. Beeindruckt von der elementaren Kraft des Proletariats schreibt er sein Poem »Der Schmied«, in dem er mit Monarchie und Absolutismus abrechnet: „Hier gilt nicht Gesetz, nicht Befehl/ Richter und Henker in einem bin ich. /Bist ein Jahrtausend schon reif für den Streich/ihr seid alle reif, daß man euch umlegt/als Dank für Knechtschaft der Armen im Reich. / Nie hat Erbarmen das Herz euch bewegt, /wenn wir Elend und Dreck, vor der Zeit/hinfallen mußten. Mit Steuern hart/habt ihr noch toller geraubt. Gott Vater war weit/und die Pfaffen auf Weiber und Wein vernarrt. /Wir haben von diesem verdammten Beamtentum endlich genug.«

»In Paris lernt der enttäuschte Kommunarde, der auch eine verloren gegangene »constitution revolutionaire« verfasst, den Dichter Paul Verlaine kennen, mit dem ihn alsbald mehr als eine literarische Freundschaft verbinden sollte. Die beiden beginnen ein unstetes Wanderleben, gelangen nach Belgien und weiter bis nach London. In rascher Folge entstehen zahlreiche Gedichte, Lieder, Poeme, die allerdings nur vereinzelt veröffentlicht werden (und erst Jahre später ohne sein Wissen oder postum gesammelt erscheinen wie »Les Illuminations«). Der 18jährige ist am Höhepunkt seiner Schaffenskraft, er experimentiert mit neuen Stilen, Wortneuschöpfungen, verlegt sich auf Fragmente, gebrochene Lineaturen, auf irreale, aber dennoch sinnlich scharfe Bilder.

Seine neuen fremdartigen Chiffren, seine vieles Herkömmliche auflösende Wortalchemie lassen sich mit nichts aus der bekannten Literatur vergleichen und nehmen Entwicklungen vorweg, die später von Expressionisten wie Surrealisten aufgegriffen und weitergeführt werden. Er sucht im Alkohol, im Rausch, im Laster ganz bewußt neue Lebens- und Kunstformen, neue Gefühle, die er in neuen Ausdrucksformen fassen will, sieht den Dichter als Seher und Besessenen: »Der Dichter macht sich sehend durch eine lange, gewaltige und überlegte Entregelung aller Sinne. Alle Formen von Liebe, Leiden, Wahnsinn; er sucht sich selbst, er erschöpft alle Giftwirkungen in sich, um nur den innersten Kern davon zu bewahren. Unsägliche Qual, wo er des vollen Vertrauens, der gesammelten übermenschlichen Kraft bedarf, wo er unter allen der große Kranke, der große Gesetzesbrecher, der große Verdammte wird, und der höchst Wissende! Denn er kommt an beim Unbekannten!«

Je mehr Kreativität Rimbaud in jener Schaffensphase eruptiv verausgabt, umso mehr versinkt sein Freund Verlaine in dumpfer Agonie, die Beziehung der beiden durchläuft mehrere Krisen, ehe es im Juli 1873 zum belgischen Drama kommt. Der eifersüchtige Verlaine ist nicht bereit, den Gefährten ziehen zu lassen und gibt zwei Revolverschüsse auf ihn ab. Rimbaud kommt mit einer Schusswunde an der Hand in ein Brüsseler Spital, Verlaine wegen Körperverletzung ins Gefängnis. Niedergeschlagen beendet Rimbaud »Une saison en enfer«, eine Jahreszeit in der Hölle, in dem er – ebenso autobiographisch wie sein ganzes Werk – sein Verhältnis zum älteren Verlaine aufarbeitet. Es ist das einzige Buch, das er drucken läßt, obwohl er es später wieder vernichten lassen will. »Ich leide, ich schreie mich kaputt. Ich leide wahrhaftig. Nichts bleibt mir erspart. Ich bin mit der Verachtung aller Kreatur beladen. Selbst die Hunde pissen mich an. Darum will ich bekennen. Mein Inneres vor euch auftun. Zwanzigmal dieses Elend wiederholen zu müssen ist schrecklich. Wozu auch? Und was gewinnt man damit?«

Ernüchtert, fern von allen Freunden, zeichnet Rimbaud seine Erfahrungen, sein Scheitern auf, bringt seinen Ekel der kleinkrämerischen Gesellschaft gegenüber zum Ausdruck, die sich nun in Empörung über den gefallenen Engel ergeht. »Von meinen Vorfahren, den Galliern, habe ich das hellblaue Auge, den schwerfälligen Kopf und die Ungeschicklichkeit im Kampf. Meine Kleidung ist mindestens so barbarisch wie die der Ururgroßväter, nur mein Haar versah ich nicht mit übler Pomade. Die Gallier waren die herzlosesten Tierschinder ihrer Zeit, und über die Kräuter fuhren sie mit Feuer und Schwefel. Von diesem Pack habe ich auch den Götzendienst geerbt, den Hang zu jedem Frevel, alle erdenklichen Laster: Jähzorn, Hurerei, Suff, Lüge.« In immer stärkerem Ausmaß verachtet Rimbaud die gesamte europäische Kultur, der 20jährige »Engel im Exil« (Mallarmé) verstummt, wendet sich von der Literatur ab. Fußwanderungen führen ihn nach Deutschland, die Schweiz, Italien, nach Wien, wo er ausgeplündert und von den Behörden ausgewiesen wird.

Abenteuerliche Gerüchte kommen literarisch Interessierten zu Ohren. Rimbaud sei Fremdenlegionär geworden, verschiebe Waffen in Fernost, habe in einem buddhistischen Kloster Zuflucht gesucht, unternehme gefährliche Expeditionen in Nordafrika oder Abessinien. Bald fällt der Mensch Rimbaud der Vergessenheit anheim. Kaum jemand nimmt davon Notiz, als er 37jährig vom Tode gezeichnet wieder in Frankreich eintrifft. In Marseille bringt man ihn in ein Hospital, amputiert ihm ein Bein. Doch auf Rettung ist nicht mehr zu hoffen. Am 10. November 1891 stirbt

Jean Arthur Rimbaud unter Qualen an Krebs in einem Marseiller Krankenhaus, nachdem er seiner Heimatstadt einen letzten Besuch abgestattet hat. Er wird in Charleville begraben, beklagt von Literaten, mit denen Rimbaud nichts mehr zu tun haben wollte, und die als sein Testament Zeilen zitieren, von denen er sich längst losgesagt hatte: »Der Dichter kommt an im Unbekannten, und selbst wenn er seine eigenen Visionen schließlich nicht mehr begriffe, so hat er sie doch geschaut. Mag er zugrunde gehen an seinem riesigen Sprung durch die unerhörten und unnennbaren Dinge. Andere fruchtbare Arbeiter werden kommen und an jenen Horizonten anfangen, wo er selbst zusammengebrochen ist.«

*Aus: Tango, 5.11.1991*

# XXVII
## Very British

Die englische Demokratie ist weder die älteste, noch die prononcierteste, doch sie hat sich so in das kollektive Gedächtnis eingegraben, dass die »Houses of Parliament« im Palast von Westminster zum Inbegriff parlamentarischer Debatte wurden. Das britische Hohe Haus gilt als besonders fair, besonders kultiviert und besonders geschichtsträchtig. Es bietet in seiner langen Geschichte aber auch so manche unerwartete Anekdote.

### Britische Frühzeit

Die britischen Inseln waren ursprünglich von den Kelten besiedelt, die sich in Stämmen organisierten und durchaus auf demokratische Elemente in ihrer Willensbildung zurückgriffen. So wurde etwa die politische Führung nicht innerhalb einer bestimmten Familie vererbt, vielmehr wählten die Stammeskrieger aus ihrer Mitte jene Person, die ihnen für die jeweils anstehenden Aufgaben am fähigsten dünkte.

Um die Zeitenwende kamen die Kelten mit den Römern in Kontakt, die wenig später dazu übergingen, England für sich in Besitz zu nehmen. Gelang ihnen dies im Südosten der Insel relativ leicht, so holten sie sich an den Rändern oftmals blutige Nasen. Vor allem ein irischer Stamm bereitete ihnen ziemliche Pein. Dessen Krieger hielten sich an keinerlei kriegerische Spielregeln, sondern stürmten einfach drauflos und hauten alles kurz und klein, was ihnen zwischen die Äxte kam. Und da die einzige Kleidung dieser »wilden Barbaren« in üppiger Körperbemalung bestand, nannten die Römer sie einfach »Pikten«, die Bemalten. Gemeinsam mit den Scoten, die sie in Schottland an den

Rand gedrängt hatten, bildeten sie ein für die Römer un-
überwindliches Bollwerk, sodass sich Kaiser Hadrian um
die Mitte des 2. Jahrhunderts gezwungen sah, zum Schutz
vor den Kelten quer durch England eine Mauer bauen zu
lassen, die als »Hadrianswall« auch heute noch zu besichti-
gen ist.

Aus den Tagen der römischen Expansion an Britanniens
Gestaden überliefert uns der Historiker Tacitus übrigens ein
bemerkenswertes Dokument »antiimperialistischen« Denkens. Vor einer Schlacht versammelt der Kelten-Häuptling
Calgacus seine Männer und hält eine erstaunlich modern
anmutende Rede: »Uns hier am Rande der Erde, uns letzte
Söhne der Freiheit, hat gerade unsere Entlegenheit und Ver-
borgenheit vor der Welt bis zum heutigen Tag verteidigt.
Doch jetzt liegt die Grenzmark Britanniens offen – nichts
als Wogen und Felsen und noch feindlicher die Römer.
Und ihrem Frevelmut wird man vergeblich durch Fügsam-
keit und Bescheidung zu entrinnen suchen. Räuber der
Welt, durchspüren sie, nachdem den alles Verwüstenden
die Länder ausgingen, nun auch das Meer, habgierig, wenn
der Feind reich, ruhmsüchtig, wenn er arm ist. Als einziges
von allen Völkern begehren sie Fülle wie Leere mit gleicher
Leidenschaft. Stehlen, Morden, Rauben heißen sie mit falscher Bezeichnung Herrschaft, und wo sie Einöde schaffen,
nennen sie es Frieden.«

Nach dem Bau der Mauer kam es für rund 300 Jahre
zu einem für beide Seiten akzeptablen Modus Vivendi: Die
Römer »zivilisierten« Südostengland, die Kelten zogen sich
nach Irland, Schottland und Wales zurück, und so blieb
es, bis die Römer Mitte des 5. Jahrhunderts aus Britannien
abzogen. An ihrer Statt kamen die Germanen, vor allem
die Jüten, die Angeln und die Sachsen, die auf Englands

Boden sieben Königreiche, die so genannte »Heptarchie«, schufen: Anglia, Mercia, Northumberland, Kent, Essex (Ostsachsen), Wessex (Westsachsen) und Sussex (man ahnt es, Südsachsen). Die Kelten, zumal ihr Hauptstamm, die Briten, die damals angeblich unter der Führung eines gewissen Arthur standen, wurden nach Wales abgedrängt.

Die Insel, nun nach den Angeln mehr und mehr England geheißen, sah sich um 800 neuen Eroberern gegenüber. Die Wikinger aus Skandinavien sollten bis zum 11. Jahrhundert immer wieder für Aufsehen sorgen und das Land sogar mehrmals regieren. Doch sie förderten auf der anderen Seite auch die Einigung der germanischen Stämme, und wie sich Scoten und Pikten im Norden unter Kenneth MacAlpine 843 zum Königreich Schottland vereinigt hatten, sammelten sich die Angelsachsen 871 um Alfred, dem ersten König von England.

1013 eroberten die Dänen unter Sven Gabelbart die Insel und beherrschten sie fast 30 Jahre lang, wobei vor allem Knut der Große lange in Britannien weilte, sodass England beinahe zu einem skandinavischen Anhängsel geworden wäre. Doch 1066 kamen andere Wikinger, die Normannen nämlich, aus Frankreich über den Ärmelkanal und besiegten in der Folge alle anderen Rivalen um die Vorherrschaft in Britannien. Wilhelm der Eroberer begründete eine Dynastie, die bis 1485 den Herrscher stellen sollte.

Im Gefolge der erfolgreichen Normanneninvasion änderte sich auch das politische Gefüge auf der Insel. Die angelsächsischen Adeligen wurden von normannischen Adeligen verdrängt, und diese verfügten, je nach Herrscherpersönlichkeit, über mehr oder weniger Einfluss auf die Politik des Reiches. Angesichts der Unwägbarkeiten einer solchen Situation entwickelten die Adeligen bald das

Bedürfnis, ihren Einfluss dauerhaft verbrieft zu bekommen. Ihr Bemühen um Mitsprache mündete im Kampf um eine Ratsversammlung, in der sie Sitz und Stimme haben sollten.

### Erste parlamentarische Schritte

Es begann mit der »Magna Charta«. In dieser sicherte König Johann Ohneland den Adeligen Englands 1215 eine stattliche Zahl an Rechten zu, worunter auch bestimmender Einfluss auf die Legislative fiel. Zwar hatte der König seit der normannischen Eroberung Englands 1066 immer wieder auch den Rat der Nobilität einholen müssen, doch war dies mehr oder weniger auf freiwilliger Basis geschehen. Nunmehr sollte dies durch die Schaffung einer Körperschaft namens »Parlament« verbrieftes Recht der Untertanen werden, an der Politik entsprechend mitzuwirken.

Die ursprüngliche Idee dieses Parlamentarismus war berückend einfach. Jede Grafschaft und jede Stadt sollte mit einem Abgeordneten vertreten sein. Wahlberechtigt – aktiv wie passiv – sollte jeder sein, der Land oder sonstiges Eigentum im Wert von zwei Pfund besaß. Hinzu kamen die Vertreter der adeligen Familien und des hohen Klerus sowie besondere Berater, die der König persönlich in dieses Gremium berief. Das Parlament war freilich zu jener Zeit noch keine permanente Einrichtung, sondern wurde vom König zu bestimmten Zeiten einberufen, um über konkrete Fragen zu beraten, um sodann wieder für längere Zeit aufgelöst zu werden. Dementsprechend tagte das Parlament durchaus nicht immer in London, vielmehr gab es ganze Sitzungsperioden, die in York, Coventry, Leicester, Shrewsbury oder Oxford durchgeführt wurden.

Das gemeine Volk hielt freilich wenig von diesen Versammlungen, wie die Spitznamen der einzelnen Sessionen belegen. So tagte 1258 das »Verrückte Parlament«, 1414 das »Parlament der Schläger«, 1459 das »Parlament der Teufel« und 1625 überhaupt das »nutzlose Parlament«.

Meist ergingen sich die Abgeordneten denn auch in leeren Reden, da sich das Parlament ob seiner heterogenen Zusammensetzung kaum auf eine konkrete Linie einigen konnte. Da es aber das zentrale Recht des Parlaments war, Steuern zu beschließen, war es beim Volk dementsprechend populär.

1327 spielte das Parlament erstmals eine zentrale politische Rolle, als es die Absetzung von König Edward II. auf Betreiben seiner Ehefrau beschloss. Wenig später bürgerten sich getrennte Sitzungen des Adels und des Klerus einerseits und der Bürger andererseits ein, die in die Schaffung zweier Kammern – House of Lords und House of Commons – einmündete. Und während erstere durch Erbfolge oder Ernennung befüllt wurde, blieb letztere die Komposition durch Wahlen. Derjenige, auf den in einem Wahlkreis die meisten Stimmen entfielen, sollte diesen im Parlament vertreten. Ein System, das auch heute, mehr als 600 Jahre später, unverändert Bestand hat.

Unter Heinrich VIII. nahm die Organisation des Parlaments konkretere Formen an. So wurde 1540 die Funktion eines Parlamentspräsidenten (»Speaker«) geschaffen, 1548 erhielt das Parlament dauerhaft Räumlichkeiten im Palast von Westminster für seine Tätigkeit zugewiesen. Vor allem unter Heinrich und Elisabeth erwies sich das Parlament zumeist als willfähriges Instrument der monarchistischen Politik.

Diese Tendenz fand zunächst unter den Stuarts eine Fortsetzung. Dies verleitete Karl I. dazu, das Parlament überhaupt aufzulösen und elf Jahre lang absolutistisch zu regieren. Als er aber 1640 vollkommen pleite war, sah er sich gezwungen, das Parlament wieder einzuberufen. Die Abgeordneten hatten ihm diese Demütigung nicht verziehen und nahmen von Anfang an entschieden gegen den König Stellung. Die Lage eskalierte, als Karl versuchte, Abgeordnete, die seine Regierung kritisiert hatten, vom Plenarsaal heraus verhaften zu lassen, wiewohl sie parlamentarische Immunität genossen. Wenig später befand sich England in einem Bürgerkrieg zwischen Royalisten und Parlamentariern.

Nach dem Sieg der letzteren wurde die Monarchie abgeschafft, und auch das »House of Lords« verschwand von der Bildfläche. Der neue Staatschef Englands, Oliver Cromwell, ließ ein Einkammerparlament wählen, das bis 1660 die politischen Geschicke Englands lenkte. Die Angehörigen dieses Parlaments wurden »Member of Parliament« gerufen und alsbald »M.P.« abgekürzt, was heute noch das offizielle Signum eines Abgeordneten ist.

Die Monarchie, 1660 wiederhergestellt, hatte aus den Erfahrungen dieser Zeit gelernt. Seit Karl I. hat kein Monarch mehr das Unterhaus betreten, und während der offiziellen Eröffnung der neuen Parlamentssession im Oberhaus muss, einer Tradition aus dem 17. Jahrhundert folgend, ein Mitglied des Unterhauses in Buckingham Palace weilen, um als »Austauschgeisel« für den Monarchen zu firmieren, solange dieser in Westminster weilt.

Unter den Stuarts war das Verhältnis zum Parlament auch weiterhin immer wieder getrübt. Karl II. regierte lange Jahre, ohne das Parlament überhaupt einzuberufen, und Jakob II. stieß sich an vielen Entscheidungen der Abgeordneten, vor allem aber an deren Protestantismus. Wieder nahmen die Spannungen zwischen Krone und Parlament zu, doch ehe es neuerlich zu einem Bürgerkrieg kommen konnte, floh Jakob II. nach Irland, und das Parlament rief – entgegen dem herrschenden Recht – Jakobs Tochter Maria zur Königin aus. Unter ihrer Schwester Anne sollte das Parlament 1707 auf vollkommen neue Beine gestellt werden.

## Das vereinigte Königreich

Mit Elisabeth I. waren 1603 die Tudors ausgestorben. Mit Anne ging auch die Dynastie der Stuarts ihrem Ende zu. Um aber Schottland, das die Stuarts seit 1371 regiert hatten, nicht wieder zu verlieren, beschlossen die Parlamente von England und Schottland, sich zum Parlament von Großbritannien zu vereinigen. War diese Entscheidung für die Engländer naheliegend, sicherte sie doch den Einfluss des Südens auf den Norden, so fiel die Entscheidung zugunsten der Union in Edinburgh primär aus einem einzigen Grund: den extrem hohen Bestechungssummen, welche London den schottischen Parlamentariern dafür zahlte. Nicht umsonst fasste der schottische Poet Robert Burns die Meinung der schottischen Untertanen in seinem Gedicht »Solch eine Bande von Schurken« zusammen: »Adieu uns'rem schottischen Ruhm, adieu alter Glorie, adieu selbst zum Namen Schottland. Was Macht und Kraft nicht konnt' erreichen, das schaffte nun eine Handvoll Feiglinge, die Judaslohn dafür bekamen. Dem englischen Stahl konnten wir widerstehen, aber Englands Gold war unser Untergang, solch eine Bande von Schurken in unserer Nation.«

Schon 20 Jahre zuvor hatten die englischen Parlamentarier die fragwürdige Rechtsstellung von Maria dazu benutzt, die Rechte des Parlaments zuungunsten des jeweiligen Monarchen auszubauen. Vor allem die »Bill of Rights« (1689) und der »Act of Settlement« (1701) sorgten dafür, dass sich

England, das – übrigens bis zum heutigen Tag – über keine geschriebene Verfassung verfügt, in Richtung einer konstitutionellen Monarchie entwickelte. Das Parlament war nun endgültig für alle finanziellen Belange verantwortlich, also auch für jene des Königshauses, was die politischen Rechte der Krone in der Praxis deutlich minimierte. Seit 1708 hat es kein Monarch mehr gewagt, von seinem Vetorecht gegen einen Parlamentsbeschluss Gebrauch zu machen, bestand doch im Gegenzug die Gefahr, das Parlament würde ihm die Bezüge kürzen oder gar streichen. Auch verlor der König das Recht, das Parlament zu vertagen oder aufzulösen, denn dies stand nun nur noch dem Parlament selbst zu, der Monarch wurde auf die Rolle des ausführenden Organs reduziert.

In Zeiten, da finanziellen Aspekten derlei Bedeutung zukamen, wurde auch die Rolle des Schatzkanzlers deutlich aufgewertet. Das Parlament trug dieser Entwicklung Rechnung, indem es dem Schatzkanzler als Diener (Minister) der Krone das alleinige Recht zur Einbringung von Finanzvorlagen zubilligte. Aus der Verwaltung wurde so eine Regierung. Und eine Regierung, in welcher dem Schatzkanzler eine besondere Bedeutung zukam. Hatte die sich mehr und mehr diversifizierende Welt dafür gesorgt, dass die Krone auch andere Beamte für bestimmte Themen in ihre Dienste nahm (Kriegswesen, Justiz, Beziehungen zu anderen Staaten), so kam dem Schatzkanzler nun unter all diesen Ministern die erste (Premier) Rolle zu. Und so taucht in einem Brief des Schriftstellers Jonathan Swift im Jahre 1713 erstmals die Formulierung »Primeminister« für den Schatzkanzler auf.

Und noch eine Bezeichnung wurde in jenen Tagen geadelt. Da die Diener der Krone die einzigen waren, die privaten Umgang mit dem Souverän hatten, sich mit ihm also auch in dessen Räumlichkeiten trafen, bürgerte sich für die Gesamtheit der Minister der Name »Kabinett« ein, der bekanntlich ein kleines Zimmer beschreibt, in welchem sich die Minister mit dem Herrscher austauschten.

Als 1714 die Hannoveraner auf den englischen Thron gelangten, blieben die Minister in ihrem Kabinett von einem Tag auf den anderen unter sich. Der neue König, Georg I., war des Englischen nicht mächtig und sah daher wenig Sinn, den Debatten der Regierung beizuwohnen. Und als Georg III. in den 60 Jahren seiner Herrschaft gerade zweimal zu einer Regierungssitzung zu Besuch kam, da wurde es zur Tradition, dass der Monarch den Kabinettssitzungen fernbleibt. Wiederum fiel es dem »Primeminister« zu, im Anschluss an die Sitzung dem Monarchen über deren Verlauf und die angesprochenen Themen Bericht zu erstatten. Der Schatzkanzler avancierte somit endgültig zum Regierungschef, und der erste, dem diese Stellung auch mit Brief und Siegel bestätigt wurde, war 1721 Robert Walpole, der gleich 21 Jahre im Amt blieb.

## Zwei Parteien

Wo es nun ein Amt gibt, mit dem besonderes Prestige und großer Einfluss verbunden sind, da entstehen zwangsläufig auch Parteiungen, die dieses Amt für sich gewinnen wollen. Waren die Abgeordneten bis zu diesem Zeitpunkt jeder für sich geblieben, so schlossen sie sich nun zu Fraktionen zusammen, um dergestalt die eigene politische Rolle mehren zu können. Aus den eher konservativ eingestellten Parlamentariern wurden so die »Tories«, aus den liberal denkenden die »Whigs«. Beide Begriffe waren übrigens ursprünglich eindeutig abwertend: »Tory« stammt vom irischen

»toraidhe« ab und bedeutet »Räuber«, »Whig« kommt nicht von der Perücke, vielmehr von »whiggamore«, was Kuhtreiber oder Viehhirt heißt. Die Bezeichnungen gaben sich die Parteien natürlich nicht selbst, sie stammten von der jeweils anderen Seite, oftmals zugerufen während politischer Debatten und sich so im Gedächtnis beider Gruppen kollektiv festsetzend.

Die ersten 40 Jahre der neuen Regierung hatten die Whigs die Nase vorn, die bis 1762 fünf Premiers in Folge stellten, ehe erstmals die Tories triumphieren konnten. Dauerhaft bestimmend wurden die Tories ab 1783, als sie unter der Führung von William Pitt the Younger standen, der eine Dominanz begründete, die bis 1830 währte. In dieser Ära beschlossen die Engländer, auch dem bislang souveränen irischen Parlament die Totenglocke zu läuten. Ab 1801 hieß das Parlament in Westminister, dem »Act of Union« zufolge, »Parlament des Vereinigten Königreichs von Großbritannien und Irland«, da letzteres eben kein vereinigtes Königreich wurde, sondern weiterhin als Königreich Irland bestehen blieb. Durch den Vertrag von 1922 änderte sich die Staatsbezeichnung schließlich zum noch heute verwendeten: »Vereinigtes Königreich von Großbritannien und Nordirland«.

Im Laufe des 19. Jahrhunderts ergab sich jedoch das Problem, dass durch das herrschende Wahlrecht die Bevölkerung immer weniger repräsentiert war. So entsandten Städte wie London, Manchester oder Liverpool, die mittlerweile auf überaus achtbare Einwohnerzahlen kamen, nach wie vor nur einen Abgeordneten ins Parlament, während irgendeine verschlafene Grafschaft mit ein paar Wahlberechtigten gleichfalls mit einem Mandatar vertreten war. Man begann von »rotten boroughs« (verfallene Bezirke) zu sprechen und drängte auf eine Änderung des Wahlrechts. Diese wurde schließlich 1832 mit dem »Reform Act« auch durchgeführt. Ab diesem Zeitpunkt hatten alle Besitzer von Eigentum das Wahlrecht, die Wahlkreise wurden entsprechend adaptiert. 35 Jahre später wurde der Zensus in einer Novelle merklich gesenkt, im »Volksvertretungsgesetz« von 1884 wurde die Zahl der Wahlberechtigten schließlich auf rund 6 Millionen angehoben, ehe die Novelle dieses Gesetzes im Jahre 1918 allen Bürgern das gleiche Wahlrecht einräumte. Die Fassung des Jahres 1918 blieb seitdem weitgehend unverändert, nur das jeweilige Wahlalter war noch einem Wandel unterworfen.

Bei den ersten Wahlen nach der Abschaffung der »rotten boroughs« kamen die Whigs mit ihrem Anführer Earl Grey (der sich nebenbei auch um die Verfeinerung der Teezubereitung verdient gemacht hatte) an die Macht zurück. Sie erreichten 67 Prozent der Stimmen und 441 der 658 Mandate. Die Tories erzielten 29 Prozent und 175 Sitze, die irische Fraktion um den Katholikenführer Daniel O'Connell kam auf knapp 4 Prozent und 42 Mandate. Dabei freilich waren Ungleichgewichte immer noch nicht restlos ausgeräumt, denn im Wahlkreis Yorkshire wählten 18.000 Wahlberechtigte zwei Mandatare, während im schottischen Sutherland 84 Wähler durch einen Abgeordneten vertreten wurden. Durch einen Pakt mit den Iren sicherten sich die Whigs auch 1835 eine klare Mehrheit in den Neuwahlen.

1841 hatten schließlich wieder die Konservativen die Nase vorn. Sie bekamen 56 Prozent der Stimmen, die Whigs nur noch 41 Prozent. Die Iren traten wieder separat an und erzielten immerhin 20 Mandate. Erstmals stieg auch die Arbeiterbewegung in den Ring, chartistische Politiker versuchten sich in acht von 658 Wahlkreisen, doch erhielten sie insgesamt nur wenige hundert Stimmen und blieben ohne parlamentarische Repräsentanz.

1847, die stürmische industrielle Entwicklung hatte mittlerweile für ein beachtliches Proletariat in Britannien gesorgt, zog im Wahlkreis Nottingham mit Fergus O'Connor (1794–1855) erstmals ein Chartist in das Parlament ein. Wiewohl die Konservativen stärkste Kraft blieben, konnten die Whigs dank der Unterstützung der irischen Katholiken die Regierung stellen. Ab 1859 nannten sich die Whigs übrigens »Liberals«, die Tories gingen dazu über, sich als »Conservatives« zu bezeichnen. Bis zum Ende des 19. Jahrhunderts waren die beiden Parteien von zwei überaus dominanten Politikern geprägt. Vertrat die Konservativen Benjamin Disraeli (1804–1881), so hatte bei den Liberalen William Ewart Gladstone (1809–1898) das Sagen. War ersterer 1868 und 1874 bis 1880 Premier, so führte zweiterer gleich viermal (1868 bis 1874, 1880 bis 1885, 1886 und 1892 bis 1894) die Regierung an. Nachfolger Disraelis als Leader der Konservativen wurde Robert Gascoyne the Marquess of Salisbury (1830–1903), mit dem letztmals ein Vertreter des Oberhauses zum Regierungschef avancierte, war er doch 1885/86, 1886 bis 1892 und 1895 bis 1902 Premierminister.

Hatten zwischen 1852 und 1885 nur Vertreter der Liberalen, der Konservativen und der irischen Nationalisten Mandate erzielt, so zog 1885 mit William Abraham (1842–1922) ein walisischer Bergmann ins Parlament ein, der zu den Mitbegründern des Gewerkschaftsbundes und später zu den Gründern der Labour Party gehören sollte. Bei den Wahlen 1892 wuchs die Gruppe der Sozialisten auf vier, wobei nun auch ihr unumstrittener Parteiführer Keir Hardie (1856–1915) im Wahlkreis Westham South ein Mandat errungen hatte. Gladstone kehrte im Bündnis mit den Iren an die Macht zurück, ehe die Konservativen bis 1902 nochmals die Regierung stellten. Mit Henry Campbell-Bannerman (1836–1908), Henry Asquith (1852–1928) und David Lloyd-George (1863–1945) folgte dann zwischen 1905 und 1922 der letzte Schwanengesang der Liberalen, denn in den darauffolgenden 86 Jahren stellten nur Konservative und Sozialdemokraten den Premier.

### Die neue Kraft

Die diversen sozialdemokratischen Vereinigungen, die zum Teil schon vor der Mitte des 19. Jahrhunderts ins Leben getreten waren, vereinigten sich 1900 zur »Labour Party« und wurden bald darauf zur dritten Kraft neben Liberalen und Konservativen. Landesweit lösten sie mit einem Stimmenanteil von zwei Prozent die Iren als Nummer 3 ab, wobei Labour nur in 16 Wahlkreisen angetreten war, die Iren aber 83 bestritten. Die Konservativen erzielten 50,3 Prozent, die Liberalen 44 Prozent. 1906 stieg der Wähleranteil der Labour auf fünf Prozent, was für 30 Mandate gut war. Erstmals bekamen die Sozialdemokraten Fraktionsstatus und konnten so das parlamentarische Geschehen aktiv mitbestimmen. Die Liberals feierten mit 49 Prozent einen ihrer letzten großen Erfolge, die Konservativen fielen auf 43 Prozent zurück.

1910, bei den letzten Wahlen vor dem Ende des Ersten Weltkriegs, errangen die Konservativen mit 46 Prozent zwar die Stimmenmehrheit gegenüber den Liberalen mit 43 Prozent, doch auf die Liberalen entfielen 272, auf die Konservativen nur 271 Mandate. Die Iren kamen auf 82 Sitze, Labour, dessen Stimmenanteil auf 6,4 Prozent gewachsen war, zog mit 42 Abgeordneten in Westminster ein.

Grundlegende Veränderungen brachte sodann der Dezember 1918. Erstmals waren alle Bürger wahlberechtigt, und noch nie waren auch nur annähernd so viele Parteien zu Wahlen angetreten. Insgesamt bewarben sich 33 Gruppierungen um Mandate, wobei die Palette der neuen Parteien von der schottischen »Highland League« bis zu den Christlichen Sozialisten von Wales reichte. Auch eine eigene Bauern- und eine Frauenpartei traten an, doch allen blieben Mandate versagt. Großer Wahlsieger war Labour, auch wenn die 21 Prozent der Stimmen nur für 69 Mandate gut waren. Nicht minder beeindruckend die fünf Prozent für die irisch-radikale Unabhängigkeitspartei »Sinn Fein« (Wir selbst), die unter der Führung von Eamon de Valera (1882–1975) 73 Sitze errang und damit fast alle irischen Wahlkreise erobern konnte.

Diesem Triumph war freilich eine Tragödie vorausgegangen. 1916 hatte der militärische Arm der SF, die »Irisch Republikanische Armee« (IRA) einen Aufstand gegen die englische Herrschaft unternommen, der von den Engländern mit beispielloser Härte niedergeschlagen worden war. Nachdem die Briten mit Kanonen auf die Wohnsiedlungen geschossen und hunderte Zivilisten gemordet hatten, wurden die Anführer des Aufstandes standrechtlich zum Tod verurteilt und hingerichtet, darunter auch James Connolly (1868–1916), der schwerstverwundet auf der Bahre zur Exekution getragen wurde. Als einziger Anführer überlebte De Valera, der als amerikanischer Staatsbürger zunächst geschont wurde. Die öffentliche Stimmung, zunächst gegen Sinn Fein eingestellt, schwenkte völlig ins Lager der Sezessionisten über, die 1918 die alte irische Parlamentspartei total marginalisieren konnte. Die Abgeordneten der SF, darunter mit Constance Markiewicz (1868–1927) die erste

Frau, die jemals in das englische Parlament gewählt wurde, nahmen ihre Sitze in Westminster jedoch nicht ein, sondern konstituierten sich als unabhängiges irisches Parlament, um sodann eine eigene irische Regierung zu bilden, in der De Valera Premier und Markiewicz Sozialministerin wurde.

Die irische Krise, die 1922 in einem Teilungsvertrag mündete, kostete Lloyd George viel an Zustimmung und er übergab noch 1922 sein Amt an den Konservativen Andrew Bonar Law (1858–1923), der bei den Neuwahlen mit 56 Prozent der Stimmen und 344 Mandaten einen gewaltigen Sieg feiern konnte. Labour wurde mit 23 Prozent und 142 Sitzen erstmals zweitstärkste Kraft, die Liberalen kamen nur noch auf 19 Prozent und 115 Sitze. Daneben zogen noch die nordirischen Vertreter von Sinn Fein mit drei und die erstmals antretenden Kommunisten mit zwei Sitzen in Westminster ein. Labour konnte erstmals ein Schattenkabinett bilden, und ihr Führer Ramsay MacDonald (1866–1937) avancierte to »His Majesty's Opposition Leader«.

Im Dezember 1923 kam es im Gefolge von Bonar Laws Tod zu vorzeitigen Neuwahlen, bei denen Labour knapp an die Konservativen herankommen und mit Duldung der Liberalen Anfang 1924 erstmals den Premier stellen konnte. MacDonald blieb aber auf Dauer mit seiner Minderheitsregierung tatsächlich in der Minderheit, noch Ende 1924 kamen die Konservativen zurück an die Macht. Umso größer der Labourerfolg 1929, als sie mit 37 Prozent zwar ein Prozent hinter den Konservativen blieben, mit 287 gegenüber 260 Sitzen jedoch eine deutliche Parlamentsmehrheit bekamen. Die Liberalen fielen auf 59 Sitze zurück, die nordirischen Nationalisten hielten ihre drei Mandate, dazu kamen noch fünf Unabhängige. MacDonald wurde zum zweiten Mal Premier und blieb es bis 1935.

1935 aber gelang Stanley Baldwin (1867–1947) zum dritten Mal der Einzug in Downing Street, die Konservativen erzielten 48 Prozent der Stimmen gegenüber 40 von Labour. Die Liberalen konnten gerade noch 10 Prozent der Stimmen für sich verbuchen, die Kommunisten kehrten mit dem legendären schottischen Arbeiterführer Willie Gallacher (1881–1965) auf die parlamentarische Bühne zurück. Die Konservativen tauschten in der Folge zweimal den Premier aus und fanden 1940 mit Winston Churchill (1874–1965) einen Mann, der die Partei ein Vierteljahrhundert lang dominieren sollte.

## Nachkriegsengland

Durch den zweiten Weltkrieg kam es volle zehn Jahre zu keinen Parlamentswahlen. Unmittelbar nach dem Friedensschluss setzte Churchill jedoch sofort Neuwahlen an, da er davon ausging, die Briten würden ihm ob seines Sieges im Krieg auch an der Wahlurne zum Sieg tragen. Doch die Wähler hatten offenbar genug von Blut, Schweiß und Tränen und versahen Labour mit einer satten Mehrheit von 49,8 Prozent der Stimmen und 398 von 638 Sitzen. Churchill erzielte 36 Prozent und 197 Sitze, die Liberalen kamen auf 12 Prozent und 23 Mandate. Neben einigen Unabhängigen erzielten nur die nordirischen Nationalisten und die Kommunisten mit je zwei Mandaten parlamentarische Repräsentanz. Labourleader Clement Attlee (1883–1967) wurde neuer Premier, seine primäre Aufgabe war der nationale Wiederaufbau nach dem Krieg und die Lösung des Kolonialproblems, allen voran jenes in Indien.

Attlee konnte seine Mehrheit 1950 nur knapp verteidigen, sodass es 1951 zu vorzeitigen Neuwahlen kam, welche wiederum Churchill für sich entscheiden konnte. Die Konservativen hatten auch bei den landesweiten Wahlgängen 1955 und 1959 die Nase vorn. 1964 aber gewann Harold Wilson (1916–1995) 44 Prozent für die Labour Party, was 317 von 630 Mandate bedeutete. Die Konservativen errangen 43 Prozent und 304 Sitze, die Liberalen 11 Prozent und 9 Sitze. Labour hatte eine knappe Mehrheit, aber sie hatte sie. Der Wahlgang von 1964 war in modernen Zeiten übrigens der erste, in dem niemand sonst als die drei klassischen Parteien ein Mandat erringen konnte.

Nach einem kurzen konservativen Zwischenspiel 1970 bis 1974 kam Labour noch einmal an die Macht, wobei sich die politische Lage in diesen zehn Jahren grundlegend gewandelt hatte. Nicht nur, dass sich eine neue Linke etablierte, die mit Bernadette Devlin (geb. 1948) 1969 die jüngste Abgeordnete in der britischen Geschichte stellte, auch der keltische Nationalismus erwachte wieder. 1966 zogen erstmals Vertreter der »Plaid Cymru«, der walisischen Nationalpartei, in Westminster ein, 1974 folgte die schottische SNP (Schottische Nationalpartei) diesem Beispiel und errang gleich elf Mandate. Auch die irischen Nationalisten kamen wieder zu einer Vertretung im Parlament, sodass es im neuen Parlament gleich sieben Fraktionen gab, da sich die nordirischen Konservativen als »Unionisten« von den Konservativen abgespalten hatten.

Die Causa Nordirland sorgte vor allem in den letzten Jahren des 20. Jahrhunderts wiederholt für Aufregung in Westminster. 1981 wurde bei einer Nachwahl im Wahlkreis Fermanagh-South Tyrone der bekannte IRA-Aktivist Bobby Sands (1954–1981), der sich nach seiner Verhaftung im Hungerstreik befand, mit mehr als 30.000 Stimmen (51 Prozent aller Stimmberechtigten im Wahlkreis) zum Abgeordneten gewählt. Ungeachtet des Ergebnisses ließ die damalige Regierungschefin Thatcher Sands weiterhin in Haft halten, wo er, unbeugsam bis zuletzt die Nahrungsaufnahme verweigerte. Sein Parteikollege Kieran Doherty (1955–1981) kam gleichfalls in einem englischen Gefängnis zu Tode, wiewohl er gewählter Abgeordneter des irischen Parlaments war.

Thatcher, die 1979 über Labour triumphiert hatte, sicherte sich 1983 ihre Wiederwahl, indem sie den so genannten Falkland-Krieg für ihre Zwecke zu nutzen verstand. 1987 erzielte sie mit 58 Prozent der Stimmen das beste Ergebnis einer politischen Partei im 20. Jahrhundert. Dennoch wurde sie drei Jahre später von ihrer eigenen Partei in die Wüste geschickt und durch John Major (geb. 1943) ersetzt. Der verlor 1992 zwar fast sieben Prozent, konnte die Mehrheit der Konservativen jedoch vorerst bewahren. Erst Tony Blair (geb. 1953) brachte Labour nach 18 Jahren in der Opposition 1997 wieder auf Platz 1. 43 Prozent reichten für 418 von 659 Sitzen, die Konservativen kamen auf 30 Prozent und 165 Sitze. Auf die Liberalen entfielen 17 Prozent und 46 Mandate, zehn Sitze erhielten die Unionisten, sechs die SNP, vier die Plaid Cymru, drei gingen an die irischen Sozialdemokraten und je zwei an die Sinn Fein und die radikalen Protestanten der »Demokratisch-Unionistischen Partei«. Drei Sitze schließlich gingen an Unabhängige.

2001 gab es kaum Veränderungen. Labour verlor fünf Sitze, die Liberalen gewannen sechs, die Konservativen erhielten ein Mandat mehr. Die SNP verlor einen Sitz, die Unionisten gleich deren fünf, die zugunsten der DUP (+3) und der Sinn Fein (+2) gingen. Sozialdemokraten und Plaid Cymru blieben gleich. Im Mai 2005 fanden schließlich die bislang letzten Unterhauswahlen statt. Die Zahl der

Fraktionen verringerte sich dabei von neun auf acht, da die Unionisten nur noch ein einziges Mandat zu erringen vermochten. Von den Kleinparteien war die DUP der große Wahlsieger, sie zog nunmehr mit neun Abgeordneten in Westminster ein. Die SNP kam auf 6, Sinn Fein auf fünf, Sozialdemokraten und Plaid Cymru auf je drei Mandatare. Die Liberalen erzielten mit 22 Prozent ihr bestes Ergebnis seit den Tagen von Lloyd George und wurden mit 62 Sitzen belohnt. Die Konservativen bekamen für ihre 30 Prozent 198 Mandate, ein Plus von 32, und Labour rettete mit 35 Prozent der Stimmen und 356 Mandaten (minus 57) gerade noch ihre Mehrheit. Im Sommer 2007 wurde Blair durch Gordon Brown (geb. 1951) abgelöst, der seitdem als Premier amtiert.

## Das Parlament der Traditionen

Gegenwärtig weist Westminster (www.parliament.uk) also acht Fraktionen auf. Diese haben, teilweise auf alten Traditionen fußend, eine Menge an parlamentarischen Spielregeln zu beachten. Die Traditionspflege beginnt bereits mit der Rede des Monarchen (seit 1953 »The Queen's Speech«), die im House of Lords gehalten wird. In dieser muss die Königin die Eckpunkte der Politik ihrer Regierung vortragen, ohne sich dabei selbst eine eigene Meinung erlauben zu dürfen. Im Anschluss findet eine Debatte darüber statt. Doch nicht unmittelbar im Anschluss. Um zu zeigen, dass man als Parlament nicht einfach auf Zuruf des Monarchen agiert, legte das Haus 1676 fest, es sei sein Recht, ein Thema seiner Wahl zu diskutieren, ehe man sich der Rede des Souveräns zuwende. Damals ging es um die so genannte »Outlawries Bill«, doch real hatte man diese Vorgangsweise schon seit 1558, dem Amtsantritt Elisabeth I., so gehalten.

Bis 1727 stand stets eine konkrete Gesetzesinitiative an der Spitze der Tagesordnung, doch als man 1727 partout keine Frage fand, über die man hätte debattieren können, griff man kurzerhand auf die »Outlawries Bill« aus 1676 zurück – und tut dies bis auf den heutigen Tag. Ein längst beschlossenes Gesetz wird ergo in erste Lesung genommen, um dem Monarchen zu zeigen, dass auch seiner Macht Grenzen gesetzt sind.

Zu Beginn jeder neuen Gesetzgebungsperiode findet die Wahl des »Speaker« statt, der – bis auf drei Ausnahmen – stets aus den Reihen der Regierungspartei kam bzw. kommt. Während der Wahl führt der »Vater des Hauses« den Vorsitz über die Kammer, das ist der an Dienstjahren älteste Abgeordnete. 1895 bürgerte sich auch die Bezeichnung »Baby des Hauses« ein, ein Spitzname, mit dem das an Lebensjahren jüngste Mitglied der Kammer leben muss. Unter jenen, die seitdem »Baby« waren, befinden sich so prominente Politiker wie der skandalumwitterte Verteidigungsminister John Profumo, Labour-Urgestein Tony Benn oder Irlands »Jeanne d'Arc« Bernadette Devlin.

Ist der »Speaker« einmal gewählt, so verlangt es die Tradition, dass er sich gegen seine Kür sträubt. Der historische Hintergrund dieser Haltung ist freilich durchaus ernster Natur. Zu den Aufgaben des »Speaker« gehört es, dem Souverän die Meinungen und Entscheidungen des Hauses zu hinterbringen, und so mancher Herrscher sanktionierte hiefür den Boten. Daher muss der neu Gewählte vor seinem Stuhl noch einmal innehalten und das Haus bitten, seine Entscheidung nochmals zu überdenken. Erst wenn das Haus durch Zuruf auf seiner Wahl beharrt, darf der Betreffende den Vorsitz übernehmen. Mit der Kür zum »Speaker« verliert der Mandatar übrigens einige wichtige Rechte eines Abgeordneten. Um seine strikte Unparteilichkeit zu wahren, muss er aus seiner Fraktion austreten und darf keine Reden halten. De facto ist es ihm auch nicht erlaubt, über Vorlagen abzustimmen, wiewohl er das Recht hat, bei Stimmengleichheit eine Entscheidung pro oder contra zu fällen.

Neu gewählte Abgeordnete halten in der Regel früher oder später ihre »Jungfernrede«, und die Tradition verlangt vom nächsten zu Wort gemeldeten Mandatar, die Rede seines Vorredners, wie schlecht so auch immer gewesen sein mag, zu loben, ein nicht immer ganz leichtes Unterfangen. So würdigte Edward Heath einmal einen Neuling, dessen erste Rede ein wenig zu lang ausgefallen war, mit den Worten: »Gratulation zu Ihren Jungfernreden.« Wann ein Abgeordneter zum ersten Mal eine Rede hält, bleibt ihm überlassen. Lord Maenan (1854–1951) hielt die seine 1948 im Alter von 94 Jahren. Mitunter ist es aber ratsam, sich nicht allzu lange damit Zeit zu lassen, denn in einigen Fällen war die Jungfernrede auch gleich der Schwanengesang.

Von besonderer Wichtigkeit ist der Beschluss über das Staatsbudget, und dementsprechende Bedeutung hat die Budgetrede des Finanzministers, die sich oftmals über mehrere Stunden erstreckt. Weshalb dem Finanzminister gerne einmal Getränke gereicht werden. Im Laufe der Jahre präsentierten sich die königlichen Finanzminister bei dieser Gelegenheit je nach politischer Couleur als Bonvivant, Asket oder als Grand Seigneur. Der erste Labourfinanzminister orderte noch forsch Rum, sein Nachfolger verlegte sich auf Orangensaft, der dritte Labourmann entschied sich folgerichtig für Orangensaft mit Rum. Die folgenden drei Konservativen verordneten dem Land eine Sparpolitik – und sich selbst Wasser. Der vierte Konservative bestellte Milch mit Honig, auch dies wohl eine Metapher auf seine

Budgetvorstellungen. Dann war wieder Labour an der Reihe, und der neue Finanzminister, nachdem er einen Blick in die Bücher geworfen hatte, bestellte zu seiner Budgetrede Alka Selzer. Als 1979 wieder die Konservativen an die Macht zurückkehrten, sprach man allerorten vom Zeitalter der Yuppies, und Thatchers Finanzminister griff zum weißen Spritzer. Unter seinem Nachfolger hatten sich die Wolken der Konjunktur so verdunkelt, dass dieser stärkeren Stoff brauchte. Im konkreten Fall handelte es sich um schottischen Maltwhisky.

Das eigentliche Tagesgeschäft des Unterhauses gleicht in vielem dem österreichischen Parlament. Üblicherweise beginnt eine Sitzung mit einer Fragestunde, danach ist Zeit für allfällige Stellungnahmen von Regierungsmitgliedern. Kam das Haus zu dem Schluss, eine Debatte verlange Dringlichkeit, so wird diese unmittelbar im Anschluss an die Minister zum Aufruf gelangen. Danach folgen Gesetzesanträge der Abgeordneten, hierauf solche der Regierung, des Oberhauses und schließlich, im Petitionswege, solche, die aus den Reihen der Bevölkerung an das Haus herangetragen wurden. Nach entsprechender Erörterung der Materie gibt es bei der Abstimmung wieder eine britische Besonderheit, das so genannte »Pairing«. Jeder Mandatar der Regierung hat seinen Widerpart in der Opposition, und sollte er aus gesundheitlichen Gründen verhindert sein, so darf auch sein »Partner« von der anderen Seite nicht an der Abstimmung teilnehmen. Diese Maßnahme soll verhindern, dass eine zufällige Mehrheit gegen die Regierung nur deswegen entsteht, weil in den Reihen der Regierung gerade die Grippe grassiert.

Als weitere Sicherheit für die Regierungsmehrheit gibt es die »Whips« (wörtlich »Peitschen«). Diese haben unter der Führung des »Chief Whip« drei Aufgaben. Zum einen sind sie dafür verantwortlich, dass die Abgeordneten der eigenen Fraktion zum Zeitpunkt der Abstimmung auch vollzählig anwesend sind. Zum zweiten fungieren sie als eine Art Transmissionsriemen für die Regierungspolitik hin zu den Mandataren und umgekehrt. Drittens sind sie eine Art »Talentscout« und können der Parteispitze hoffnungsvolle junge Abgeordnete für höhere Weihen empfehlen. Und da sich dieses System offensichtlich bewährt hat, verfügen auch die Oppositionsparteien jeweils über ihre eigenen Peitschen.

Sind im Unterhaus erst einmal die politischen Entscheidungen gefallen, so wandert die Materie ins Oberhaus, das eine Vorlage teilweise abändern oder gänzlich verwerfen kann. In der Praxis wird jedoch der Konsens gesucht, falls das Oberhaus andere Ansichten in einer Angelegenheit hat denn das Unterhaus. Gehandelt wird dabei nach dem Motto: »Das Oberhaus wirkt mehr durch Bedacht denn durch Macht.« Gleichzeitig ist das Oberhaus der oberste Gerichtshof des Landes, wodurch ihm an dieser Stelle besondere Bedeutung zukommt.

## Das Gebäude

Der Palast von Westminster verfügt über mehr als 1000 Räume, von denen freilich die meisten alles andere denn glamourös sind. Erbaut wurde das Gebäude unter der Herrschaft von William II. in den Jahren 1097 bis 1099, wenngleich viele wichtige Teile des Baus seitdem grundlegend erneuert werden mussten. 1834 etwa wurden weite Teile des Palasts durch ein Feuer zerstört, 1885 äscherten irische Separatisten einen Bereich des Unterhauses ein, 1940 wurde der Plenarsaal des Unterhauses durch die deutsche Luftwaffe vollkommen verwüstet, weshalb die Abgeordneten lange Jahre im Oberhaus als Untermieter tätig sein mussten. Unter den Räumlichkeiten befindet sich »Westminister Hall«, in der alle großen Prozesse der englischen Geschichte stattfanden – von jenem gegen Thomas More über jenen gegen Karl I. bis zu Guy Fawkes. Überdies beherbergt der Prunkbau neben den Amtsräumen von Ober- und Unterhaus mehrere Bibliotheken, Büro- und Besprechungsräume, Bars und Restaurants und die Dienstwohnung des »Speaker«, der, dies ein Gesetz aus dem Jahre 1512, stets ein Gästebett für den Monarchen bereithalten muss, sollte es diesem einfallen, einmal im Parlament nächtigen zu wollen.

Der Plenarsaal des Unterhauses weist eine ganz besondere Eigenart auf: Er bietet nicht allen Abgeordneten einen Sitzplatz. 346 Abgeordnete finden auf den Bänken Platz, alle anderen müssen, so anwesend, auf den Stufen Platz nehmen oder überhaupt stehen. Daraus ergibt sich, dass nicht jeder Mandatar »seinen« Platz hat, vielmehr lässt man sich dort nieder, wo gerade frei ist. Nur in der jeweils ersten Reihe – niemand kümmert sich um die hinteren Reihen und die dort sitzenden »Hinterbänkler« – sind die Plätze fix vergeben. Auf der Seite rechts des »Speaker« sitzt der Premier mit seinen Ministern (die ex lege alle dem Parlament als Abgeordnete angehören müssen) und den hohen Repräsentanten seiner Partei, auf der linken Seite findet der Oppositionschef mit seinem Schattenkabinett Platz. Gewinnt die Opposition die Wahlen, dann werden die Seiten gewechselt, und die ehemaligen Regierungsvertreter müssen »auf den Oppositionsbänken Platz nehmen«. Zwei Eselsbänke, »Crossbenches« genannt, dienen am Ende des Saales jenen Mandataren, die sich weder für die Regierung, noch für die Opposition zu erwärmen vermögen und deshalb mal pro und mal contra stimmen.

Dem Platz des »Speakers« gegenüber befindet sich der Haupteingang in den Saal, der von einem eigenen Sergeanten bewacht wird. Er ist bei einer weißen Linie postiert, die nur von Berechtigten überschritten werden darf. Vor den ersten Reihen links und rechts sind zwei gelbe Linien gezogen, die exakt zwei Schwertlängen von einander entfernt sind. Dies sollte sicherstellen, dass die Abgeordneten wirklich nur mit der Kraft des Wortes gegeneinander antreten, denn die Linie darf von keinem Mandatar übertreten werden. Nicht alle freilich hielten sich an diese Tradition, so marschierte 1969 das damalige »Baby of the House« Bernadette Devlin flugs auf die Regierungsseite, um dem eben seine Rede beendet habenden Nordirlandminister eine zu kleben. Devlin erntete dafür die schärfste Sanktion, die der englische Parlamentarismus kennt. Sie erhielt für den Rest der Sitzung die rote Karte und musste dem Fortgang der Beratungen von der Besuchertribüne aus verfolgen, sodass sie nicht nur keine Wortmeldungen mehr abgeben, sondern auch nicht an Abstimmungen teilnehmen konnte.

Um sich solcher Ordnungsstrafen zu entziehen, hat sich im Laufe der Jahrhunderte auch eine eigens kodierte Sprache eingebürgert. Freund wie Feind kennt sie und weiß daher die entsprechenden Ausdrücke auch diesbezüglich einzuordnen. Auch die heute anachronistisch wirkenden Ehrbezeugungen, die zu Beginn einer Rede eingehalten werden müssen, dienen der Vermeidung von Verbalinjurien. So ist jeder Abgeordnete prinzipiell »ehrenwert«. Ist er überdies Mitglied der Regierung, so ist er »sehr ehrenwert«. Ist er Mitglied des Kronrates, so ist er zusätzlich »gelehrt«, und als Mitglied der Streitkräfte auch noch »tapfer«. Es klingt einfach, so finden die Engländer, ganz anders, wenn man statt »Sie sind ein Idiot« die Formulierung »Der sehr ehrenwerte und gelehrte Abgeordnete benimmt sich idiotisch« gebraucht.

Mitunter gehen aber doch die Emotionen in der Debatte mit den Mandataren durch. So erregte sich ein Labour-Abgeordneter einst über die Abwesenheit des Finanzministers in einer wichtigen Diskussion und forderte den »Speaker« dazu auf, »den fetten Trottel von seinem Esstisch« holen zu lassen. Als der »Speaker« die Wortwahl des Mandatars unter Sanktion zu stellen drohte, so er diese nicht ändere, ersuchte der Mandatar um Entschuldigung und erklärte, er meine natürlich, man solle »den korpulenten Trottel von seinem Esstisch holen lassen«. Und als ein Abgeordneter einen Kollegen einen Lügner nannte, vermied er die Sanktion durch folgende Entschuldigung: »Mister Speaker ich sagte der ehrenwerte Gentleman ist ein Lügner das ist wahr und ich bedaure es.« Um nach einer kurzen Pause hinzuzufügen, man könne die Interpunktionszeichen hiezu wo und wie man wolle einsetzen.

Wer sich übrigens nicht die Mühe machen will, den Sitzungen von der Zuschauergalerie zu folgen, der kann sie binnen kürzester Zeit im »Hansard« nachlesen, den seit 1811 edierten stenographischen Protokollen des Hauses.

*Aus: Parlamentskorrespondenz, 17.11.2008*

# XXVIII
## Zwischen den Mauern des Unmöglichen

### I.

1989 war das »Jahr der großen Befreiung«, wie sich nicht wenige Medien auszudrücken beliebten. Der »Eiserne Vorhang« fiel, die Regimes der poststalinistischen Partokraten brachen wie Kartenhäuser zusammen, und nicht nur der nachmalige tschechoslowakische Außenminister Jiri Dienstbier träumte von einem neuen Europa. Vielen erschien die »Wende in Osteuropa« als der langerwartete Beginn eines »goldenen Zeitalters«, in dem endlich alle Konflikte zwischen Ost und West – der Nord-Süd-Konflikt wurde wieder einmal ignoriert – zu bestehen aufhörten. Es war, wie es der slowenische Schriftsteller Drago Jancar später ausdrücken sollte, ein einziges, riesengroßes Fest. Doch es kam, was kommen mußte. Nach der berauschenden Feier meldet sich der Kater. Nur drei Jahre nach der »Revolution anno 89« sieht es im Osten unseres Kontinents nach wie vor düster aus, vielleicht sogar düsterer denn je, wenn man an Jugoslawien und die Nachfolgestaaten der UdSSR denkt, und auch im Westen steht, wie wir wissen, nicht alles zum Besten. Gleichsam als Reflex auf die »große europäische Einheit« tritt uns ein »Gespenst« gegenüber, von dem schon anno 1990 Milo Dor sagte, man dachte es auf ewig gebannt: Das Gespenst des Nationalismus. Nationalismus, so meint Pierre Vidal-Naquet, sei das Brot der Armen. Und doch steckt mehr hinter dieser, aus westlicher Sicht, obskuren Hinwendung an eine, wie es Martin Pollack ausdrückt, längst vergangen geglaubte Zeit. Nicht wenige Nationen, die durch das Jahr 1989 und seine Folgen ihre Unabhängigkeit erlangt haben, Kroatien etwa, Slowenien, die Slowakei oder die Baltenstaaten, verfügen de facto über keine eigenständige Tradition, oder, genauer, nur über eine äußerst fragwürdige. Kroatien und die Slowakei etwa waren in den letzten 1000 Jahren nur als Vasallen Hitlerdeutschlands »selbständig«, und der Rückgriff der Kroaten auf irgendwelche Zvonimirs und Tomislavs ist mindestens so schrullig wie die Herleitung des Österreichbegriffs vom keltischen Noricum durch Friedrich Heer, denn die Nationswerdung, so wußte nicht nur der heute viel geschmähte Karl Marx, setzte erst viel später, nämlich nach 1500, in der sogenannten »Neuzeit« ein. Woran also sollen die Slowaken, Kroaten und Slowenen glauben, wenn sie ihre Eigenstaatlichkeit begründen wollen, worauf sollen sie sich berufen? Ist es nicht das Einfachste, in jene Zeit zurückzuflüchten, in der schon einmal hohles nationales Pathos wirtschaftliche Potenz und gesellschaftliche Demokratie substituierte, noch dazu, wenn die gegenwärtigen Regierungen ihren Völkern nichts anderes zu geben vermögen als »Blut, Schweiß und Tränen«? Wenn der Alltag geprägt ist von ökonomischer Insuffizienz und institutionalisierter Korrosion? Wenn die Haltung der Menschen zwischen abyssischer Abulie und fanatischer Manie schwankt, und niemand voraussagen kann, wann sich der »Volkszorn« – und vor allem in welche Richtung – entlädt? Es stimmt schon, von Symbolen kann man nicht leben, aber, so lehrt die Geschichte, mitunter lenken sie ab. Und so kehren die Kroaten zu ihrem Pavelic-Wappen zurück, schwenken manche Slowaken Tiso-Bilder, nennen die Russen Leningrad wieder »St. Petersburg« (nicht einmal »Petrograd«, nein »St. Petersburg«) und berufen sich die Balten auf fragwürdige Propheten wie Päts und Ulmanis, die schon seinerzeit nicht unbedingt durch fortschrittliche, liberale Konzeptionen aufgefallen sind. Hatte Marx recht, wenn er schrieb: »Die Geschichte wiederholt sich. Einmal als Tragödie, einmal als Farce.« Und wenn ja, welcher Wiederholung wohnen wir als Zeitgenossen bei? Manche Ausformungen des »postmodernen Nationalismus« könnte man freilich als Farce bezeichnen. Wenn sich beispielsweise italienische, slowenische und kroatische Neofaschisten darüber streiten, ob Istrien »immer schon« italienisch, slowenisch oder kroatisch gewesen sei. Doch fast jede Farce, so hat es derzeit den Anschein, kann jederzeit in eine Tragödie umschlagen. Und dazu bedarf es nicht einmal eines unfaßbaren Bruderkrieges wie im ehemaligen Jugoslawien. Schon nach dem Pogrom in Tirgu Mures, wo im März 1990 rumänische Nationalisten Angehörige der ungarischen Minderheit ermordeten, wies György Konrád darauf hin, daß derartige Exzesse in allen osteuropäischen Staaten geschehen können. Denn, ganz im Gegensatz zu den »Lehren« der jeweiligen Nationalisten, ist kaum eine Region derart multinational wie der Osten unseres Kontinents.

## II.

Es liegt mir fern, hier nun eine »Geschichte des Nationalismus« folgen zu lassen, aber ich will mich auch nicht auf einige Platitüden beschränken. Die Wurzeln des Problems liegen wesentlich tiefer, als viele anzunehmen geneigt sind. Natürlich haben jene Beobachter nicht unrecht, die da sagen, der »real existierende Sozialismus« habe ein ideologisches Vakuum hinterlassen, welches der westliche Demokratiebegriff (noch) nicht zu füllen verstünde und in welches der Neonationalismus nun vorstoße. Man muß sich aber mit der Tatsache konfrontieren, daß die Nationalitätenfrage seit Jahrhunderten virulent ist. Anders als im Westen, wo die Nationsbildung – ebenfalls nicht konfliktfrei – schon im 18., allerspätestens aber im 19. (Deutschland, Italien) abgeschlossen wurde, blieb den Völkerschaften des Ostens keine Gelegenheit zu einer solchen Konsolidierung. Sie alle waren entweder von den Österreichern, den Russen, den Deutschen oder den Türken unterjocht, und keine Nation, nicht einmal die polnische, hatte die Kraft, sich dieser Unterdrückung dauerhaft zu entziehen. Die »Besatzungsmächte« hatten überdies ihren Caesar gut studiert: »Divide et impera« galt als Maxime bis zur Jahrhundertwende, und die Österreicher konnten sich bei Auseinandersetzungen zwischen Polen und Tschechen, Rumänen und Ungarn, Italienern und Kroaten bequem zurücklehnen. Bezeichnend auch, daß die antitürkische Allianz von Bulgaren, Serben, Rumänen und Griechen in dem Moment zerbrach, als man den »gemeinsamen Feind« bezwungen hatte. Die Friedensverträge nach dem Ersten Weltkrieg trugen nicht wirklich zur Entspannung der Situation bei. Ungarn grollte ob des Verlusts von Siebenbürgen, Kroatien boykottierte das Belgrader Parlament, da die führenden Repräsentanten der Auffassung waren man dürfe sich von »den Serben« nichts vorschreiben lassen, die Sudetendeutschen kämpften gegen die Bevormundung durch Prag, und die Ukrainer hatten als Minderheit in Pilsudski-Polen nichts zu lachen. Historisch reiht sich also Hypothek an Hypothek. 1939 vertrieben die Sowjets hunderttausende Polen aus Lemberg/Lwow/Lviv, den Rest meuchelten mit deutscher Duldung ukrainische Faschisten 1941/42, 1940 ließ sich Horthy von Hitler Siebenbürgen zurückgeben, und nicht nur Pavelics Ustaschafaschisten begrüßten anno 1941 die »kroatische Unabhängigkeit«. Den »Großen Vaterländischen Krieg« ließ »Generalissimus« Stalin nicht im Zeichen des Kommunismus, sondern unter der Flagge des großrussischen Chauvinismus führen. Die Führung der KPdSU vertraute nicht auf die Strahlkraft des Marxismus-Leninismus, sondern auf die Tradition zaristischer Generäle wie Suworow und Kutusow. Ließ man noch in den 30er Jahren orthodoxe Kathedralen in Getreidespeicher umwandeln, so durften nun die Metropoliten die russischen Waffen segnen. Und selbst Tito sprach erst nach der Machtübernahme von »Revolution«, zuvor hatten die Partisanen offiziell einen »nationalen Befreiungskampf« geführt. Die sogenannten Kommunisten hatten die ganze Zeit der europäischen Zweiteilung keinerlei Probleme, sich des Nationalismus zu bedienen, wenn es ihnen opportun erschien, der »Conducator« war so gesehen keine Ausnahme von der internationalistischen, sondern vielleicht der herausragendste Vertreter der nationalistischen Regel. Was so neu auch nicht ist, denn niemand geringerer als Lenin selbst kritisierte schon 1922, daß der »großrussische Chauvinismus« nur ganz leicht mit »Sowjetöl gesalbt« worden sei und von sozialistischem Internationalismus in der RSFSR nicht die Rede sein könne. Bestenfalls also mag man den KP-Regimes zugutehalten, daß sie den Nationalismus, der durch all die Jahrzehnte latent vorhanden war, instrumentalisierten und somit kanalisierten, während er sich nach dem Wegfall der einigenden Klammer ungehindert ausbreiten kann.

## III.

Diese Wiederkunft des Nationalismus spielt sich, wie es Alain Minc auf treffende Art ausführt, auf zwei Ebenen ab – und ist bei weitem kein »osteuropäisches« Phänomen. Auf der einen Seite deutet sich der »Nationalismus des 21. Jahrhunderts« an, in Deutschland oder Japan etwa. Sie wollen ökonomisch, technologisch, finanziell führend sein und verzichten auf ein so veraltetes Attribut wie terriorialen Expansionismus. Andererseits greifen die armen Länder wieder auf den Nationalismus des 19. Jahrhunderts zurück, und, was längst überwunden geglaubt, Blut, Boden und Rasse, ist auf einmal wieder salonfähig. Leute wie Seselj, Paraga und Csurka setzen bruchlos dort an, wo Pavelic, Szallasi und Hlinka aufhören mußten. Den einen ist es um eine Stärkung ihrer Wirtschaft zu tun, den anderen bedeutet die Rückkehr zum Stammesdenken – ethnisch, politisch, sprachlich – eine Revision der Geschichte, so, als ob die rund 45 Jahre nach dem Zweiten Weltkrieg gar nicht stattgefunden hätten. Und doch ist das Denken im Osten von dieser Epoche entscheidend geprägt, oder, wie es Jacques Lacan formuliert hat: Der Weg des Subjekts verläuft zwischen zwei Mauern des Unmöglichen, der realen Befriedigung einerseits und der imaginären Erfüllung andererseits. Die Ungerechtigkeiten der Friedensverträge von 1919/20 wurden 1945 tiefgefroren, schlimmer noch, es kam neues Unrecht hinzu. Erleben wir in unseren Tagen eine neue Drehung dieser Spirale? Ein demokratisiertes Albanien ist für die Kosovoalbaner allemal attraktiver denn Milosevics – oder gar Seseljs – Serbien, Makedonien sehen sowohl Griechenland als auch Bulgarien als Teil ihrer historischen Traditionen an, und die Moldawier gelten den Rumänen schon lange als integraler Bestandteil der eigenen Nation. In die Richtung von Minc argumentiert auch Joscha Schmierer. Im Westen gingen der Zusammenbruch der Reiche und die Läuterung und die Abschwächung des Nationalismus Hand in Hand. Alle diese Niederlagen waren ein Zeichen dafür, daß sich die reichsbildenden Nationen übernommen hatten. Das Scheitern der Reiche war zugleich eine Niederlage des Nationalismus. Im Osten verhält es sich derzeit gerade umgekehrt. Der Untergang des »Kommunismus« war der Sieg der Nationen. Diese Fiktion aufrecht zu erhalten scheint zur Überlebensfrage für die Regierungen zu werden. Denn ökonomisch befinden sich die osteuropäischen Staaten mehr denn je auf einer rasanten Talfahrt. Bulgariens Bruttoinlandsprodukt ging von 1990 auf 1991 um 22,9 Prozent zurück, Polens BIP immerhin um 9 Prozent, das von Rumänien um 13,5 Prozent und das der CSFR um 15,9 Prozent. Die Industrieproduktion dieser Staaten schrumpfte (in obiger Reihenfolge) um 28%, 12%, 18,7% und 21,2%, ähnlich katastrophale Werte weisen die ehemaligen RGW-Staaten auch bei der Leistungsbilanz, dem Außenhandel, der Bruttoverschuldung und der Arbeitslosenrate auf, die Inflation schwankt zwischen 70% (Polen) und 480% (Bulgarien), gemeinsam mit Ungarn verfügen die genannten Staaten über eine Schuldenlast von fast 100.000 Millionen US-Dollar. Und schon 1990 warnte Minc davor, daß der blinde Glauben an die Kräfte der freien Marktwirtschaft Osteuropas Probleme nicht zu lösen vermag. Seine luzide Argumentation verdient, ausführlich zitiert zu werden: »Tatsächlich entsteht vor unserer Tür ein neues Lateinamerika mit den dafür charakteristischen Zügen: die Wirtschaft, deren einer Sektor sich nach außen richtet, ist kaputt; die Bürokratie ist unproduktiv und teuer; es gibt ganze Bereiche geheimer und Schwarzmarktaktivitäten; die Landwirtschaft wird für den Eigenbedarf gebraucht, und die ungeheuren Ungleichheiten zwischen einer kaufkräftigen Bourgeoisie, die sich häufig über den Export und die Güterverteilung bereichert hat, und den Arbeitslosen an der Grenze zur Hungersnot sind unübersehbar.« Von dieser Entwicklung, so hoffte Jiri Dienstbier noch im Januar 1991, werde die Tschechoslowakei verschont bleiben: »In der Tschechoslowakei wird es keinen Hunger im klassischen Sinne geben, Brot, Butter und ein Stück Fleisch wird man immer ergattern können.« Zwei Jahre später existiert die CSFR nicht mehr, und selbst die Tschechische Republik scheint schon vom Spaltpilz befallen, denkt man an den Unmut von Mähren und Schlesien, die sich Böhmen gegenüber im Nachteil fühlen. Zwangsläufig fällt einem hier György Konráds Apercu ein, in dem er die Frage stellte, wo denn, wenn mit der Auflösung der Reiche erst einmal begonnen werde, das Herunterteilen auf immer kleinere, ethnisch reine, winzige Nationalstaaten ein Ende haben oder die Ansprüche von Minderheiten auf ein eigenes Territorium, auf dem sie die Mehrheit bilden, eine Schranke finden solle. Oder, überspitzt formuliert, wird Dienstbiers Feststellung auch noch auf eine »Schlesische Republik« zutreffen? Vor diesem Hintergrund ist der expansionistische Nationalismus in dieser Region eine brennende Lunte, die direkt zum Pulverfaß des nächsten großen Krieges führt. Offenkundig scheint vielen Provinzpolitikern die wirtschaftliche Offensive zur Eroberung von neuen Absatzmärkten weniger einfach als die militärische Okkupation neuer Rohstoffquellen. Und daß sich Parolen á la »für unser aller Vaterland« allemal als zugkräftiger erweisen denn der Ruf »für die Akkumulation meines Kapitals« ist spätestens seit dem Ersten Weltkrieg beunruhigende Gewißheit. Das horrible Szenario einer macht- und einflußlosen KSZE – man denke an Kissingers Wort »Wo jeder mit jedem verbündet ist, ist keiner mit keinem verbündet« – in einem Europa mit dutzenden Kleinkriegen läßt einem das kalte Gruseln über den Rücken rieseln.

## IV.

Denn der Westen, vergessen wir das nicht, ist keineswegs gefeit vor der Renaissance des Nationalismus. Mehr noch, kaum ein Land, in dem derartige Denkschemata nicht schon längst en vogue wären. Und dabei sollte man nicht an Schönhuber, Le Pen und Jörg Haider denken, sondern daran, daß die nationale Frage auch in Westeuropa noch lange nicht gelöst ist. Belgien droht am Konflikt zwischen Flamen und Wallonen auseinanderzubrechen, die Korsen wollen einen eigenen Staat, ebenso wie die Basken und die Bretonen, die zurecht argumentieren, daß man ihnen nicht vorenthalten dürfe, was man Kroaten, Slowaken und Moldawiern zubillige. Und nicht nur Tony Wedgewood-Benn vertritt die Auffassung, daß sich die Briten nur deshalb nicht aus Nordirland zurückzögen, weil sie die Folgewirkungen eines solchen Schrittes zu fürchten hätten. »Scotland's Independence – It's now or never«, verkündete der Mentor der Scottish National Party (SNP), Sean Connery, schon vor den letzten Unterhauswahlen im April 1992, pathetisch, und die kymrischen Abgeordneten sähen lieber heute als morgen einen selbständigen walisischen Staat. Und da sind noch die Kornen und die Mansker, die Morgenluft zu wittern meinen, und was geschieht erst, wenn die Bewohner der Kanal-Inseln auf die Idee kommen, sie könnten das Malteser Modell kopieren? Das korsische Beispiel könnte auf provenzalische Sezessionisten ebenso ansteckend wirken, wie der baskische Separatismus auf katalanische Autodeterministen. Italien blickt geradewegs in die Zeit vor 1861, und der BRD ist die Absorbtion der DDR auch nicht wirklich bekommen. Während die Brüsseler Eurokratie grosso modo dieser Entwicklung attentistisch gegenübersteht und völlig abstrakt eine Teleologie multipolarer Innovation postuliert, zeigt sich der ganze Antagonismus der EG vor allem im Detail. Karl Markus Gauß berichtet in einem seiner Essays von einem »Europäischen Kinderbuchpreis«, an dem jedermann teilnehmen könne, vorausgesetzt, er verfasse seinen Beitrag in einer der »europäischen Kultursprachen«, welche sich, namentlich aufgelistet, genau auf vier belaufen, Italienisch, Englisch, Französisch und Deutsch. Derartige Antworten auf das paneuropäische Problem des Nationalismus sind in ihrer Plausibilität ebensowenig persuasiv, wie die emphatischen Appelle von Peter Glotz für Völkerbünde »jenseits von Bellizismus und Pazifismus«. Bleibt uns also nichts anderes übrig, als, wie es etwa Johan Galtung tut, resignativ zu konstatieren, daß wir in eine Epoche eintreten, in der »wir mit ständigen Unruhen an der Peripherie der Europäischen Union konfrontiert sein werden«? Außerdem, denkt man an die belgische Krise, was heißt hier Peripherie? Ist es also nichts als simple Ablenkungsstrategie, wenn, wie es Gauß so trefflich formuliert, »Apologeten zur Genüge« den heutigen Zustand Europas, mit seinen Zentralen und der entzündeten Peripherie verklären und denen »das große Europa von morgen als Zitadelle machtgeschützter Lebensverfeinerung heraufdämmert«? Gefeiert wird im Westen, so Gauß, immer dasselbe: die gemeine und allgemeine Präpotenz. Europa gleicht, so scheint mir, zwei Schiffen auf dem endlosen Ozean. Der Westen eine stattliche Fregatte, der Osten ein abgetakelter Kutter. Die Fregattenkapitäne stehen auf der Brücke und sehen tatenlos zu, wie der Kutter, der mangels entsprechenden Equipments nicht einmal S.O.S. zu funken imstande ist, unaufhaltsam sinkt. Vielleicht zeichnet sich bei dem einen oder anderen Offizier des stolzen Seglers ein spöttisches Lächeln auf dem Antlitz ab, doch diese Miene wird ihm gefrieren, wenn er erst realisiert, daß auch sein Schiff leckgeschlagen wurde, und ihm ebenso der Abgrund entgegengrinst. Was spielt es da noch für eine Rolle, ob man erster und zweiter Klasse reist, wenn alle ein Oneway-Ticket in Richtung Erebos gelöst haben? Alles rennt, rettet, flüchtet? Die Schotten im Ketch, die Waliser im Gaffel-Sloop, die Korsen im Catboat und die Basken rittlings auf einem gebrochenen Besanmast? Die neuen Nationalisten wissen ganz genau, welche Fahne sie am Heck setzen, doch welche Flagge sollen sie am Vortopp hissen, wenn an Bord des von ihnen angestrebten Europas schon der »Blaue Peter« weht, um sich klammheimlich vor seiner Verantwortung zu drücken? Selbst das Feuerschiff »Deutschland« krängt, und die Rettungskreuzer liegen verschämt am Trockendock.

## V.

Welche Rolle sollen, welche Rolle können in diesem Moment eines historischen Quantensprungs Schriftsteller oder, allgemeiner, Intellektuelle spielen? Man mag denken: Nicht viel. Zynischerweise könnte man Edgar Allen Poe paraphrasieren: »Denn umsonst war's, Trost zu borgen aus den Büchern«. Und selbst der alte Marx fällt einem ein: »Die Philosophen haben die Welt nur verschieden interpretiert. Es kommt aber darauf an, sie zu verändern.« In der Tat haben Schriftsteller aber schon anno 1989 eine hervorragende Rolle gespielt. In Prag spielte Vaclav Havel – neben Dubcek und Dienstbier – die Primgeige, Christa Wolf und Christoph Hein standen an der Spitze der Bürgerbewegung gegen die SED, Arpád Göncz war in Budapest maßgeblich daran beteiligt, daß sich der Paradigmenwechsel beinahe en passant vollzog, Namen über Namen könnten hier genannt werden: Schelju Schelew und Blaga Dimitrowa in Bulgarien, Drago Jancar in Slowenien, Ibrahim Rugova im Kosovo und Adam Michnik in Polen. Leider lassen sich aber fast ebensoviele Schriftsteller anführen, die ihre Stimme dem Nationalismus und der Intoleranz liehen: Draskovic, Seselj, Cosic, Csurka, ja selbst Franjo Tudjman ist Mitglied des kroatischen PEN. Und deren nationales Pathos hat nichts Befreiendes mehr an sich, wie einstens Robert Burns' »Scots wha hae«. Nicht die neue, vielmehr die ganz alte Art ist es, die diese Dichter besingen. Und dagegen treten allerorten – also nicht nur die in diesem Band versammelten – die Stimmen der Vernunft an. Der Kampf zwischen dem Gestern und dem Morgen ist also auch ein Sängerstreit. Peter Glotz hat schon recht, wenn er meint, daß sich alle fortschrittlichen Kräfte zusammenschließen müssen, um sich gegen den »Mystizismus der Abstammung« zu wenden, gegen den »Irrglauben der völkischen und ethnischen Schicksalsgemeinschaft« und gegen die »sündhafte Selbstaufblähung«, die irgendwann einmal die Idee der »überlegenen Deutschheit« oder die »zynische Maxime: wright or wrong: my country« (für Linke: wright or wrong: my party) evoziert hat. Und dabei kann man jene bezahlten Lohnschreiber, die sich dem alten Motto »Wess' Brot ich eß, dess' Lied ich sing« buchstäblich verschrieben haben, getrost außer Acht lassen. Natürlich verändern Bücher die Welt nicht von heute auf morgen, natürlich muß einem die Ratlosigkeit angesichts des kontinentalen, schlimmer noch, globalen Wahnsinns besorgt stimmen. Aber man sollte sich jenen Satz von Robert Jungk zu Herzen nehmen, der da lautet: »Wenn man pausenlos auf den Stundenzeiger einer Uhr blickt, hat man den Eindruck, als verändere sich gar nichts. Sieht man aber nach einer halben Stunde wieder auf das Zifferblatt, so merkt man, daß sich doch etwas bewegt.« Diese Aussage mag wenig befriedigend erscheinen vor dem Hintergrund der eskalierenden Gewalt an der »europäischen Peripherie«, und manch einer mag die Befürchtung hegen, die Situation Europas sei ausweglos und unerträglich. Hier können wir wohl bei Rimbaud »Trost borgen«: »Der Dichter kommt an im Unbekannten, und selbst wenn er seine eigenen Visionen schließlich nicht mehr begriffe, so hat er sie doch geschaut. Andere fruchtbare Arbeiter werden kommen und an jenen Horizonten anfangen, wo er selbst zusammengebrochen ist.« Und, um sozusagen für einen Augenblick im – allerdings konstruktiven – Pathos zu verbleiben, noch ein Wort des russischen Dichters Wyssotzki: »Immer wieder anstürmen gegen Philistertum und Kleingeisterei, das heißt richtig leben.« In diesem Sinne sollte auch jene Spurensuche namhafter Autoren verstanden werden, die in einer Zeit, »in der jedes Ding mit seinem Gegenteil schwanger zu gehen« scheint, nicht nur ihre eigenen Koordinaten neu bestimmen, sondern auch aufzeigen, wie es Erich Fried einmal formulierte, »was sie selbst denken, und was möglicherweise daran falsch sein« könnte. »Die europäische Integration«, schreibt Joscha Schmierer, »kommt weder von allein, noch verläuft sie linear. Sie ist nur ein Versuch, für den einiges spricht.« Schriftsteller können diesen Prozeß durch ihr aktives Mitwirken beschleunigen, seine Probleme analysieren und mögliche Abänderungen formulieren, die helfen, den Versuch reibungsloser vonstatten gehen zu lassen. Dabei dürfen sie sich, wie auch alle anderen Menschen, von Fehlschlägen nicht entmutigen lassen. So soll an dieser Stelle, gleichsam als Schlußwort dieses Prologs, ein Motto von Thomas Carlyle stehen: »Work and despair not.«

*Aus: Zwischen Feder und Fahne. Picus-Verlag, Wien 1993*

# XXIX
## Karpfen im Hechtteich

Auch 1999 unternahmen zwei Kleinparteien (DU, NEIN) den Versuch, vom Wählervolk einen Auftrag zu erhalten. Sie reihen sich damit ein in eine lange Liste von »Gescheiterten«, denen es trotz aller Mühen nicht gelang, ins Hohe Haus einzuziehen.

Andreas P. Pittler

Die rege Parteienvielfalt auf den Stimmzetteln ist dabei keine Entwicklung der jüngeren Zeit, erklärbar mit verändertem Wählerdenken, neuen Mittelschichten, Aufbrechen von Stammwählerpotentialen oder Wechselwählertum. Im Gegenteil, bislang sollten nie wieder soviele Parteien zu einer bundesweiten Wahl antreten wie zu Beginn der Zweiten Republik. Und das politische Spektrum der sich so um Wählerstimmen Bemühenden deckte dabei fast wirklich jede Schattierung politischen Denkens ab. Von Maoisten und Trotzkisten über Freidemokraten, Monarchisten und einer Hausbesitzerpartei bis hin zu obskuren Juxlisten und leider auch neonazistischen Organisationen gab es in dieser Republik bei Wahlen fast nichts, was es nicht gab.

### Erste Versuche

Den Anfang machte bereits 1945 die »Demokratische Partei Österreichs«, die als einzige Partei neben den drei Gründungsparteien der Zweiten Republik – SPÖ, KPÖ und ÖVP – von den Alliierten zur Kandidatur zugelassen worden war. Den Funktionären der DPÖ, die praktisch ausnahmslos in Kärnten agierte, war es gelungen, sich den britischen Verwaltungsorganen als antifaschistische Vereinigung ehemaliger Widerstandskämpfer zu präsentieren, was einige aus den Reihen der DPÖ auch tatsächlich gewesen waren. Ihr Parteiobmann Franz Knapitsch war es offensichtlich nicht. Im Januar 1946 wurde er verhaftet, weil auf seinem Bauernhof NS-Material, aber auch Schieberware gelagert war. Außerdem hatte er 1945 darauf »vergessen«, sich als ehemaliges Mitglied der NSDAP, der er seit 1938 angehört hatte, registrieren zu lassen. Der »Fall Knapitsch« brachte nicht nur die DPÖ ins politische Aus, er war auch insofern von einiger Brisanz, als die DPÖ, die freilich bundesweit nur 0,18 Prozent der Stimmen erhalten hatte, bei den gleichzeitig durchgeführten Kärntner Landtagswahlen ein Mandat errungen hatte, auf welchem Knapitsch nun saß. Angesichts der gegen ihn vorgebrachten Anschuldigungen stimmte der Landtag jedoch Knapitschs Auslieferung zu und erklärte sein Mandat für verfallen. Dagegen freilich berief die DPÖ, die 1948 auch vom Verfassungsgerichtshof in ihrer Ansicht bestätigt wurde. Nach zweijähriger Vakanz konnte der neue DPÖ-Vorsitzende Josef Ostertschnig das Mandat der DPÖ im Landtag wieder besetzen. Allerdings nur bis zur Neuwahl im Oktober 1949. Fünf Stimmen (!) für die DPÖ (ident mit der Anzahl der Stimmen, welche sie bei der Wahl zum Nationalrat, die erneut am selben Tage stattfand, erhielt) reichten wohl nicht ganz zur Verteidigung des 1945 errungenen Sitzes. Dennoch war die DPÖ die – bislang – einzige Kleinpartei, der es gelungen war, wenigstens auf Länderebene einen Erfolg einzufahren.

Ebenfalls bereits 1945 war die »Demokratische Union« (DU) gegründet worden. Sie ging aus dem bürgerlichen Widerstand hervor, nicht wenige führende Vertreter der DU waren in der Widerstandsbewegung »O5« aktiv gewesen. An der Wiege der neuen Partei standen Raoul Bum-

balla, welcher zunächst in der ÖVP gewirkt und als Unter-
staatssekretär der Regierung Renner angehört hatte, vom
politischen Kurs der ÖVP allerdings bald desillusioniert
war, Karl Rössel-Majdan, der spätere Obmann der Journa-
listengewerkschaft, und, ab 1948/49, auch Josef Dobretsberger, dessen Lebenslauf wohl zu den schillerndsten der
jüngeren Geschichte gehört. Im »Ständestaat« Sozialminis-
ter unter Schuschnigg, wurde er 1949 Spitzenkandidat der
DU, um schließlich Mitte der 50er Jahre als sogenannter
»Parteiloser« auf der Liste der KPÖ zu kandidieren. 1949
warb die DU bei acht Landtagswahlen um Stimmen, erhielt
aber nirgendwo mehr als 0,6 Prozent. Dementsprechend
ernüchternd auch das Wahlergebnis bei der NR-Wahl, wo
rund 12.000 Stimmen 0,29 Prozent bedeuteten. Dobretsberger erkannte, daß seine Partei allein keine Chance auf
eine parlamentarische Vertretung haben würde und schloß
so im Vorfeld der Nationalratswahlen 1953 mit der SAP
von Erwin Scharf und der KPÖ ein Wahlbündnis namens
»Volksopposition«, deren Vorsitzender er wurde. Diese Liste verlor jedoch einen Sitz, sodaß Dobretsberger, der auf
diesem Kampfmandat kandidiert hatte, abermals der Einzug ins Hohe Haus verwehrt blieb. Diese Niederlage bedeutete de facto das Ende der DU, deren Zeitung »Union«
noch bis 1957 erschien. An Wahlen freilich beteiligte sich
die DU nach 1953 nicht mehr.

Eine weitere aus dem Widerstand gegen das NS-Regime
geborene Partei war die »Democraticna Fronta Delovnega
Ljudstva« (Demokratische Front des Werktätigen Volkes),
in der sich die kärntnerslowenischen Partisanen zusam-
menfanden, die auch nach dem Bruch zwischen Tito und
Stalin zur SFR Jugoslawien hielten. Sie kandidierten 1949
nur im Wahlkreis Kärnten und erhielten knapp mehr als

2.000 Stimmen, was einem Anteil von 0,05 Prozent bedeutete. Bei den gleichzeitig stattfindenden Landtagswahlen war dieses Resultat aber immerhin 0,9 Prozent wert. Da die DFDL dennoch weit von einem Mandat entfernt war, beschloß sie, einen neuen Weg einzuschlagen und sich als überparteiliche Interessensvertretung der Kärntner Slowenen zu verstehen. 1955 in »Zentralverband Slowenischer Organisationen« (ZSO) umbenannt, nimmt die ZSO diese Aufgabe heute im Volksgruppenbeirat beim Bundeskanzleramt wahr.

## Linke Offensiven

1959 mußte die KPÖ ihre Parlamentssitze räumen. Die Kommunisten waren nun darauf angewiesen, auf außerparlamentarische Opposition zu machen, bis sie wieder »innerparlamentarische« Opposition werden könnten (worauf sie heute noch warten). In diesem Bemühen erhielten sie jedoch bald von links Konkurrenz. Nach dem Bruch zwischen Chruschtschow und Mao spaltete sich eine maoistisch orientierte Gruppe von KPÖ-Funktionären von ihrer Mutterpartei ab und konstituierte sich bald als »Marxistisch-Leninistische Partei Österreichs« (MLPÖ). 1966 kandidierte die Partei im Wahlkreis Margareten-Favoriten und erhielt 486 Stimmen (0,01 Prozent). Derart harsch aus revolutionären Träumen gerissen, beschloß die MLPÖ, Wahlen künftig zu boykottieren und gab die Parole aus: »Wenn Wahlen etwas verändern würden, hätten die Herrschenden sie schon längst abgeschafft«.

Auch das nächste Konkurrenzunternehmen zur KPÖ kam aus dieser selbst. Nach der Niederschlagung des Prager Frühlings traten wiederum einige KPÖ-Mitglieder aus der Partei aus und bildeten um die Organisationen GE, BFS und »Offensiv links« ein loses Bündnis linkssozialistischer und alternativer Denkschulen. Die Solo-Kandidatur der OL verlief zwar wenig erfolgreich, doch fanden einige ihrer Protagonisten sich später im Formationsprozeß der Grünen wieder, um schließlich in deren Rahmen tatsächlich Mandate zu übernehmen.

1975 bemühte sich auch eine trotzkistische »Gruppe Revolutionärer Marxisten« (GRM) um das Vertrauen der Wähler. Wenige hundert Stimmen waren nicht wirklich ermutigend, und so beschlossen die Aktivisten der GRM wie Georg Hoffmann-Ostenhof oder Raimund Löw, statt dem Parlament besser die Redaktionsstuben der heimischen Medien zu erobern – und hatten damit offenbar weit mehr Erfolg als in ihren politischen Bestrebungen. Der bislang letzte Versuch einer linken Partei, sich dem Urteil des Wählervolks zu stellen, erfolgte 1996 durch die »Sozialistische Offensive Vorwärts« (SOV), die aus dem linken Flügel der SPÖ hervorgegangen war. Desillusioniert über die Entwicklung in der Sozialdemokratie ging die SOV bei den EU-Wahlen ein Bündnis mit der KPÖ ein und stellte mit ihrem Vorsitzenden John Evers auch den Spitzenkandidaten dieser Liste. Trotz eines passablen Abschneidens im Vergleich zu den KPÖ-Alleingängen bei den NR-Wahlen zuvor verfehlte die SOV die Kür zum »MdEP« doch deutlich. Ob die SOV sich allerdings, wie MLPÖ, OL und GRM zuvor, dadurch entmutigen ließ, wird allerdings erst noch festzustellen sein.

## Rechte Gefahren

Leider verstanden es auch nicht wenige rechtsextreme Gruppierungen, Wahlkampfauseinandersetzungen für ihre bedenklichen Ziele zu nutzen. Schon 1953 trat eine Liste

»Nationalrepublikaner« (ÖNR) auf den Plan, die es aber nur auf rund 1000 Stimmen (0,02 Prozent) brachte. 17 Jahre vergingen, ehe wieder eine rechtsextreme Partei im Trüben fischte. 1970 versuchte die »Nationaldemokratische Partei« (NDP), deren Funktionäre sich 1966 von der FPÖ getrennt hatten, weil diese ihr zu »liberal« geworden war, ins Hohe Haus einzuziehen. Sie schaffte es zwar nicht ins Parlament, aber sie schaffte es beinahe, selbiges lahmzulegen. Bei näherer Betrachtung stellte sich nämlich heraus, daß es die NDP beim Sammeln von Unterstützungserklärungen nicht allzu genau genommen hatte. Der »Stimmenkauf« flog auf, und die NR-Wahl mußte in dem betreffenden Wahlkreis wiederholt werden, was zu der für die Republik peinlichen Situation führte, daß sowohl Nationalratspräsident Waldbrunner als auch der III. Nationalratspräsident Probst, die beide in diesem Wahlkreis gewählt worden waren, zwischen Juni und Oktober 1970 an der Ausübung ihres Mandates gehindert waren. Der Chef der NDP, Norbert Burger, tauchte zehn Jahre später als Präsidentschaftskandidat auf, wo er immerhin 3,4 Prozent der Stimmen erhielt. Im Laufe der 80er Jahre jedoch geriet die NDP ob ihrer Inhalte immer mehr in die Defensive und wurde schließlich vom Innenministerium wegen des Verdachts der NS-Wiederbetätigung untersagt. Selbiges Schicksal traf auch die »Ausländer-Halt-Bewegung« (AUS) des ehemaligen FP- und NDP-Funktionärs Gerd Honsik, die 1983 bei den Nationalrats- und 1987 bei den Wr. Landtagswahlen angetreten war. In dieser AUS waren auch zahlreiche Personen aktiv, die später durch ihre Tätigkeit für die VAPO (Volkstreue Außerparlamentarische Opposition) gerichtlich belangt werden sollten.

## Persönliche Feldzüge

Neben diesen primär ideologisch ausgerichteten Parteien gab es freilich noch eine nicht unstattliche Anzahl von Kandidaturen, die primär darin fußten, daß ein mehr oder weniger prominenter Politiker aus den Reihen der Parlamentsparteien mit seiner ursprünglichen politischen Heimat in Konflikt geriet. Der SPÖ-Abgeordnete Paul Truppe etwa war 1958 aus seiner Partei im Streit geschieden und kandidierte mit einem neu geformten »Bund Demokratischer Sozialisten« (BDS) bei der Nationalratswahl 1959. Die 0,8 Prozent der Stimmen waren zwar ein achtbares Ergebnis, für ein Mandat freilich reichte es dennoch nicht. Der bekannteste dieser »Dissidenten« war der ehemalige Innenminister Franz Olah, dessen »Demokratisch-Fortschrittliche Partei« (DFP) bei den Nationalratswahlen 1966 immerhin 3,3 Prozent erhielt (wenn auch kein Mandat) und so wesentlich dazu beitrug, daß die SPÖ, von der diese Stimmen grosso modo kamen, in die Opposition mußte. Olah erreichte schließlich bei den Wiener Gemeinderatswahlen 1969 sogar drei Sitze – und einige Bezirksratsmandate –, doch mit dem Fall Olahs nach seiner gerichtlichen Verurteilung zerfiel auch die DFP, die ab 1970 im politischen Geschehen keine Rolle mehr spielte.

## Auf der Suche nach DEM Wähler

Schließlich gab es noch eine Menge von Kandidaturen, die, freiwillig oder nicht, zum Jux ausarteten. Die »Österreichische Patriotische Union«, ein Verband von Monarchisten, mußte 1953 angesichts von 26 (!) Stimmen (0,0006 Prozent) zur Kenntnis nehmen, daß die Österreicher im Hause Habsburg wohl eher eine Wäscherei als eine anzustrebende

Herrscherdynastie sahen. Und die Haus- und Grundbesitzer dürften sich von der »Wirtschaftspartei der Haus- und Grundbesitzer« anno 1949 nicht wirklich angesprochen gefühlt haben, erhielt diese Liste doch nur ganze drei Stimmen (0,0007 Prozent). Der Vorsitzende der WP, ein pensionierter Eisenbahninspektor aus Hainburg, zog daraus die Konsequenzen und enthielt sich weiterer politischer Betätigung. Gescheitert ist aber letztlich auch die »Parlamentarische Vertretung der Wahlverhinderten« bei ihrer Kandidatur 1956. Sieben Wähler waren nämlich nicht verhindert und wählten ihre Vertretung trotzdem.

*Aus: Wiener Zeitung, 1.12.1999*

# XXX

## Interview zwischen Sandra von Siebenthal und Andreas Pittler

*S. v. S.: Wieso schreiben Sie? Wollten Sie schon immer Schriftsteller werden oder gab es einen Auslöser für Ihr Schreiben?*

A. P.: Als ich einmal im Rahmen eines Fragebogens diese Frage gestellt bekam, schrieb ich in jugendlicher Pose »Ich schreibe, weil ich nichts zu sagen habe«, was sich damals auf die Ohnmacht des Einzelnen in unserer Gesellschaft bezog, die einem keine Möglichkeit der (effizienten) politischen Partizipation lässt. Allerdings wäre es ein klein wenig unehrlich, meine Schreiblust allein auf diesen politischen Missstand zurückzuführen. Vielmehr war es wohl so, dass ich schon als kleiner Junge, als ich die Welt der Bücher entdeckte, so beeindruckt war, dass ich mir dachte, solche Werke will ich auch einmal schaffen. Und eines Tages war ich dann mutig genug, meine verbale Fabulierlust in Lettern zu gießen. Ein Prozess, der mit einem eigenen Tagebuch 1976 begann, sich mit Kurzgeschichten für die Schülerzeitung und pubertären Gedichten fortsetzte und seitdem ungebrochen anhält.

*S. v. S.: Es gibt diverse Angebote, kreatives Schreiben zu lernen, sei es an Unis oder bei Schriftstellern. Ist alles Handwerk, kann man alles daran lernen oder sitzt es in einem? Wie haben Sie gelernt zu schreiben?*

A. P.: Ich denke, das Wichtigste ist, dass man seinen eigenen Stil findet. Man kann sich sehr viel von anderen AutorInnen, zumal von den Großen, abschauen, aber man wird nie selbst ein großer Autor, wenn man im Epigonenhaften stehenbleibt. Der Schlüssel zum guten Text scheint mir die Authentizität zu sein. Und vor allem muss man wissen, WAS man schreiben will. Für meine Krimis ist es mir z.b. von großer Wichtigkeit, in der Darstellung so realistisch und wirklichkeitsnah wie möglich zu sein. In anderen Genres wird es wiederum auf andere Besonderheiten ankommen.

*S. v. S.: Wie sieht Ihr Schreibprozess aus? Schreiben Sie einfach drauf los oder recherchieren Sie erst, planen, legen Notizen an, bevor Sie zu schreiben beginnen?*

A. P.: Prinzipiell schreibe ich einfach darauf los. Ein Buch von ca. 300–400 Seiten schreibe ich in ca. zwei Monaten. Allerdings ist es bei mir so, dass ich quasi mein Leben lang recherchiere, da ich praktisch pausenlos lese. Dabei stoße ich immer wieder auf anregende Passagen, interessante Geschichten und faszinierende Details, ja selbst auf gelungene Formulierungen. Diese Dinge speichere ich, um bei Bedarf auf sie zurückgreifen zu können. Und es kommt natürlich auch vor, dass mir, wenn ich gerade nicht in der Nähe eines Schreibgeräts bin, ein schöner Gedanke kommt, dann halte ich den wie im vorigen Jahrhundert mit Kugelschreiber auf einem Notizzettel fest, um ihn später einbauen zu können. Bemerkenswert erscheint mir auch der Umstand zu sein, dass ich zu Beginn meiner Krimis selbst nicht weiß, wer der Täter/die Täterin ist. Ich schreibe mit offenem Endergebnis los, und wer sich im Laufe der Geschichte als wahrscheinlichster Täter herauskristallisiert, der wird es dann (meistens) auch. Außerdem macht es mir großen Spaß, in meine Geschichten kleine »Palimpseste« zu verweben,

Anspielungen auf große Werke der Weltliteratur, vielleicht sogar direkte Zitate, die ich unerkannt einer Figur unterschiebe. Hiezu hat mich quasi Umberto Eco angestiftet, der diese Vorgehensweise bei »Der Name der Rose« erstmals in großem Stil anwendete. Ich habe bspw. in einem meiner Romane eine Seite, die ausnahmslos aus Anfangssätzen deutscher Romane aus der Zeit zwischen 1950 und 1980 besteht. Ich bin dann immer gespannt, ob das jemand merkt, ob jemand reagiert. Natürlich dürfen solche literarische »Manierismen« den Lesefluss nicht stören. Es ist quasi ein Extra für den Insider, ohne den Rest damit zu irritieren.

*S. v. S.: Wann und wo schreiben Sie?*

A. P.: Da ich auch (noch) einen Brotberuf ausübe, nachts und an den Wochenenden. Als beste Zeit hat sich dabei für mich jene zwischen 22 Uhr und Mitternacht entwickelt, weil da schon allgemeine Ruhe herrscht, niemand mehr anruft oder sonstwie Kontakt aufnimmt und man daher ungestört arbeiten kann.

*S. v. S.: Hat ein Schriftsteller je Feierabend oder Ferien? Wie schalten Sie ab?*

A. P.: Wenn ich einen Roman abgeschlossen habe (wie jetzt gerade den sechsten »Bronstein«), dann lehne ich mich zurück und befinde mich für mich selbst im Urlaub. Allerdings bedeutet das nicht, dass ich nicht sofort an den Schreibtisch zurückkehre, wenn ich eine Idee habe, die nach Umsetzung schreit.

*S. v. S.: Was bedeutet es für Sie, Autor zu sein? Womit kämpfen Sie als Schriftsteller, was sind die Freuden?*

A. P.: Autor zu sein empfinde ich als meine ureigene Berufung. Gerne wäre ich ausschließlich Autor, doch das ist in unserem System ökonomisch schwierig. Immerhin aber gibt mir die Schriftstellerei das Gefühl, etwas Sinnvolles zu machen, das mir zudem auch noch Freude bereitet (was ich von meinem Brotberuf in doppelter Hinsicht verneinen muss). Frustrierend sind für mich jene Momente, in denen ich erkennen muss, dass ich mich in einer Szene verrannt habe, so dass ich einen längeren Abschnitt einfach kübeln muss. Aber diese Emotion wiegt niemals die Freude auf, die ich empfinde, wenn ich einen neuen Roman fertiggeschrieben und dabei das Gefühl habe, eine Geschichte so gut wie mir möglich erzählt zu haben.

*S. v. S.: Woher holen Sie die Ideen für Ihr Schreiben? Natürlich erlebt man viel, sieht man viel. Aber wie entsteht plötzlich eine Geschichte daraus? Was inspiriert Sie?*

A. P.: Ich habe das Gefühl, ich bin von Ideen nahezu umzingelt. Jedesmal, wenn ich die Zeitung öffne, springen mich drei, vier Themen an, aus denen man einen Roman machen könnte. Im Vorjahr las ich plötzlich eine kleine Notiz über einen libyschen Politiker, der tot aus der Donau gezogen worden war. Sofort und wie von selbst entstand in meinem Kopf eine Story rund um Verschwörung, Korruption, Unterschlagung und Mord. Die brauchte ich dann nur noch nach dem Diktat meiner Ganglien aufzuschreiben (mein aktueller Roman »Der Fluch der Sirte«). Ich kann das nicht wirklich begründen, aber in solchen Momenten sehe ich die handelnden Personen regelrecht vor mir und kann dabei auch hören, was sie sagen und wie sie es sagen.

*S. v. S.: Selfpublishing und E-Books haben den Buchmarkt in Aufregung versetzt. Man hört kritische Stimmen gegen Verlage wie auch abschätzige gegen Selfpublisher. Wie ist Ihre Meinung dazu?*

A. P.: Persönlich habe ich überhaupts nicht gegen Selfpublishing einzuwenden. Ich würde nur (derzeit) jeder/jedem davon abraten, weil die Branche an dieser Stelle immer noch die Nase rümpft, sich der erhoffte Erfolg also nur allzu selten einstellt. Mit den E-Books tu ich mich persönlich auch nicht so leicht, weil ich in der Ära der Stand-PCs großgeworden bin, die für mich immer noch primär eine bessere Schreibmaschine sind. Ich will blättern, riechen und im Wortsinne be-greifen. Aber ich bin natürlich nicht unglücklich, dass es meine Romane auch als E-Book gibt, denn eine neue Generation hat ihre eigenen Medien und so mögen die Jungen eben scrollen, wo ich blättere.

*S. v. S.: Goethe sagte, alles Schreiben sei autobiographisch. Das stimmt sicher in Bezug darauf, dass man immer in dem drin steckt in Gedanken, was man schreibt. Wie viel von Andreas P. Pittler steckt in ihren Geschichten? Stecken Sie auch in Ihren Figuren? Gibt es eine, mit der Sie sich speziell identifizieren?*

A. P.: Als ich vor über fünf Jahren meinen Ermittler David Bronstein erfand, ging ich davon aus, dass ich hier jemanden porträtiere, der rein gar nichts mit mir zu tun hat. Eine bewusste Antithese sozusagen. Und dann stellte ich im Laufe der einzelnen Bände mehr und mehr fest, wie dieser Bronstein Zug um Zug von mir annahm. Mittlerweile könnte ich mich schon fast mit ihm identifizieren. Allerdings bietet das Schreiben auch die perfekte Gelegenheit, sich gefahr- und folgenlos ein Alterego auszudenken, dass tun und lassen darf, was immer es will, womit man auch ein klein wenig die eigene Phantasie ausleben kann, indem diese Figur Dinge tut, die man selbst vielleicht gerne einmal ausprobiert hätte, die man sich selbst aus welchen Gründen auch immer versagt.

*S. v. S.: Ihr Weg führte vom Journalismus über Sachbücher hin zur Belletristik. Was hat Sie immer weiterbewegt? Sind Sie nun angekommen? Was zeichnet die Belletristik im Gegensatz zum Sachbuch aus? Gibt es etwas, das Ihnen fehlt aus den Bereichen Journalismus und Sachbuch?*

A. P.: Also eigentlich gäbe es ohne meine Ausbildung zum Historiker die »Bronstein«-Reihe gar nicht. Im Laufe der Jahre habe ich festgestellt, dass meine Geschichtsbücher stets nur jene Leser fanden, die ohnehin schon Bescheid wussten. Wollte man also gewisse gesellschaftspolitische Fragen einem größeren Publikum bewusst machen, so schien es angezeigt, dies in einem Format zu tun, das dem Publikum geläufiger ist und zu dem es einen Zugang hat. Ich glaube, ich habe mit meinen Romanen als Historiker mehr bewegt als zuvor mit meinen Sachbüchern, die außerhalb der Fachkreise weitgehend unbeachtet blieben.

*S. v. S.: Sie sind Österreicher, genauer Wiener. Beeinflusst Ihre Herkunft Ihren Stand auf dem deutschsprachigen Markt?*

A. P.: Unbedingt. In meinem Fall sogar noch mehr als sonst, da ich recht umfangreich vom Wortschatz des Wiener Dialekts Gebrauch mache, den man nördlich von Nürnberg wohl kaum mehr versteht. Das ist vergleichbar mit Krimis, in denen sich die Menschen des »Züri-Dütsch« bedienen, womit man in Hamburg oder Flensburg auch eher auf Unverständnis stoßen wird. Gleichzeitig habe ich aber die angenehme Erfahrung gemacht, dass die »eigenen« Leute es sehr zu schätzen wissen, wenn man in ihrer Sprache schreibt, denn hier in Wien sind meine Romane konstant geschätzt, wie sich an den jeweiligen Verkaufszahlen ablesen lässt.

*S. v. S.: Wieso schreiben Sie Krimis? Ist es das, was Sie auch am liebsten lesen oder kann man dabei die eigenen bösen Seiten ausleben, die man im realen Leben eher unterdrückt?*

A. P.: An dieser Stelle sind wir jetzt wieder bei den Sachbüchern und bei meinem erlernten Beruf als Historiker. Ich habe einfach festgestellt, dass ich mit meinen historischen Abhandlungen stets nur jene Menschen erreichte, die ohnehin schon um geschichtliche Zusammenhänge wussten. Daher nahm ich mir einen Satz von Dashiell Hammett zu Herzen, der einmal sagte, dass ein guter Krimi mehr bewirkt als dutzende politische Pamphlete. Tatsächlich ist es so, dass mich die politische Entwicklung der letzten zwei Jahrzehnte persönlich sehr beunruhigt und ich als Historiker erschreckende Parallelen zu den späten 20er und frühen 30er Jahren sehe. Daher will ich mit meinen Geschichten nicht nur unterhalten, sondern auch vor den Folgen warnen, die einer Gesellschaft drohen, wenn sie zu lange der Willkür einzelner tatenlos zusieht.

*S. v. S.: Ihre Krimis spielen in der Zwischenkriegszeit. Wieso haben Sie sich auf diese Zeit konzentriert? Was gefällt Ihnen oder packt Sie an der Zeit?*

A. P.: Viele gehen davon aus, dass diese Zeit abgeschlossene Vergangenheit ist. Doch nimmt man sie genauer unter die Lupe, so stellt man mit Schrecken fest, wie viele Ähnlichkeiten die Jahre 1927 bis 1933 mit unseren Tagen aufweisen: Bankenkrach, Massenarbeitslosigkeit, untätige Politiker, Demagogen, Perspektivlosigkeit der Jugend, all das gab es schon einmal und wir wissen, wohin das nach 1933 geführt hat. Persönlich denke ich, dass der Schock der Jahre 1933 bis 1945 eineinhalb Generationen lang wirklich tief saß und alle, wo immer sie auch politisch standen, sich dahingehend einig waren, dass so etwas nie wieder geschehen dürfe. Seit etwa 1990 ist aber eine neue Generation herangewachsen, der die Ereignisse des Nationalsozialismus so fremd sind wie die Christenverfolgung der Antike und die Hexenprozesse des Mittelalters. Daher erscheint es mir geboten, der heutigen Sorglosigkeit gegenüber historischen Zusammenhängen etwas Bewusstsein entgegenzustellen – und die charmanteste Weise, in der man das tun kann, scheint mir im Rahmen einer spannenden Geschichte zu sein.

*S. v. S.: Viele Autoren heute und auch in der Vergangenheit haben sich politisch geäußert. Hat ein Autor einen politischen Auftrag in Ihren Augen?*

A. P.: Es ist jedenfalls keinen Nachteil, wenn er einen hat. Es ist allerdings kein Muss. Viele hervorragende Schriftsteller haben sich ausnahmslos mit Themen wie Liebe oder Spiritualität befasst, und ihre Werke sind dennoch großartig. Auch kann politischer Auftrag nicht heißen, Moralkeulen zu schwingen oder mit erhobenem Zeigefinger zu arbeiten. Der »Auftrag« erfüllt sich, wenn die Leserschaft von sich aus zu dem Schluss kommt, dass eine Änderung beschriebener Missstände wünschenswert ist.

*S. v. S.: Was muss ein Buch haben, dass es Sie anspricht?*

A. P.: Es muss spannend und intelligent geschrieben sein. Es muss Dinge beinhalten, die mich selbst zu eigenen Gedanken anregen. Es muss meinen Horizont erweitern. Manchmal genügt es aber auch voll und ganz, dass es mich gut unterhält oder mich einfach nur köstlich amüsiert. Letztlich ist es auch stimmungsabhängig, welches Buch mich wann wie anspricht. Nach einem harten Tag kann auch »Hägar der Schreckliche« die richtige Lektüre sein. Andererseits ist es eine sportliche Herausforderung, wieviele historisch-philosophisch-theologische Anspielungen man in Joyces »Ulysses« findet.

*S. v. S.: Gibt es Bücher/Schriftsteller, die Sie speziell mögen, die Sie geprägt haben?*

A. P.: Die gibt es nicht nur, sie werden laufend mehr. Die Palette reicht hier von Samuel Beckett und James Joyce über den frühen Christoph Hein und Thomas Bernhard bis zu den großen Russen wie Puschkin, Gorki oder Majakowski. Es ist auch schön, immer wieder Neues zu entdecken, wo man dann quasi den Werdegang eines Autors/einer Autorin von Werk zu Werk mitverfolgen kann. Das ging mir bspw. bei Thomas Brussig so, aber auch bei Tanja Dückers oder Juli Zeh. Als Krimiautor beeindrucken mich natürlich die Großen des Genres von Hammett, Chandler und Glauser bis hin zu Vazquez-Montalban, Camilleri, Marklund und Markaris. Und natürlich eine ganze Menge deutschsprachiger Krimi-AutorInnen, die ich hier aber nicht nenne, um mir nicht den Unmut jener zuzuziehen, die ich vielleicht zu nennen vergessen habe.

*S. v. S.: Wenn Sie einem angehenden Schriftsteller fünf Tipps geben müssten, welche wären es?*

* Finde heraus, was du schreiben/erzählen willst. * Schiele nicht auf Marktauglichkeit oder auf Vorgaben, die vermeintlich schnelleren Erfolg versprechen. * Übernimm von anderen Schriftstellern, was dir gut erscheint, kopiere sie aber nicht. * Lasse dich von Rückschlägen nicht entmutigen. * Bleibe dir unbedingt treu – besser, der Text bleibt (vorläufig) unveröffentlicht, als es erscheint ein Buch unter deinem Namen, das nicht (mehr) dein Buch ist.

*Aus: Denkzeiten, 10.10.2013*

# Werkverzeichnis

Erzählte Geschichte (Bundesverlag, Wien 1985), Rechtsextreme in Österreich (AGNW-Verlag, Wien 1986), Wer kämpfte für Österreich? (VWZ-Verlag, Wien 1988), Spurensuche (Bundesverlag, Wien 1990), Prosaland Österreich (Wieser, Klagenfurt 1992), Zwischen Feder und Fahne (Picus, Wien 1993), Lebenswertes Margareten (VWZ-Verlag, Wien 1993), Eines Abends vor Troja (Frieling, Berlin 1994), Bruno Kreisky (Rowohlt, Reinbek 1996), Monty Python (Heyne, München 1997), Rowan Atkinson (Heyne, München 1998), Dublin (Wieser, Klagenfurt 1998), Von Ötzi bis Big Bruno (Ueberreuter, Wien 1999), Schottland (Wieser, Klagenfurt 2000), Alfred Gusenbauer (Molden, Wien 2000), Der Sündenbock (Wieser, Klagenfurt 2000), Der Sommer der großen Erwartungen (Resistenz, Linz 2001), Tod im Schnee (Wieser, Klagenfurt 2002), Faszination Formel 1 (Aurora, Wien 2002), Von der Donaumonarchie zum vereinten Europa (Wieser, Klagenfurt 2003), Die Bürgermeister Wiens (Ueberreuter, Wien 2003), Kurbäder (Wieser, Klagenfurt 2003), Serbische Bohnen (Wieser, Klagenfurt 2003), Weiter Osten (Wieser, Klagenfurt 2003), Malta (Wieser, Klagenfurt 2003), Zypern (Wieser, Klagenfurt 2004), Tschechien-Slowakei (Wieser, Klagenfurt 2004), So weit so gut (Wieser, Klagenfurt 2004), Das Dokument (Wieser, Klagenfurt 2006), Samuel Beckett (dtv, München 2006), Tacheles (Echo, Wien 2008), Ezzes (Echo, Wien 2009), Chuzpe (Echo, Wien 2010), Das Bruno Kreisky Album (EWH, Ulrichskirchen 2010), Der große Traum von Freiheit (Promedia, Wien 2010), Tinnef (Echo, Wien 2011), Mischpoche (Gmeiner, Meßkirch 2011), Jakob Reumann (Gerold, Wien 2011), Cajetan Felder (Gerold,

Wien 2011), Theodor Körner (Gerold, Wien 2011), Karl Lueger (Gerold, Wien 2012), Zores (Echo, Wien 2012), Karl Seitz (Gerold, Wien 2012), Der Fluch der Sirte (Echo, Wien 2013), Charascho (Echo, Wien 2014), Wiener Bagage (Gmeiner, Meßkirch 2014), Goodbye (Echo, Wien 2015), Der göttliche Plan (Gmeiner, Meßkirch 2016), Das Totenschiff (Mandelbaum, Wien 2016), Tod im Hamam (Wieser, Klagenfurt 2016), Die Spur der Ikonen (Gmeiner, Meßkirch 2017), Wiener Kreuzweg (Echo, Wien 2017), Geschichte Österreichs (Papyrossa, Köln 2018), Wiener Auferstehung (Echo, Wien 2018), Wiener Himmelfahrt (Echo, Wien 2019), Monty Python (Reclam, Stuttgart 2019), Bronstein (Gmeiner, Meßkirch 2019), Schatten aus Stein (Ueberreuter, Wien 2020), Vienna Dschihad (Echo, Wien 2021), Wiener Triptychon (Echo, Wien 2021), Geschichte Irlands (Papyrossa, Köln 2022), Immer wenn sie Krimis schrieben (Drava, Klagenfurt 2022), Geschichte der Türkei (Papyrossa, Köln 2023), Kärntner Finale (Gmeiner, Meßkirch 2023), Kärntner Ritterspiel (Gmeiner, Meßkirch 2024).

# Übersetzungen

Slowenisch: Po Sledovih (Drava, Klagenfurt 1991)

Serbisch: Vece pri Troje (Sveti Dunav, Novi Sad 1997), Inspektor Bronstajn (Laguna, Belgrad 2014)

Französisch: L'ineffable Mister Bean (Bethy, Paris 2007)

Estnisch: Rowan Atkinson (Paradiis, Tallin 2020)

Tschechisch: Případ podivné sebevraždy (Hejkal, Havlickuv Brod 2020), Vrazda na konci valky (Hejkal, Havlickuv Brod 2021), Horky Cervenec (Hejkal, Havlickuc Brod 2023)

Englisch: Inspector Bronstein and the Anschluss (Ariadne, Riverside 2013)

Japanisch: Ösutoria no rekishi (Seibunsha, Tokio 2021)

Katalan: Drago Jancar (PEN, Barcelona 1996)